Fabian Vogt
Moment mal!

Fabian Vogt

Moment mal!

365 Radio-aktive Andachten

Brendow
VERLAG + MEDIEN

Bibliografische Information der Deutschen Nationalbibliothek
Die Deutsche Nationalbibliothek verzeichnet diese Publikation in der Deutschen Nationalbibliografie; detaillierte bibliografische Daten sind im Internet über http://dnb.d-nb.de abrufbar.

ISBN 978-3-86506-333-5

Einbandgestaltung: Brendow Verlag, Moers
Titelfoto: shutterstock
Satz: Satzstudio Winkens, Wegberg
Druck und und Bindung: CPI – Clausen & Bosse, Leck
Printed in Germany

www.brendow-verlag.de

Vorwort

»Das Verrückte dabei ist ...«

Das ist seine Lieblingsformulierung, glaube ich. »Das Verrückte dabei ist ...« Wird gern auch einem Gedanken hinterhergeschickt als: »Verrückt, oder?« Und das Verrückteste daran ist: Er hat auch noch recht. Es stimmt. So isses. Kurz: Man schüttelt amüsiert den Kopf und muss ihm jedes Mal zustimmen. 365 Mal, um genau zu sein.

Fabian fabuliert nämlich nicht, sondern hat sie noch alle beisammen. Die Fakten, meine ich. Die Namen, Jahreszahlen, Maße und Daten seiner Anekdoten, Aufhänger und Aufreger hat er akribisch recherchiert und sich trotzdem den schrägen Blick auf sie erhalten. Hat also seinen eigenen Betrachtungs-Standpunkt ver-rückt und kann so auch den bisherigen Standpunkt seiner Leserinnen und Leser ver-rücken. So viel Kreativität genial zu nennen ist nicht übertrieben, finde ich.

Oder hätten Sie gewusst, wie man Angela Merkel zum Geburtstag lebensklug Gottes Segen wünscht, alle Männer mit der hässlichen grünen Filmfigur »Shrek« vergleicht, die Liebesgedichte des mittelalterlichen Francesco Petrarca auf Gott bezieht, Werner Heisenbergs Quantenmechanik zum Quantensprung ins Vertrauen macht, den Tiefsee-Tauchrekord von 10916 Metern zur Interpretation des Propheten Micha benutzt oder allen Mallorca-Ballermännern die Bekehrung des Partyhengstes Ramon Lull empfiehlt?!

Und glauben Sie ja nicht, das sei wohl alles die übliche Infotainment-Wortdusche gut vorbereiteter Discjockeys auf ihren Gute-Laune-Pop-Wellen. Nein, nein, wer als Pfarrer den Berliner Volksentscheid »Ethik oder Religionsunterricht«, Darwins Evolutionstheorie, die »Kunst des Zweifelns« und den Gedenktag der Befreiung von Auschwitz sachgemäß, respektvoll und theologisch präzise kommentieren kann, der kann auch Schweres. Das macht die beeindruckende Ernsthaftigkeit und unwiderstehliche Eindringlichkeit dieser Radio-Andachten aus.

Moment mal. Andachten?

Ja, Andachten. Verrückt, oder?

Andreas Malessa
Hörfunkjournalist beim DeutschlandRadio Kultur
Fernsehmoderator und Dokumentarfilmer beim Südwestrundfunk

Anmoderation

»Heute ist kein ganz normaler Tag. Warum?
Das verrät uns gleich Fabian Vogt von der evangelischen Kirche.
Denn hier ist wieder ›Moment mal!‹ ...«

So ungefähr klingt das, wenn zwischen entspannter Musik, gut gelaunten Moderatoren, verrückten Quizspielen, Kurznachrichten, Verkehrsmeldungen und viel Comedy die Kirchen auf hr3 dreimal pro Woche für 90 Sekunden ihre Sicht von Gott und der Welt »on Air« präsentieren dürfen. Am Vormittag. Zu einer ziemlich attraktiven Sendezeit. 90 Sekunden lang ...

Aber Vorsicht! Täuschen Sie sich nicht: 90 Sekunden können lang sein. Richtig lang sogar. Vielleicht sagen Radioleute ja deshalb lieber 1'30 (»einsdreißig«). Das klingt irgendwie kürzer. Und lässiger. Voilà! Die hier gesammelten Radio-Beiträge dauern in gesprochener Form »einsdreißig«. Eineinhalb Minuten. Genug Zeit, um eine verrückte Geschichte zu erzählen, einen Gedanken gegen den Strich zu bürsten oder auf eine ungewöhnliche Frage neugierig zu machen.

Leider reicht diese Zeit aber auch, um mit einem kurzen Tastendruck einen anderen Sender zu wählen. Und die Hörerinnen und Hörer sind, was das angeht, heute ziemlich schnell geworden. Insofern ist jeder Wortbeitrag im Radio zugleich ein medialer Wettkampf. Gelingt es, die Leute zu »fesseln« – oder zappen sie zur Konkurrenz?

Was ich damit sagen will: 90 Sekunden erweisen sich bisweilen als äußerst intensives und dichtes Erlebnis. (Die meisten Heiratsanträge dauern auch nicht länger. Oder?) Im Radio sind 90 Sekunden jedenfalls eine kleine Ewigkeit. Vor allem in einem schnellen und musiklastigen Programm wie hr3.

Darum möchte ein gelungener Radio-Beitrag so gern ein kleines Gesamtkunstwerk sein. Eines, das mit einem guten Einstieg Aufmerksamkeit weckt, die Menschen an den Lautsprechern berührt und ein Thema kurz und knackig auf den Punkt bringt. Diese Kriterien gelten eigentlich für jeden Beitrag. Die kirchlichen Autorinnen und Autoren haben sich aber zudem auf die Fahnen geschrieben, dass ihre Texte von der Liebe Gottes erzählen wollen. Und das in einer einladenden Form, die nicht nur Wohlgesinnten, sondern auch Kirchenfremden oder sogar skeptischen Atheisten Lust macht, sich mit Glaubensfragen zu beschäftigen. Keine leichte Aufgabe.

Dass solche Vorhaben bisweilen schiefgehen, sieht man daran, dass Parodien auf Verkündigungssendungen bis heute zum Lieblingsgenre deutscher Kabarettisten gehören. Wobei die Kritik sich in der Regel weniger an den Inhalten als an der Präsentation festmacht. Spötter sagen: »Einen kirchlichen Beitrag erkennt man sofort am Tonfall.« Und das ist dann selten positiv gemeint.

Nun: hr3 wollte vor einigen Jahren gerne einen regelmäßigen Sprecher für das Konzept »Moment mal« aufbauen. Und die Sendung so weiterentwickeln, dass sie möglichst »formatgerecht« daherkommt, sprich: sich stimmig in den Stil des sonstigen Sendeumfelds einfügt. Deshalb gab es ein ziemlich verrücktes Casting: »Wir suchen jemanden, der wie ein Pfarrer denkt, aber nicht wie ein Pfarrer klingt.« Nun ja, so bin ich bei hr3 gelandet.

Und bis heute ist für mich jedes »Moment mal« eine wahrhaft reizvolle Aufgabe. Regelmäßig sitze ich da und frage mich leicht irritiert, wie man denn zu diesem oder jenem scheinbar abwegigen Thema einen anregenden geistlichen Impuls finden soll. Denn: Die Themen des Tages werden meist von der Redaktion der Welle vorgeschlagen. Tja, dann sagen Sie mal was theologisch Inspirierendes zur Entdeckung des Tuberkelbazillus, zum Todestag von Elvis, zur Einführung des Bikinis, zum Weltschildkrötentag oder zum Tag des Orgasmus (Den gibt es wirklich! Und falls Sie es jetzt vor Neugierde nicht mehr aushalten: Es ist der 9. Mai.).

Außerdem kommen natürlich aktuelle Meldungen dazu, die noch herausfordernder sind: das Erdbeben in Haiti, der Amoklauf in Winnenden oder ein Tsunami. Dann wird das Ringen mit einem Thema richtig existenziell. Bis es irgendwann, manchmal nach einer Minute, manchmal erst nach fünf Stunden, »klick« macht – und plötzlich klar wird, dass in jeder Nachricht auch Evangelium, also eine »gute Nachricht«, steckt. Diese gute Nachricht aus dem Weltgeschehen zu schürfen wie ein Goldgräber die Nuggets aus der Erde ist für mich jedes Mal ein bereicherndes Erlebnis.

Zum Glück bin ich auf dem Weg vom Thema zum sendefähigen Beitrag nicht allein. Heidrun Dörken, die Rundfunkbeauftragte der Evangelischen Kirche in Hessen und Nassau (EKHN), prüft jedes meiner Manuskripte sorgfältig – und macht es durch kluge Nachfragen besser. Und wenn Heidrun mal nicht kann, springen Helwig Wegner-Nord, der Leiter des Medienhauses der EKHN, oder Dr. Joachim Schmidt, der Leiter der Öffentlichkeitsarbeit der EKHN, für sie in die Bresche. Allen dreien danke ich für ihre kompetente und freundschaftliche Begleitung.

Aber auch dem Team von hr3 gebührt ein herzliches Dankeschön. Weil Redaktion, Studio-Techniker und Moderatorinnen und Moderatoren dort ein sehr entspanntes Radio-Klima kultiviert haben: eine nette Mischung aus Geschäftigkeit, Aktualität, Coolness und Sendungsbewusstsein. Oder wie es immer wieder heißt: hr3 – macht Spaß.

Der aktuelle Slogan der Welle lautet übrigens: »hr3 – bei drei ist mehr drin.« Und ich finde: Das kann man getrost auch auf die Verkündigungssendungen beziehen. Weil »Moment mal« in den gehobenen Boulevard-Journalismus und das erfolgreiche Unterhaltungsradio eben noch eine ganz andere Perspektive einbringt: die Dimension des Glaubens, die neben aller medialen Konsumfreude den Menschen wieder auf sich und auf Gott verweist. Die vielen Reaktionen von Hörerinnen und Hörern (vor allem per Mail) und die hohen Downloadzahlen zeigen jedenfalls, dass es bei vielen Menschen noch immer und ganz neu ein starkes Interesse an spirituellen Fragestellungen gibt.

Dass diese täglichen Einsdreißig Ihnen den Tag erhellen, wünscht

Fabian Vogt

Gute Vorsätze

Da ist es, das neue Jahr. Die Regierung hat uns in der Neujahrsansprache richtig Mut gemacht, wir ahnen alle längst, was wir besser machen können – und wir haben uns diesmal auch ganz besonders fest vorgenommen, dass wir es schaffen.

Wissen Sie, was mein Problem dabei ist? Eigentlich hasse ich gute Vorsätze! Diese kleinen nervigen Vorhaben, die ein schlechtes Gewissen machen. Diese unruhigen An-die-Kandare-Nehmer. Diese sanft penetranten Selbstermahnungen, die uns vorgaukeln, das Glück wäre mit dem Besiegen einiger schlechter Angewohnheiten plötzlich zum Greifen nah.

Ja, ich weiß: Natürlich ist es gut, wenn ich mir vornehme, nicht mehr zu rauchen, Sport zu treiben und meine Beziehungen zu pflegen. Aber wir wissen doch alle, wie es läuft. Manchmal klappt es, und manchmal klappt es eben nicht. Vielleicht hasse ich gute Vorsätze ja nur deshalb, weil ich so oft an ihnen scheitere.

Ich finde es spannend, wie vehement die Bibel auf eines immer wieder hinweist: Aufgrund von guten Vorsätzen bekommt niemand ein erfülltes Leben. Zumindest nicht, solange solche guten Vorsätze uns einreden: »Du hast es selbst in der Hand! Du musst nur wollen!«

»Nein«, sagt die Bibel, »du kannst noch so viel wollen, das, was ein Leben reich und stark macht, wirst du allein nicht schaffen.« Das ist deswegen interessant, weil die Bibel zugleich hervorhebt: Veränderung ist möglich – weil Gott nichts unmöglich ist.

Es fühlt sich nun mal anders an, ob ich bei Veränderungen auf mein Wollen oder auf Gottes Können baue. Denn dann bin ich mit den Herausforderungen meines Lebens nicht allein. Darum mag ich es so, dass Gott sagt: »Das Alte ist vorbei. Ich schaffe etwas ganz Neues.« Mein guter Vorsatz für das neue Jahr lautet: Daran will ich glauben.

72 Stunden

Mist! Was ist denn nun mit den guten Vorsätzen? Natürlich habe ich mir an Silvester doch was vorgenommen: Schlanker will ich werden, gelassener, freundlicher, vielseitiger, sportlicher, verbindlicher, ein bisschen frommer und irgendwie insgesamt besser. Es soll endlich alles anders werden. Und vor allem: Gelassen wollte ich diese Veränderungen angehen.

Doch nun habe ich dummerweise von dieser 72-Stunden-Regel gelesen, dieser geheimnisvollen Formel, die zurzeit in Manager- und Marketing-Seminaren so gerne verkündet wird: »Wenn Sie nach einer wichtigen Entscheidung nicht innerhalb der nächsten 72 Stunden – also innerhalb der nächsten drei Tage – einen ersten konkreten Schritt gehen, dann sinkt die Wahrscheinlichkeit, dass Sie Ihr Vorhaben tatsächlich umsetzen, auf unter 1 Prozent.« Was für ein Stress. Aber angeblich hat das jemand sogar mal empirisch nachgewiesen.

Das heißt: Schöne Absichten, die nicht innerhalb von 72 Stunden in der Realität verankert werden, treiben fast immer in der Strömung des Alltags davon. Und ganz absurd klingt diese Theorie ja nicht. Tatsächlich bleiben viele Ideen, Pläne, Gedanken und Träume unverwirklicht, weil wir sie immer wieder auf die lange Bank schieben.

Gefährlich ist in diesem Zusammenhang eigentlich nur die Vorstellung, dass ausgerechnet der 31. Dezember eines Jahres der entscheidende Stichtag für grundlegende Veränderungen im Dasein eines Menschen sein soll. Der christliche Glauben hat – was das angeht – zum Glück eine ganz andere Vorstellung von Neuanfang. Gott kann jeden Augenblick eines Jahres nutzen, um neue Wege aufzutun. Oder andersherum: Immer wenn Menschen Erfahrungen mit Gott machen, beginnt in ihrem Leben etwas Neues. Insofern könnte jeder Tag so ein Tag sein.

Und dann? Na, dann beginnen die 72 Stunden von vorne.

Exkommunikation

Jetzt mal ehrlich, wie sieht es denn mit Ihren guten Vorsätzen aus? Ich meine: Die hören und fühlen sich in der Silvesternacht und am Neujahrsmorgen immer gut an. Aber dann stellt man ziemlich schnell fest, dass es gar nicht so leicht ist, sein Leben zu ändern. Meist scheitern wir schon an unseren Diätzielen – von wirklich herausfordernden Veränderungen ganz zu schweigen.

Der 3. Januar ist in diesem Zusammenhang übrigens ein spannender Tag. Da wurde nämlich im Jahr 1521 der Reformator Martin Luther exkommuniziert. Aus der Gemeinschaft der Glaubenden offiziell ausgeschlossen, weil er mit seinen revolutionären Reformen das ganze damalige Weltverständnis infrage stellte. Fortan war er vogelfrei.

Was das mit uns zu tun hat? Das kann ich Ihnen sagen: Martin Luther besaß den Mut, aus zerstörerischen Strukturen auszusteigen. Auch wenn er dafür sozial geächtet wurde. Und ich behaupte mal: Allzu oft bleiben Menschen in falschen und zerstörerischen Strukturen stecken, weil sie genau davor Angst haben – den Halt zu verlieren und von der Gemeinschaft nicht mehr anerkannt zu werden.

Echte Veränderungen haben aber nun mal ihren Preis. Und wer nicht bereit ist, diesen Preis zu bezahlen, bezahlt auf Dauer einen viel höheren – nämlich mit einem unguten, halbherzigen Leben. Also: Sollten Sie für das neue Jahr bedeutende Veränderungen vorhaben, dann denken Sie an den glaubensstarken Martin Luther. Der fand nämlich bald auch eine neue Gemeinschaft, in der er sich wirklich frei fühlen konnte.

Welt-Braille-Tag

Sechs winzige Punkte machen den entscheidenden Unterschied. Ja, diese sechs kleinen Punkte sind wie das Tor in eine völlig neue Welt. Die Welt der Literatur, der Poesie, der Sprachbilder und der Informationen. Gäbe es diese sechs Punkte nicht, bliebe vielen eine fantastische Welt verschlossen.

1829 erfand der 20-jährige Blinde Louis Braille die nach ihm benannte Brailleschrift, ein Alphabet aus maximal sechs kleinen Erhebungen im Papier, mit dessen Hilfe Millionen von blinden Menschen seither lesen und schreiben können.

Heute ist »Welt-Braille-Tag«, und das ist wirklich ein Grund zum Feiern. Weil Blinde durch Braille all das, was sie nicht sehen, zumindest in den Worten der Dichter und Denker miterleben können. Die sechs Punkte machen es ihnen möglich, mit den Fingern zu sehen. Schönheit zum Anfassen.

Nun ist Weihnachten zwar schon vorüber, aber vielleicht lohnt sich noch mal ein kleiner Rückblick. Denn: Jesus ist nichts anderes als eine Brailleschrift des Himmels. Gott, den wir Menschen nicht sehen können, erfindet sozusagen eine Schrift, mit deren Hilfe man ihn erkennen kann. Ja, Jesus ist das Medium, mit dessen Hilfe auch jemand, der für das Überirdische blind ist, eine Vorstellung davon bekommt, wie Gott ist. Liebe zum Anfassen.

Und mancher, der an Weihnachten in der Geburt Jesu etwas von Gottes Gegenwart erkennt, fühlt sich wie ein Blinder, der mithilfe der Brailleschrift zum ersten Mal eine bildhafte Vorstellung von der Welt bekommt. Natürlich braucht es dazu Fingerspitzengefühl – aber zugleich eröffnet sich eine neue Dimension des Lebens.

Die vielen unheiligen Weisen

Morgen ist der 6. Januar. Der Tag der heiligen drei Könige. Der Tag, an dem man sich daran erinnert, dass die heiligen drei Könige zu Jesus kamen, um ihm wertvolle Geschenke zu bringen.

Also, um genau zu sein: Es waren laut Bibel gar keine Könige, sondern Weise. Wahrscheinlich waren's auch nicht drei. Die Bibel nennt gar keine Zahl, und nur weil die Gruppe drei Geschenke mitbrachte, einigte man sich nach langen Diskussionen auf drei Personen. Es könnten aber auch acht oder zwei gewesen sein. Und heilig waren die Kerle nach damaligem Verständnis schon gar nicht, weil sie als Astrologen arbeiteten und die Bibel gegen solche Leute mehrfach ganz massiv wettert.

Moment mal. Ich glaube, ich fange einfach noch mal an. Also: Morgen ist der 6. Januar, der Tag der ungezählten, unheiligen Männer, die aus irgendeinem Grund in die Weltgeschichte eingegangen sind. Tja, warum?

Ich behaupte: Sie haben etwas getan, was alle fasziniert, die gerne glauben würden. Schauen wir uns das mal an. Diese Sterndeuter sehen einen Stern am Himmel und kommen zu dem Schluss, dass dieser Stern etwas mit der Gegenwart Gottes zu tun hat. Und jetzt kommt das Entscheidende: Sie machen sich tatsächlich auf den Weg. Ohne Sicherheit, ohne Erfolgsgarantie und ohne genaue Anweisung. Einfach weil ihre Sehnsucht größer ist als alles, was sie bisher von der Welt kennen. Weise sind die Weisen nicht, weil sie den Stern korrekt deuten, sondern weil sie dem Stern tatsächlich folgen – und gucken, ob etwas dahinter, oder besser, darunter ist.

Ich gestehe, dass ich so manches Glitzern gesehen habe, bei dem ich dachte: »Na, könnte das nicht ein Hinweis auf die Gegenwart Gottes sein?« Aber nachgeschaut habe ich nur in den seltensten Fällen. Gut, dass die Leute, deren Festtag morgen ist, zeigen, wie es richtig geht.

Dreikönigstag

Es war einige Tage nach Weihnachten. Drei von ihrer Reise ermüdete und doch erregte Herren aus dem Ausland ließen sich bei Hofe melden, stürzten in den Audienzsaal und stellten dem dort auf seinem Thron sitzenden Herrscher nur eine einzige schlichte und doch äußerst explosive Frage: »Wo ist der König?«

»Häh?«, sagt der Herrscher, »ich bin doch …«

»Nein«, erwidern die Männer. »Wir haben ein himmlisches Zeichen bekommen, dass hier in der Region ein neuer König zur Welt gekommen ist.«

Kein Wunder, dass dem amtierenden Regenten Herodes ganz mulmig wird. Schließlich hat er gerade erst zwei seiner Söhne hinrichten lassen, um jegliche Anwärter auf den Thron ein für alle Mal abzuschrecken.

Heute ist das Fest der heiligen drei Könige, der Tag, an dem man der Männer gedenkt, die mit ihrer revolutionären Frage ganz Jerusalem in Aufruhr brachten. Die Gelehrten – die im Laufe der Zeit durch den Volksglauben selbst gekrönt wurden – standen nämlich erst einige Tage nach der Geburt Jesu in Bethlehem. Dort fielen sie vor dem Säugling auf die Knie, huldigten ihm und brachten ihm kostbare Geschenke, die damals tatsächlich eines Königs würdig waren.

Weise, wohlangesehene Männer beten ein kleines, schutzbedürftiges Kind an und preisen es als neuen Herrscher. Das ist tatsächlich revolutionär, denn damit werden die Gesandten zum Sinnbild eines einzigartigen Machtwechsels in der Geschichte der Menschheit: von vergötterten Herrschern zum verherrlichten Gott, von der Unterwerfung zur Hingabe, von der Gewalt zur Liebe und von irdischen zu himmlischen Zielen.

Herodes hätte sich um seinen Thron keine Sorgen machen müssen. Den hat Jesus nie beansprucht. Und doch bringt er Weltreiche ins Wanken, weil er die Menschen auffordert, Gott in ihrem Leben über alles zu setzen. Insofern könnten die heiligen Drei auch heute noch hereingestürmt kommen und sinngemäß fragen: »Na, wer ist der König? In deinem Leben?«

Sieben

Sieben Zwerge, sieben Geißlein, sieben Tage, sieben Schwaben, Siebenschläfer, sieben Siegel, siebenarmige Leuchter und Siebenbürgen: Heute ist der 7. Januar – und in den großen Geschichten dreht sich oftmals alles um diese eigenartige, seit Jahrtausenden heilige Zahl Sieben, die für Vollkommenheit steht und Menschen fasziniert.

Sieben! Meine Lieblings-Siebener-Geschichte steht – wie könnte es bei einem Pfarrer auch anders sein – in der Bibel. Eines Tages kommt der ziemlich dreiste Jünger Petrus zu Jesus und sagt: »Wie oft soll man eigentlich jemandem vergeben, der sich an einem versündigt hat? Reichen siebenmal?« Offensichtlich war »siebenmal« damals so die gesellschaftlich geforderte Größe. Und schon das finde ich ziemlich viel. Siebenmal: »Gut, ich vergebe dir!« Ganz gleich, was der andere getan hat. Respekt!

Aber Jesus geht noch viel weiter. Er sagt: »Siebenmal reicht nicht. Weißt du, wie oft du vergeben sollst? Siebzigmal siebenmal.« Und das war nichts anderes als ein Ausdruck für »unbegrenzt, immer wieder«. »Ja«, erklärt Jesus, »Gott vergibt den Menschen doch auch immer wieder. Ihr könnt befreit leben, weil ihr eure Schuld an Gott abgeben könnt. Und deshalb sollt ihr auch gnädig sein.«

Noch ist das Jahr jung, und noch kann man Weichen stellen. Es könnte doch sein, dass dieses Jahr ganz anders verläuft, wenn wir dem einen oder anderen vergeben, gegen den wir seit Jahren einen Groll mit uns herumtragen. Denn unser Problem ist ja in der Regel nicht das siebte, sondern das erste Mal. Und einer, der es tatsächlich schafft, siebzigmal siebenmal zu vergeben, hat irgendwie Größe. Finde ich.

Die Kunst des Lachens

»Wir lachen immer dann, wenn etwas Lebendiges von etwas Mechanischem überdeckt wird.« Klingt hochgebildet. Kein Wunder, stammt ja auch von dem Philosophen und Literaturnobelpreisträger Henri Bergson. Einem der wenigen Gelehrten, die sich ihr Leben lang mit der Kunst des Lachens beschäftigt haben.

Und Henri Bergson war sicher: Wir müssen das Dasein von allen zur Gewohnheit erstarrten oder im Laufe der Zeit sinnentleerten Strukturen befreien. Und das machen wir am besten durchs Lachen. Weil uns Lachen darauf aufmerksam macht, was in der Welt nicht stimmt. Ja, wir lachen immer dann, wenn etwas nicht wirklich lebendig ist, sondern irgendwie künstlich, aufgesetzt, lächerlich eben.

Um die Verkrustungen des Lebens zu überwinden, braucht man »Lebensschwung«. Zumindest war der große Denker aus Paris der Überzeugung, dass man entweder schwungvoll oder ritualisiert leben könne. Seine Devise lautete: Lachen oder Erstarren. Wer lacht, bekommt Lebensschwung.

Besonders wünschte sich Bergson eine solche Einstellung für den Glauben: »Du hast entweder eine statische Religion, die sich in Ritualen verliert – oder eine dynamische Religion, die ahnt, dass der wahre Lebensschwung von Gott kommt.«

Muss ein heiterer Typ gewesen sein, dieser Henri Bergson. Einer, der sicher auch im Gottesdienst gerne gelacht hat. Anfang Januar 1941 ist der fröhliche Philosoph im Alter von 81 Jahren gestorben. Doch seine Aufforderung, alle Verkrustungen wegzulachen und schwungvoll zu leben, gilt bis heute.

Benedikt von Nursia

Wahrscheinlich hat kaum jemand das Bewusstsein Europas so geprägt wie der ungewöhnliche Mann, der am 9. Januar des Jahres 529 auf dem Monte Cassino zwischen Rom und Neapel ein kleines Kloster gründete. Ein Kloster, das zur Geburtsstätte des ersten Mönchsordens im Abendland wurde und mit seinen Idealen einen gesamten Kontinent veränderte.

Kein Wunder, dass die katholische Kirche den heiligen Benedikt 1964 zum Schutzpatron Europas ernannt hat. Der erste Abt und Gründervater des Benediktinerordens beherrschte schon vor fast 1500 Jahren die Kunst, seine weitsichtigen Ideen in einen kurzen und knackigen Slogan zu packen: »Ora et labora« – »Bete und arbeite«.

Das klingt zwar simpel, ist aber heute nicht weniger herausfordernd als damals, weil es die vergeistigten Halleluja-Säusler genauso ermahnt wie die Workaholics. Mit Beten allein ist es nicht getan, und mit Arbeiten auch nicht. Wenn ein Leben gelingen soll, dann muss beides zusammenkommen: die Anbindung an Gott (und damit die Gesundheit der Seele) und das kräftige Anpacken. Wenn eines davon fehlt, läuft auf Dauer etwas schief. Die ewigen Seelenstreichler gehen nicht weniger schnell ein als all diejenigen, die ihr Heil allein in der Arbeit suchen.

Ora et labora. Das ist die schönste Kurzformel für ein Leben im Gleichgewicht, die ich kenne. Vielleicht weil diese drei Worte Himmel und Erde verbinden. Erst die Auseinandersetzung mit Gott und mit dem, was auf Erden getan werden muss, verleiht dem Menschen einen weiten Horizont. Und wir merken sofort, dass wir aus dem Gleichgewicht kommen, wenn eine der Waagschalen zu weit nach unten hängt.

Vielleicht ist ein junges Jahr ja auch die Chance, ein bisschen mehr Gleichgewicht zu finden. Ora et labora. Wer beides mit Leidenschaft tut, dem fehlt nichts. Oder, wie es ein verschmitzter Mensch einmal ausgedrückt hat: »Bete, als ob alles Arbeiten nichts nutzt, und arbeite, als ob alles Beten nichts nutzt.«

Skispringen

Ich finde Skispringen irre. Erstens, weil ich mich für kein Geld der Welt so eine Schanze runterstürzen würde. Und zweitens, weil dieser Sport eine faszinierende Geschichte hat. Wussten Sie, dass die ersten Skispringer noch wild mit den Armen ruderten, um weiter zu kommen? Später streckten sie die Arme aus. Danach nahmen sie sie eng an den Körper. Und dann kam Anfang der 90er dieser verrückte Jan Boklöv mit seinen v-förmig gespreizten Skiern.

»Hey, das sieht total dämlich aus«, schimpften die Weitenrichter Dieter-Bohlen-mäßig und gaben Jan ganz schlechte Haltungsnoten. Das machte dem leidenschaftlichen Schweden aber nichts aus. Der flog nämlich aufgrund der besseren Aerodynamik unglaublich viel weiter als alle anderen und gewann trotz des Punktabzugs.

Was lernen wir daraus? Wer große Sprünge machen will, muss manchmal seine Einstellung ändern – auch gegen Widerstände. Viele Menschen halten ja eisern an Traditionen fest, obwohl sie mit neuen Ideen wesentlich weiter kämen. Die rudern irgendwie noch immer mit den Armen.

Auch wenn die Kirchen oft als Hort der Traditionen gelten, den Mut zur Veränderung kann man schon bei Jesus lernen. Der war nämlich immer bereit, Dinge zu verändern, wenn dadurch das Leben gefördert wurde. In diesem Sinn: Guten Sprung.

Wohnen

»Wohnst du noch oder lebst du schon?« Das ist hier die Frage. Eine schwedische Frage, die man sich zu Beginn eines Jahres ja mal stellen kann. »Wohnst du noch oder lebst du schon?«

Wenn Sie zur Klärung dieser Frage Anregungen brauchen: Jedes Jahr trifft sich am Jahresbeginn die »Crème de la crème der Möbelmacher, Designer und Einrichtungsprofis« auf der »imm cologne«, der weltweit führenden Möbelmesse. Ja. Und parallel dazu finden gleich noch mehrere andere hochkarätige Ausstellungen statt: die »imm cuisine«, die Messe für Küchentrends, die »BAU«, die Messe für Baustoffe und Bauerneuerung, und für alle, die öfter kalte Füße bekommen, die »Domotex«, die Messe für Teppiche und Bodenbeläge. Da kann man sehen, wie in Zukunft gewohnt wird ... nee, gelebt ... na, was denn nun?

Wie wohnt oder lebt man richtig trendy im neuen Jahr? Laut Werbekatalogen liegt's vor allem an der Einrichtung. Und die soll dann bitte regelmäßig erneuert werden.

Aber Vorsicht! Dem Herkunftswörterbuch zufolge heißt »wohnen« etwas ganz anderes, nämlich »sich an etwas gewöhnt haben, zufrieden sein«. Seinen Frieden gefunden haben. Und dann lautet die Frage plötzlich so: »Hast du schon deinen Frieden gefunden, oder hat dich das Leben noch in den Krallen?«

Ob einem die Einrichtungsprofis da weiterhelfen können, weiß ich nicht, aber ich weiß sehr wohl, dass ich gern etwas gelassener, entspannter, also etwas wohnlicher wäre. Und das gelingt einem nur, wenn die Seele weiß, wo sie zu Hause ist. Bei Gott, würden Christinnen und Christen sagen. Deshalb hier die wirklich wichtige Frage für alle Einrichtungsspezialisten: »Wohnst du schon?«

Haruki Murakami

Manchmal bleibe ich in irgendwelchen Romanwelten einfach hängen. Da habe ich überhaupt keine Lust mehr, wieder in den Alltag zurückzukommen. Klar, das geht mir nicht bei jedem Autor so. Aber bei einem immer wieder. Und der hat auch noch heute Geburtstag: Haruki Murakami. Wirklich! Falls Sie von Murakami noch nichts gelesen haben, wird es höchste Zeit.

Zumindest dann, wenn Sie Geschichten mögen, in denen sich die Wirklichkeit auf sehr unterhaltsame Weise mit märchenhaften und mythischen Elementen verbindet. Murakami erzählt zwar vom Alltagsleben im heutigen Japan, doch plötzlich tauchen in fast jedem seiner Romane irgendwelche surrealistischen Figuren oder Geschöpfe auf. Und zwar so, als wäre das ganz selbstverständlich. Darum heißen die Bücher auch: »Wilde Schafsjagd«, »Mister Aufziehvogel« oder »Kafka am Strand«. Frech umschlingen sich bei Murakami Fantasie und Realität. Finde ich großartig.

Vielleicht liegt es daran, dass ich als Pfarrer ohnehin der Überzeugung bin, dass es zwischen Himmel und Erde mehr gibt als das, was sich naturwissenschaftlich beweisen lässt. Und dass das Leben erst dann richtig spannend wird, wenn man diese Dinge, an die man nur glauben kann, ernst nimmt.

Murakami jedenfalls zeigt, dass unsere Vorstellungen, Sehnsüchte, Ängste und Hoffnungen viel mehr Einfluss auf uns haben als so manche Realität. Also: Herzlichen Glückwunsch, lieber Haruki. Schreib weiterhin so schöne Bücher.

Philipp Jakob Spener

»Ihr Lieben. Glaube, das hat nicht nur was mit dem Kopf zu tun, sondern vor allem mit dem Herzen – und mit dem Handeln im Alltag.« Sagt Philipp Jakob Spener. Ein Frankfurter. Wie ich! Na, zumindest hat Spener viele Jahre in Frankfurt gelebt.

Und irgendwie fand der aufmüpfige Pfarrer die Kirche seiner Zeit nicht so prickelnd. Die Christen waren ihm nicht leidenschaftlich genug, so mutlos, so wenig überzeugend. Vor allem aber hatten sie überhaupt keine Ahnung, was sie da eigentlich glaubten. Also setzte sich Spener hin und schrieb ein Buch, das zu einem Bestseller wurde: »Pia desideria«, zu Deutsch: »Fromme Wünsche«.

Und darin hielt er mit seiner Kritik nicht hinterm Berg. Es wäre doch schön, wenn die evangelische Kirche lebensnaher wäre, die Gläubigen selbstbewusster aufträten und … ja, wenn die Gemeinden einfach – im positiven Sinne – etwas frömmer würden. Das war Ende des 17. Jahrhunderts. Und Spener selbst wurde mit seinen »Frommen Wünschen« zum »Vater des Pietismus«, einer weltweiten geistlichen Bewegung, deren Sehnsucht nach mehr lebendiger Glaubenspraxis weiterlebt.

Heute hat der berühmte Theologe Geburtstag. Und wenn er da einen Wunsch freihätte, würde er bestimmt aus dem Himmel leise flüstern: »Hey, die Kirche verändern, das geht nicht von oben, das geht nur von unten. Ihr alle seid gefragt. Entdeckt, was Glauben heißt, und dann feiert tolle Gottesdienste.«

Herzlichen Glückwunsch, Philipp Jakob Spener.

Albert Schweitzer

Der Mann hatte gleich mehrere vielversprechende Karrieren vor sich, als Professor, als Pfarrer, als Orgelvirtuose und als Kulturphilosoph. Doch er entschied sich, zum Erstaunen seiner Freunde, nachträglich Medizin zu studieren, um in Gabun als Missionsarzt zu arbeiten: Albert Schweitzer, dessen Leben vor Kurzem als Film in den Kinos präsentiert wurde und der heute Geburtstag hat.

Bekannt wurde Schweitzer, das Multitalent, aber vor allem durch eines: seine »Ehrfurcht vor dem Leben«. Irgendwann, beim Kanufahren in Afrika, hatte der Urwalddoktor nämlich eine Eingebung: Moment mal. »Ich bin Leben, das leben will, inmitten von Leben, das leben will.«

Alle Geschöpfe dieser Erde verbindet der Wille, am Leben zu bleiben und das Dasein angenehm zu gestalten. Und wer das erkennt, der wird keinem anderen Schaden zufügen. Der wird »Ehrfurcht vor dem Leben« entwickeln. 1952 erhielt Albert Schweitzer für diesen Traum den Friedensnobelpreis.

Natürlich sah er als Christ die Welt ohnehin aus einem besonderen Blickwinkel. Für ihn war klar, dass es einen Gott gibt, der alles erschaffen hat. Und wenn in jedem Geschöpf etwas von diesem Schöpfer sichtbar wird, dann kann man ja gar nicht anders, als es ehrfürchtig zu behandeln.

Schweitzer selbst hat in seinem Urwaldhospital in Lambarene liebevoll gezeigt, wie man diese Ehrfurcht umsetzen kann. Indem man zum Beispiel auch Leprakranken mit Hochachtung begegnet. Der Name »Lambarene« war dabei übrigens Programm. Er bedeutet in der Sprache der Einheimischen: »Versuchen wir's!«

Martin Luther King

»I have a dream.« Ich habe einen Traum. Mit diesen vier schlichten Worten ist Martin Luther King berühmt geworden, der schwarze Baptistenpfarrer und Bürgerrechtler, dem es gelang, die Rassenschranken in Amerika immer weiter abzubauen. Und das gewaltfrei. 1964 wurde er dafür mit dem Friedensnobelpreis ausgezeichnet.

»I have a dream.« Ich habe einen Traum. »Dass eines Tages die Söhne früherer Sklaven und die Söhne von Sklavenhaltern an einem Tisch sitzen werden.« Das hat Martin Luther King 1963 gesagt. In Washington, vor dem Lincoln Memorial. Vor 250 000 Demonstranten. »Ich träume, träumt mit mir.«

»I have a dream.« Und irgendetwas ist da passiert. Die Zuhörer haben nämlich nicht einfach den Traum von Martin Luther King übernommen. Nein, er hat einen Traum geweckt, der irgendwo in ihnen darauf wartete, angesprochen zu werden. Er hat den Leuten Mut gemacht, wieder an ihre eigenen Träume zu glauben.

»I have a dream.« Das Verrückte ist: Die Welt braucht keine Vorträumer. Sie braucht Menschen wie Martin Luther King, die uns helfen, unsere eigenen Träume wiederzuentdecken. Und dann etwas zu bewegen. Etwas zu verändern. Wieder an etwas zu glauben. An uns. Und an Gott. Zumindest war das dem Baptistenpastor King unglaublich wichtig.

Echte Träumer träumen nicht nur, sie verändern die Welt: »Ich have a dream.« Heute hätte Martin Luther King Geburtstag gefeiert. Hätte man ihn nicht 1968 erschossen. Nur seinen Traum, den konnte man nicht erschießen. Der lebt weiter.

Art's Birthday

Morgen ist ein historischer Tag. Ja, es war nämlich an einem 17. Januar vor etwa 1 000 050 Jahren. Damals legte ein Frühmensch einen trockenen Schwamm in ein Gefäß mit Wasser, und als dieser Schwamm anfing, sich vollzusaugen, aufzugehen und die Form zu verändern, erkannte der staunende Mensch: »Hey, das ist ja … Kunst. Es gibt Kunst. Man kann Dinge gestalten. Mann, es ist unglaublich.« Seitdem gilt der 17. Januar als Geburtstag der Kunst.

O.k., diese Geschichte war und ist eine pfiffige Idee des französischen Künstlers Robert Filliou, der damit 1963 den Geburtstag der Kunst zum ersten Mal öffentlich als Performance zelebrierte. Und weil viele seiner Kolleginnen und Kollegen diesen frechen Vorschlag übernommen haben, wird der 17. Januar inzwischen weltweit gefeiert, um daran zu erinnern, was die Kunst für das Leben jedes Menschen bedeutet.

Das Verrückte dabei ist: Das Ganze passierte sicher nicht vor 1 000 050 Jahren, es war wahrscheinlich kein 17. Januar, und ich schätze, dass es auch kein Schwamm war, der die Menschen darauf brachte, dass man gestalterisch tätig werden und sich das Leben mit Kunst verschönern kann. Trotzdem hat es die menschheitsbewegende Erfahrung mit der Kunst irgendwann zum ersten Mal gegeben. Und es ist wichtig und richtig, sie zu feiern.

Komisch, da muss ich noch mal an Weihnachten zurückdenken. Weil da auch jedes Jahr Kritiker darauf hinweisen, dass der Dezembertermin ursprünglich ein heidnisches Sonnenwendfest war und dass Jesus bestimmt nicht im Winter auf die Welt gekommen ist. Na und? Wir wissen nicht genau, wann er Geburtstag hatte. Und trotzdem gibt es viele Gründe, seinen Geburtstag zu feiern. Wichtig ist, dass Jesus geboren ist und die Welt verändert hat.

Welttag der Migranten und Flüchtlinge

»Welttag der Migranten und Flüchtlinge«? Was mag das wohl sein? Also: Das ist ein kirchlicher Gedenktag, der von der katholischen Kirche schon 1914 ins Leben gerufen wurde. Und es geht darum, an diesem Tag an all die Menschen zu denken, die aus irgendwelchen Gründen ihre Heimat verlassen und ganz neu anfangen müssen.

Wer sich schon mal in der Fremde ein neues Zuhause aufgebaut hat, der weiß, welche gewaltigen Probleme das mit sich bringt. Und die anderen können es sicher nachempfinden: andere Beziehungen, andere Sprache, andere Kultur, andere Werte, andere Ängste. Da muss man sich wirklich erst mal hineinfinden.

Zudem nimmt in Zeiten grenzenloser Mobilität die Zahl der Migranten auch noch zu. Übrigens nicht nur von Menschen, die in andere Länder übersiedeln. Ich behaupte, dass es auch immer mehr inländische Migranten gibt. Wenn jemand aus einem ostfriesischen Dorf wegen des Jobs nach München zieht, dann ist das kulturell bestimmt ebenso herausfordernd wie ein Wechsel nach Alabama. Wenn nicht noch viel herausfordernder.

Die Bibel ist voller Migrationsgeschichten. Kein Wunder. Schließlich erzählt sie anfangs viel von Nomadenvölkern. Und vielleicht unterscheiden sich die Migranten von heute gar nicht so sehr von Nomaden. Das sind Leute, die regelmäßig weiterziehen. Und denen sagt die Bibel von Anfang an: Das Schöne ist, dass Gott mit euch geht. Wie fremd die neue Umgebung auch sein mag, Gott ist der Gleiche. Damals hat das viele getröstet.

Hitparade

Ja, ja, ich weiß, dass das ziemlich peinlich ist. Wer hat schon die Hitparade geguckt? Ich! Ich habe regelmäßig eingeschaltet, wenn Dieter Thomas Heck die neusten Hitkandidaten präsentierte. Das war für mich als Teenie Hochkultur: Peter Maffay, Wencke Myrrhe und Katja Ebstein und später dann auch Nena, Trio und Geier Sturzflug. Besonders kultig fand ich natürlich, dass Dieter Thomas Heck im Abspann jedes Mal in einer Minute gefühlte 5 000 Mitarbeiter der Sendung aufzählen konnte.

368 Folgen der ZDF-Hitparade wurden zwischen 1969 und 2000 ausgestrahlt. Und ich habe ziemlich viele davon gesehen. Meistens heimlich. War auch nicht so ein Bringer-Thema auf dem Schulhof. Weil das in unserer Klasse nicht unbedingt als cool galt. Hitparade. Wobei ich sagen muss, es gab damals zwei Tabuthemen: Hitparade … und Kirche: »Nee, oder? Du guckst doch nicht Hitparade? Und du gehst doch nicht etwa in die Kirche?«

Ich hab dann immer so komisch rumgedruckst. Eigentlich affig. Wegen der Hitparade habe ich mir eines Tages eine Gitarre gekauft. Und später viele Jahre als freischaffender Musiker gelebt. Und das mit der Kirche war das Beste, was mir passieren konnte. Weil da mein Horizont erweitert wurde. Weil ich angefangen habe zu spüren, dass es mehr zwischen Himmel und Erde gibt als Coolsein.

Wenn ich heute an die Hitparade denke, dann erinnert sie mich immer daran, dass es manchmal cooler ist, uncool zu sein. Ich jedenfalls habe sie geliebt. Basta. Und darum feiere ich heute auch ihren Geburtstag.

Geschichten

Manchmal versuche ich, mir das vorzustellen. Wie das damals war, vor 2000 Jahren. Eine Menschenmenge. An einem Seeufer. Unruhe. Drängeln. Und dann steht da dieser Mann, Jesus, und erzählt eine Geschichte. Und noch eine. Die Leute hören zu. Gebannt.

Merkwürdig. In diesen Geschichten geht es um lauter Dinge, die in Israel zum Alltag der Menschen gehörten: um Weinberge, Schafe, Senfkörner, Sämänner, Ackerbauern, Hochzeiten oder Geldstücke. Völlig unspektakulär. Und trotzdem begriffen die meisten Zuhörer: Moment mal! Der redet ja gar nicht nur von Hirten und Schafen, der meint eigentlich Gott und die Menschen. Da geht es um uns. Hey, dieser Hirte, der sich liebevoll um die Schafe kümmert, ist das nicht Gott? Und dieses Schaf, das sich verirrt hat, das ... das könntest doch du sein. Oder vielleicht sogar ich selbst?

Warum hat Jesus so gerne Geschichten erzählt? Könnte das daran liegen, dass man Gott mit menschlicher Logik gar nicht begreifen kann? Dass jeder Versuch, ihn abschließend zu beschreiben, scheitern muss?

Verrückt, oder? Denn wir möchten Gott doch so gerne verstehen. Aber immer wenn eine christliche Gruppierung ernsthaft dachte, sie wüsste, wie Gott ist, ging das schief. Da kam es zu Engstirnigkeit, Traditionalismus, Gewalt, Ausgrenzung, Aggression und Streit.

Jesus macht das ganz anders: Er definiert nicht, er erklärt nicht, er erzählt Geschichten. Er sagt fast nie: »Gott ist soundso«, sondern: »Gott ist wie ...« Er vergleicht. Er vergleicht den Schöpfer des Himmels und der Erde mit ganz irdischen Dingen, die wir kennen und verstehen. Und die Bilder, die er benutzt, öffnen uns die Augen.

Fabianstag

Früher dachte ich immer, Fabian sei ein neumodischer Name. Meine Großmutter – so erzählt die Familienlegende – soll noch angefangen haben zu weinen, als sie hörte, mit welch absurdem Lautgebilde meine Eltern mich strafen wollten: FA-BI-AN.

Doch dann hab ich festgestellt: In vielen Ländern ist der Namenstag wichtiger als der Geburtstag, weil die Leute früher meist ohnehin den Namen des Heiligen bekamen, der an ihrem Geburtstag gefeiert wurde. Da habe ich dann doch mal nachgeschaut. Und siehe da, es gibt tatsächlich einen Fabianstag – und der ist heute.

Also: Es war einmal ein Fabian. Der besuchte im Jahr 236 Rom. Und weil die christliche Gemeinde damals gerade einen neuen Bischof wählte – sozusagen einen frühen Papst –, ging Fabian zur Wahlversammlung, um sich das mal anzusehen. Allerdings rechnete er bestimmt nicht mit dem, was dann geschah: Plötzlich erschien das Bild einer leuchtenden Taube über seinem Kopf, und er wurde direkt zum Bischof gewählt.

Anscheinend machte er seinen Job ganz gut. Denn er organisierte die Kirche neu und war seinen Gegnern so sehr ein Dorn im Auge, dass er 250 als Märtyrer für seinen Glauben starb – und später heiliggesprochen wurde.

»Heiliger Fabian« hin oder her, evangelische Christen tun sich (zum Glück) mit jeder Form von Personenkult schwer. Dennoch ist es nicht schlecht zu wissen, dass wir alle »auf den Schultern unserer Vorfahren stehen«, wie mal ein kluger Mensch gesagt hat. Schauen Sie doch mal nach, was der oder die »Heilige« Ihres Namenstags für einer war. Das erweitert auf jeden Fall den Horizont.

ISM

Kennen Sie die »Internationale Süßigkeiten-Messe«? Die gibt es wirklich. Und die hat so zuckersüße Themen wie »The future of sweets« – »Die Zukunft der Süßigkeiten«. Unter diesem Motto bekommt man dann einen Vorgeschmack auf das Schlaraffenland aller Süßmäuler: Verführerisch bunt laden die neusten Kreationen aus den Bereichen »Schokolade, Backwaren, Knabberartikel, Zuckerwaren und Eiscreme« ein, sie zu vernaschen.

Mein Traum, denn ich liebe Süßigkeiten – so sehr, dass ich die Größe meiner Leidenschaft direkt von der Waage ablesen kann. Kein Wunder. Biologen sagen ja, dass unser Körper vor allem nach drei Dingen giert: Fett, Zucker und Sex. Zwei dieser Begierden stillt schon eine einfache Tafel Schokolade oder ein Eis.

Dumm ist nur, dass man vor lauter Schleckerei oft die Begierden der Seele vergisst. Die braucht nämlich nicht Fett, Zucker und Sex, sondern Glaube, Liebe und Hoffnung. Darum heißt es in einem Bibelvers ziemlich lässig: »Dein Wort, Gott, ist in meinem Mund süßer als Honig.«

Auf der ISM begann vor einigen Jahren das fachliche Rahmenprogramm unter dem Motto: »Welche Bedeutung werden Bio-Süßwaren in Zukunft spielen?« Das interessiert uns doch alle. Süßigkeiten aus gesundem Zucker und glücklichem Fett.

Noch mehr aber interessiert mich, wie man das mit Glaube, Liebe und Hoffnung hinbekommt. So, dass in unserer Seelennahrung keine Schadstoffe und keine gefährlichen Zusätze drin sind. Süß, oder?

Konjunktur 1

Ich habe einen bösen Verdacht: Das mit dem Warten auf die Konjunktur ist nur vorgeschoben. Ich kenne doch die Sprüche: »Wenn die Wirtschaft wieder in Fahrt kommt, wenn der Umsatz hochgeht, dann sind die Menschen glücklicher und zufriedener.« Stimmt doch gar nicht! Oder?

Meine Nachbarin hat jedenfalls in den Aufschwungzeiten genauso über ihr Rheuma geklagt wie heute – und mein Neffe hatte zwar Arbeit, aber richtig lebensfroh war er trotzdem nicht. Das soll nun wirklich nicht sarkastisch klingen (ich wünsche jedem Menschen Gesundheit und Arbeit), aber ich glaube, wir machen uns was vor, wenn wir uns von der Wirtschaftslage persönliches Glück erhoffen. Nebenbei: Was sollen da die Giftmüllbeseitiger, Abschleppdienste oder Bestattungsunternehmer sagen? Sollen die auch auf eine Hochkonjunktur warten?

Da starren also selbst Kleinstanleger hingebungsvoll auf die Aktien der Telekom, den Kurs des Euro und die Beschäftigungszahlen. Ich gebe zu, als ich mein Haus gekauft habe, war ich überglücklich, dass die Bundesbank gerade die Leitzinsen gesenkt hatte. Dankeschön! Aber wenn einer ernsthaft glaubt, er könne auf dem Geldmarkt Freude kaufen, dann irrt er sich. Oh ja, Geld ist ein gutes Fundament für Freude, aber wenn Ihnen jemand ein Flugzeug schenkt, dann müssen Sie erst fliegen lernen, das Flugzeug alleine ist wertlos.

Wissen Sie, dass Jesus ein einziges Mal in seinem Leben richtig wütend war? Stocksauer! Ja: Mit einer Peitsche hat er die Geldwechsler aus dem Tempel getrieben. Warum? Nein, nicht weil die mit Geld gehandelt haben, gegen Geld hatte er gar nichts. Diese Leute haben den Menschen eingeredet, sie müssten erst eine bestimmte Währung besitzen, bevor sie sich Gott nähern können. Da ist Jesus ausgerastet: »Ihr redet hier im Tempel so viel über Geld, dass ihr Gott vergesst. Das ist das Problem.«

Ich kenne übrigens eine Frau, die bei der Bundesbank arbeitet. Die sieht das genauso!

Ausgehen

Der ehemalige hessische Kirchenpräsident Martin Niemöller hat eine clevere Frage aufgeworfen: »Was würde Jesus tun?« Ein theologisch frecher und zugleich alltagstauglicher Lebensansatz. »Was würde Jesus wohl in dieser oder jener Situation machen? Wie würde er reagieren?« Keiner weiß, wie, aber nach einer wilden Odyssee ist dieser Satz vor einigen Jahren aus Amerika zurück nach Deutschland gekommen, trendy amerikanisiert: »W.W.J.D.?« – »What would Jesus do?« Zurzeit fast eine Kultbewegung in christlichen Kreisen.

Mal eine Testfrage: Wohin würde Jesus wohl am liebsten ausgehen? Was glauben Sie? Theater, Restaurant, Musikklub, Party oder eher nächtlicher Gottesdienst? Sekt oder Selters? Nach allem, was wir über ihn wissen, ist eines zumindest klar: Wahrscheinlich würde Jesus sich lieber unterhalten, als sich unterhalten zu lassen. Jesus, das Kommunikationswunder. Also treffen wir ihn eher in einer der vielen verrauchten Kneipen – in ein angeregtes Gespräch vertieft – als im Kino. Da, wo Menschen Lust haben, über das Leben zu reden.

Und welches Ziel hätte Jesus? Amüsieren konnte er sich ja. Seine Feinde nannten ihn spöttisch einen »Fresser und Weinsäufer«, weil er häufiger, als es sich für einen »Geistlichen« geziemt, in der Kneipe angetroffen wurde. Nur diese seltsame Kultur, »Ausgehen« im Sinne einer Glühbirne zu begreifen, also sich möglichst die Lichter auszuknipsen oder zumindest auf matt zu schalten, hätte Jesus befremdet. Er wollte, dass die Menschen bei allem, was sie tun, einen Schritt vom Dunkeln ins Helle machen – nicht umgekehrt. Sich zudröhnen war nicht sein Ding. Egal, ob man die Alkoholfahne schwenkt oder sich von vier Stunden Oper umbrausen lässt.

Jesus hätte dafür gestanden, dass beim Ausgehen etwas angeht, irgendein Licht, das verborgene Seiten in Ihnen zum Leuchten bringt und Sie ein bisschen weiser, froher und entspannter nach Hause kommen lässt. Licht an!

Unwörter

Es ist wieder so weit: Demnächst wird das »Unwort des Jahres« bekannt gegeben. Sie wissen schon, seit vielen Jahren wählt eine Jury jedes Jahr den größten sprachlichen Missgriff, ein Wort oder eine Formulierung, die grob unangemessen oder menschenverachtend ist. Da gab es schon so schöne Gewinner wie »Entlassungsproduktivität«, »Human-Kapital«, »Kollateralschaden« und »Sozialverträgliches Frühableben«. Lustig, oder?

Regelmäßig gehen da übrigens viele Hundert Vorschläge ein. »Abwrackprämie« für die Entlassung von über 50-Jährigen oder »Eindeutschung« für die Integration von Zuwanderern. »Gammelfleisch« wird auch ganz oft genannt und ist zwar ziemlich eklig, hat aber keine Chancen, weil der Begriff ja stimmt.

»Mein Unwort des Jahres ist ›Mäuschen‹.« Sagt meine Frau. »Aber wieso denn, Mäuschen?«, habe ich sie gefragt. Da hat sie mich erst mehrfach wutentbrannt an ihren Namen erinnert und dann aus einem der psychologischen Bücher zitiert, die sie gerade liest: »›Unsere Sprache prägt unser Denken.‹ Und wenn du mich in deiner Sprache klein machst, dann machst du mich auch in deinem Denken irgendwann klein – und grau und piepsig. Du … du Frosch!«

Ist doch seltsam: Der allererste Auftrag, den die Menschen in der Bibel von Gott bekamen, lautete: »Gib den Dingen Namen!« Und da ging es nicht um lustige Wortspiele, sondern darum, den Dingen durch eine klare Sprache Charakter zu verleihen. Unsere Sprache prägt unser Denken.

Also gut. Unwörter aufgepasst! Aber – mal unter uns: Das stellt sich doch ein bisschen sehr an, mein Mäuschen.

Kuscheln

Na, sind Sie auch so ein Kuschler? Jemand, der andauernd kuscheln will und nichts mehr genießt als Nähe, Hautkontakt und ausführliche Streicheleinheiten? Ich bin einer. Ein echter Powerkuschler. Und wenn es im Radio Kuschelmusik gibt, schmiege ich mich eng an meine Frau und höre ganz gemütlich zu. Mmh.

Ich begreife gar nicht, dass es so viele Kuschelmuffel gibt. Irgendwie ist Kuscheln für mich der Inbegriff von Vertrautheit. Schließlich lehnt man sich ja nicht bei jedem an. Wenn ich kuschele, dann verlasse ich meinen Schutzraum und gebe meine ganze Verletzlichkeit in die Hände meiner Liebsten. Ich kuschele einfach gerne mit meiner Frau. Ich kuschele auch gerne mit meinen Kindern, natürlich auf andere Weise. Kuscheln und Schmusen gehören in eine Familie hinein.

Als Jesus einmal erzählte, wie man mit Gott umgehen soll, sagte er: »Nennt ihn Papa!« Ja, Papa. Das war schon damals eine ganz liebevolle, persönliche und kuschelige Bezeichnung. Ist doch eine nette Vorstellung: Glauben ist so etwas wie Kuscheln mit Gott. Da geht es auch darum, seinen Schutzraum zu verlassen und sich jemandem anzuvertrauen. Sich mit seinen Schwächen in die Hände Gottes zu begeben und sich von ihm die Seele streicheln zu lassen.

Insofern kann man nur allen, die immer noch ein irgendwie fernes, übermächtiges oder gar bedrohliches Gottesbild mit sich herumschleppen, sagen: Jesus hat Mut gemacht, mit Gott zu kuscheln. Das finden Sie ungewöhnlich? Ich nicht. Ich bin ja ein Powerkuschler. Den Helden spielen, das kann ich woanders.

Alice

Eigentlich wollte der junge Mann nur einen Ausflug mit dem Ruderboot machen. Zusammen mit drei Schwestern. »Doch ach! Die drei vereinten sich, den müden Freund zu quälen. Sie trieben ihn, sie drängten ihn, ein Märchen zu erzählen.« So jedenfalls beschreibt der Mann diesen denkwürdigen Tag später selbst. Denn das Märchen, das er sich spontan ausdachte, wurde ein Welterfolg.

Der Mann heißt Lewis Carroll – und seine Geschichte »Alice im Wunderland«. Kennen Sie bestimmt. Die Titelheldin folgt während eines langweiligen Picknicks einem weißen Kaninchen in dessen Bau und landet dort in einer traumartigen Welt voller Paradoxien und Absurditäten. Zum Beispiel trifft sie auf eine Grinsekatze, von der irgendwann nur noch das Grinsen übrig bleibt, auf einen verrückten Hutmacher, eine nie endende Teegesellschaft und ein menschliches Kartenspiel.

Und diese verrückten Abenteuer von Alice begeisterten bald so viele, dass sie innerhalb kurzer Zeit auch der Star von Opern, Theaterstücken, Liedern und weiteren Büchern wurde. Ja, es ist sogar eine psychische Erkrankung nach ihr benannt. Beim »Alice-im-Wunderland-Syndrom« nehmen die Erkrankten ihre Umwelt verändert wahr. Größer, kleiner, bunter oder einfach ganz anders.

Lewis Carroll, der übrigens morgen Geburtstag hat, liebte es, die Welt mal mit anderen Augen zu betrachten. Warum auch nicht? Ich meine: Tun wir das nicht ohnehin andauernd? Die Welt unterschiedlich wahrnehmen? Der Klassenkämpfer sieht überall Ungerechtigkeit, der Hundeliebhaber überall Hunde, der Kapitalist überall Chancen zum Geldverdienen – und der Glaubende, der sieht die Gegenwart eines liebevollen Gottes. Entscheidend für mich ist: Was davon macht stark?

Tag des Gedenkens an die Opfer des Nationalsozialismus

Am 27. Januar 1945 kommen die Soldaten der Roten Armee auf das Gelände des Konzentrationslagers Auschwitz – und finden dort nicht nur 8 000 völlig ausgemergelte Gefangene, sondern auch die eindeutigen Spuren einer perfiden Vernichtungsmaschinerie vor. In Auschwitz wurden über Jahre hinweg Menschen systematisch getötet, mit einer Grausamkeit, die sich der menschlichen Vorstellungskraft entzieht. Heute ist der Tag der Befreiung von Auschwitz, der offizielle »Tag des Gedenkens an die Opfer des Nationalsozialismus«.

Später, bei der Aufarbeitung dieses fürchterlichen Verbrechens, haben viele Menschen eine wichtige und kluge Frage gestellt: »Kann man nach Auschwitz eigentlich noch an Gott glauben?« Nach all diesem Grauen, dieser perversen Ideologie und diesem Leid?

Ich habe auf diese Frage nicht DIE Antwort, aber ich habe meine Antwort: Nach Auschwitz ist es nötiger denn je, dass wir an Gott glauben. Ja, es ist nötig, dass wir an diesen Gott glauben, von dem es heißt, dass er alle Menschen liebt – und für den alle gleich würdig sind, unabhängig von Herkunft, Hautfarbe, Geschlecht oder Gesinnung.

Der Nationalsozialismus war ein durch und durch atheistisches System, aber ich weiß natürlich, dass auch im Namen Gottes viel zu viel Unrecht geschehen ist. Für mich ist die Frage deshalb nicht, ob man nach Auschwitz noch an Gott glauben kann, sondern ob wir endlich in der Lage sind, das Liebesgebot Gottes ernst zu nehmen. Denn eines kann man mit Sicherheit sagen: Ein Glaube ist nur dann groß, wenn er den anderen respektiert und achtet.

Datenschutztag

An einem 28. Januar 2006 wurde die »Europaratskonvention 108« unterzeichnet. Und weil sich die EU-Staaten mit dieser Konvention verpflichten, die Persönlichkeitsrechte des Menschen bei der Datenverarbeitung zu wahren, ist heute der »Europäische Datenschutztag«. Ja, heute dürfen sich alle mal Gedanken machen, was die massenhafte Speicherung persönlicher Daten eigentlich für Konsequenzen hat – und wie man möglichen Missbrauch unterbindet.

Was passiert zum Beispiel, wenn man beim Googlen oder in einem der vielen Internetforen nicht nur die Farbe meiner aktuellen Unterhose, sondern auch sonstige intime Informationen, unschöne Bilder oder meinen Kontostand findet? Will ich, dass andere alles über mich erfahren können, oder brauche ich eine gewisse Privatsphäre, in der ich sicher bin? Sprich: Wen lasse ich an mich heran? Und wen nicht?

Nebenbei: Der liebe Gott ist, was Datenschutz angeht, ein ganz besonderer Fall. Einerseits heißt es in den Psalmen der Bibel: »Du, Gott, weißt alles über mich. Ja, du kanntest mich schon, ehe ich überhaupt geboren wurde.« Da ist also nichts mit Privatsphäre. Und manchem war und ist das sogar unangenehm: »Was, Gott sieht alles und weiß alles? Oje.« Das ging so weit, dass Leute sogar anfingen, sich vor Gott zu fürchten. »Wenn der sieht, wie ich wirklich bin, dann gnade mir Gott.«

Genau! Denn das ist die andere Seite: Gottes Gnade. Dass Gott alles über mich weiß, ist nach christlichem Verständnis nämlich kein Nachteil. Ein Gott, dessen Gnade größer ist als alle menschlichen Makel, darf ruhig alles wissen. Und – unter uns: Er verrät es nicht weiter.

Der Besuch der alten Dame

Zürich, 29. Januar 1956. Der Vorhang hebt sich – und es beginnt die Uraufführung eines Stückes, das Theatergeschichte schreiben wird: »Der Besuch der alten Dame« von Friedrich Dürrenmatt.

Tolle Story. Eines Tages kehrt eine alte Dame zurück in ihre Heimatstadt. Sie ist inzwischen reich geworden und will sich an denen rächen, die sie in ihrer Jugend schlecht behandelt haben. Also macht sie den Bewohnern ein äußerst unmoralisches Angebot: »Ihr bekommt eine Milliarde, wenn ihr meinen früheren Liebhaber ermordet.« Was?

Natürlich sind alle zuerst unglaublich empört. So eine bodenlose Unverschämtheit. »Was bildet die sich ein?« Na, obwohl ... Nach und nach erliegen die Leute der Verlockung des Geldes, und plötzlich ist das mit dem Mord gar nicht mehr so undenkbar.

»Der Besuch der alten Dame« entlarvt frech und satirisch die Scheinmoral, die Käuflichkeit und den Egoismus von Menschen. Zudem stellt das Stück natürlich unverhohlen eine ziemlich verfängliche Frage: »Wie weit würden wir eigentlich gehen, wenn nur der Preis stimmt?« Sprich: Sind wir käuflich? Sind wir bereit, andere oder etwas von uns selbst zu opfern, nur weil das Geld lockt?

Ich behaupte mal: Käuflich ist jeder, der das Gefühl hat, zu kurz zu kommen. Wer dagegen grundsätzlich zufrieden ist, der wird seine Moral nicht für Geld verkaufen. Letztlich fragt deshalb »Der Besuch der alten Dame« auch, was uns in unserem Leben trägt und woran wir eigentlich glauben. Spannende Frage.

Windows Vista

Der 30. Januar 2007 war ein echter Festtag für alle Microsofties. Denn von diesem Tag an gab es Windows Vista endlich auch für Endanwender. Die angeblich »völlig neue« Benutzeroberfläche für PCs, auf der nun wirklich alles optimiert sein würde. Microsoft verkündete damals stolz: »Mit Windows Vista steht das sicherste, stabilste und komfortabelste Windows aller Zeiten zur Verfügung.« Wow!

Äh, Moment mal. »Aller Zeiten«? Von heute bis in Ewigkeit? Das habe ich doch schon mal gehört. Drei Jahre früher. Und erst letztes Jahr wieder. Als mein Computer auch der schnellste, beste, festplattengigantischste und multimedialste von allen war. Heute werde ich für meine veraltete, lahme Kiste von echten Computerfreaks nur noch müde belächelt. Und ich wette, spätestens in einem Jahr gibt es ein neues Softwarepaket, das dann endgültig »das sicherste, stabilste und komfortabelste Windows aller Zeiten« wird. Zumindest für die nächsten drei Wochen.

Irre, oder! Kaum hat man ein neues Computerprogramm installiert, ist es schon veraltet. Und das Beste ist immer die nächste Version. Man darf also nie zufrieden sein. Es wird ja immer besser. Und besser. Und noch besser.

Kein Wunder, dass sich der christliche Glaube in so einer Zeit manchmal etwas schwertut. Denn er sagt: Das Allerbeste, was einem Menschen widerfahren kann, ist schon passiert. Damals, als Jesus auf die Welt kam und den Menschen Gottes Liebe brachte. Gut, das sicherste, stabilste und komfortabelste Leben gibt es mit dieser Liebe vielleicht nicht, aber das erfüllendste und glücklichste allemal. Und das gilt dann tatsächlich für alle Zeiten.

Bibelsonntag

Am letzten Sonntag im Januar ist immer Bibelsonntag. Das ist der Sonntag, an dem sich evangelische, katholische und orthodoxe Christen darauf besinnen, dass sie bei allen Unterschieden die gleiche Grundlage haben, nämlich die Bibel.

Natürlich kann man endlos darüber streiten, ob Gläubige einen Papst brauchen, wie man das Abendmahl versteht und ob Frauen ein geistliches Amt innehaben dürfen, aber die Bibel gilt in allen Kirchen als entscheidende Quelle der Erkenntnis. Und dieses verbindende Element soll an diesem Tag besonders hervorgehoben werden.

Dazu hat man kürzlich, wie ich finde, eine besonders passende biblische Geschichte als Leitmotiv ausgewählt – die vom Kampf des Urvaters Jakob gegen Gott. Haben Sie vielleicht schon mal gehört. Jakob kommt an einen einsamen Fluss, an dem ihn eine dunkle Gestalt zum Kampf auffordert. Und je länger Jakob mit dem Fremden ringt, desto deutlicher wird ihm: Hier habe ich es mit Gott zu tun. Doch diese Erkenntnis spornt ihn nur noch umso mehr an. Bis er am Ende sagt: »Ich werde nicht eher aufhören zu kämpfen, Gott, bis du mich segnest.« (Ausführlich erzähle ich diese Geschichte am 20. Februar.)

Eigentlich ist damit doch alles gesagt, oder? Echter Glaube hat damit zu tun, dass man mit Gott ringt. Ihm nahekommt. Ihn nicht in Ruhe lässt. Solange nicht aufgibt, bis man seinen Segen spürt. Ganz gleich, in welcher Konfession.

Lifestyle

Haben Sie eigentlich »Lifestyle«? Ich meine: Der gute deutsche »Lebensstil« ist offensichtlich etwas ganz anderes. Jeder Mensch hat irgendeinen Lebensstil, egal ob arm oder reich, reaktionär oder topmodern. »Lifestyle« scheint dagegen weit darüber hinauszugehen, zumindest, wenn man den dazugehörigen Magazinen trauen darf.

Ich bekenne leicht beschämt: Ich habe keine Ahnung, ob ich Lifestyle habe oder nicht, und wahrscheinlich disqualifiziert mich genau diese Unkenntnis. Also: Ich hätte ihn natürlich gerne, weil das so nach Klasse und Niveau klingt – Mann, der hat Stil! Ich war sogar bei der Farb- und Stilberatung und weiß nun, dass ich ein elegant-sportlicher Herbst-Typ bin. Daraufhin habe ich meinen halben Kleiderschrank weggeschmissen und mir teure Klamotten in erdig-warmen Tönen gekauft. Jetzt sehe ich zwar besser aus, aber ob ich auch mehr Lifestyle habe, ist mir immer noch unklar.

Ich frage mich, ob das Wort »Lifestyle« nicht ein Widerspruch in sich ist: Entweder jemand lebt authentisch und stimmig, oder er pflegt einen bestimmten Stil, der allzu oft nichts mehr mit seinem eigentlichen Sein zu tun hat. Kann und darf man einem Menschen einen Stil verpassen, der gar nicht seinem Wesen entspricht? Ich jedenfalls freue mich, wenn Menschen das, was in ihnen steckt, kunstvoll ausleben, aber es graut mich, wenn ich aufgeputzte Fassaden sehe.

Zu Jesus kam mal ein junger Mann, der nicht nur alles hatte, sondern auch alles richtig machte. Voll im Trend des Jahres 30 nach Christus. Dem sagt Jesus: »Du musst kapieren, dass all das, was du an Lifestyle aufgebaut hast, genau das ist, was zwischen dir und Gott steht.« Mmmh.

Es ist leicht, die Frage nach dem Sinn des Lebens mit Lifestyle zuzukleistern. Und trotzdem der falsche Weg. Ihren persönlichen Lebensstil dagegen gestalten Sie am besten richtig genüsslich aus.

Murmeltiertag

Heute ist »Murmeltiertag«. Jo! Zum weit über 100. Mal wird das Murmeltier Phil in Punxsutawney aus dem Winterschlaf geweckt. Und wie immer gilt: Wenn es dabei seinen Schatten sieht, wird der Winter noch einige Wochen dauern. Sieht es seinen Schatten nicht, dann steht der Frühling vor der Tür.

Berühmt wurde dieser abgefahrene Kulttag durch den Film »Und täglich grüßt das Murmeltier«, in dem Bill Murray als genervter, überarbeiteter Meteorologe in eine Zeitschleife gerät und den gleichen Tag immer und immer wieder erlebt. Murmeltiertag, Tausende Male hintereinander.

Und dieser Kerl, der schon durch die Routine seines normalen Alltags angeödet war, erfährt, was es bedeutet, wenn man eine zweite, dritte, vierte, tausendste Chance bekommt. Zuerst will er es nicht wahrhaben, dann versucht er sich aus lauter Verzweiflung umzubringen – und plötzlich passiert das kleine Wunder: Er fängt an, im immer Gleichen das Wertvolle und Schöne zu entdecken. Jeder Tag stellt ihm zwar exakt dieselben Voraussetzungen zur Verfügung, aber es liegt an ihm, was er aus diesem Tag macht. Und er beginnt, seine Chancen zu nutzen, lernt Klavier spielen und wird Künstler. Vor allem aber versöhnt er sich – mit sich und der Welt.

Und siehe da: Plötzlich wird er sogar für die Frau interessant, die er vorher Hunderte Male vergeblich in 24 Stunden rumkriegen wollte. Und wie das in schönen Geschichten so ist: Als er geliebt wird, fällt auch der Fluch von ihm ab. Happy End.

Irgendwie ist der Film ein großes Gleichnis. Wenn jemand aus Alltagsfrust Lebenslust machen kann, dann geht es ihm gut. Das hat übrigens schon Jesus gesagt: »Sorge dich nicht um morgen. Kümmere dich erst mal um die kleinen Dinge von heute.«

So, und jetzt werden wir mal abwarten, was das Murmeltier heute sieht.

The day the music died

»The day the music died.« Der Tag, an dem die Musik starb. Der ist heute, der 3. Februar. Zumindest für echte Rock-'n'-Roll-Fans. Denn 1959 stürzte am 3. Februar ein Flugzeug ab, in dem gleich drei begnadete Musiker saßen: Buddy Holly, Ritchie Valens und Jiles Perry Richardson, den alle nur »The Big Bopper« nannten. Nicht nur eine menschliche, sondern auch eine künstlerische Katastrophe.

Die Musiker waren gerade auf einer Tournee, und weil die Heizung im Tourbus kaputt war, hatte Buddy Holly kurzfristig die kleine Maschine mit drei Plätzen gechartert, um zum nächsten Auftritt zu fliegen. Ritchie Valens bekam überglücklich den zweiten Platz. Er hatte mit einem Kollegen eine Münze geworfen – und gewonnen. Und »The Big Bopper« flehte, mitfliegen zu dürfen, weil er ohnehin schon so schrecklich erkältet sei.

Spöttisch sagte Buddy Holly zu den übrigen Musikern, die im kalten Bus fahren mussten: »Na, ich hoffe, der Bus friert jetzt endgültig ein.« Woraufhin einer lachend erwiderte: »Hey, ich hoffe, euer Flugzeug stürzt ab.« Uah!

Soll man deswegen nicht mehr fliegen? Nein, es hätte ja auch der Bus verunglücken können. Die Geschichte von den drei Rock-'n'-Roll-Legenden macht vor allem eines deutlich: wie wenig wir Herr über Leben und Tod sind.

Die Bibel sagt schlicht: »Wer sich darüber klar ist, dass er sterben muss, wird klüger.« Und das heißt nicht, jedes Risiko zu vermeiden, sondern intensiv und leidenschaftlich zu leben. Und da sind sich Glaube und Rock 'n' Roll auf einmal sehr ähnlich.

Dietrich Bonhoeffer 1

Heute wird weltweit in Gottesdiensten, Feiern und Gedenkveranstaltungen ein Mann geehrt, der am 4. Februar 1906 geboren wurde und als Leitfigur des 20. Jahrhunderts gilt: Dietrich Bonhoeffer.

Nun könnte man denken: »Na klar, der war eben einer der engagiertesten Widerstandskämpfer im Dritten Reich. Ein kluger Theologe, den die Nazis eingesperrt und dann eiskalt hingerichtet haben.« Doch die ungebrochene Faszination, die von Bonhoeffer ausgeht, hat noch einen ganz anderen Grund: Er war ein Idealist, einer, der das, was er glaubte, wirklich lebte.

Zum Beispiel hätte er mehrfach die Möglichkeit gehabt, zu fliehen und im Ausland ein richtig angenehmes Leben zu führen. Aber: Er hat es nicht gemacht. Er kam immer wieder nach Deutschland zurück, weil er hier für sein Ideal einer freien Gesellschaft kämpfen wollte. Das war ihm sogar wichtiger als das Überleben. Er wusste genau: Wofür es sich nicht zu sterben lohnt, lohnt es sich auch nicht zu leben.

Was gibt einem Menschen so eine Kraft? Bei Dietrich Bonhoeffer ist das leicht zu beantworten. Er fühlte sich bei Gott geborgen. Und sein Glaube war stärker als all die schmerzvollen Erfahrungen. Das aber ist etwas, was sich Menschen schon immer wünschen.

Wissen Sie, was Bonhoeffer dabei selbst verblüfft hat? Sogar die Gefängniswärter sprachen ihn auf seine unglaubliche Gelassenheit an. Offensichtlich strahlte er die auch dann aus, wenn er sich gar nicht so fühlte. In einem Gedicht hat er diese wundersame Erfahrung so zusammengefasst:

»Wer bin ich? Sie sagen mir, ich trüge die Tage des Unglücks gleichmütig, lächelnd und stolz, wie einer, der Siegen gewohnt ist. Wer bin ich? Einsames Fragen treibt mit mir Spott. Wer ich auch bin, Du kennst mich, Dein bin ich, o Gott!«

ÖPNV

Ich habe früher gerne über Amerikaner gelästert, also die, die sogar zum Klo mit dem Auto fahren. Heute muss ich mich selbst dazu zwingen, den Öffentlichen Personennahverkehr – also: Straßenbahn, Bus oder U-Bahn – zu benutzen. Ich brauche in der Regel damit länger, finde es schweißfreundlich und ungemütlich, in den unterirdischen, vorhöllenartigen Gangsystemen ist mir nie so ganz geheuer, und wenn es dann auch noch regnet auf dem Weg zur Haltestelle … ähm.

Zum Glück für die Betreiber dieser Systeme sorgen die Parkplatznot, die verstopften Straßen und die Ampelschaltungen bei mir tatsächlich für ein ungewolltes Umdenken. Warum auch nicht? In anderen Ländern ist das selbstverständlich.

Neuerdings mache ich aus der Not eine Tugend und beobachte unauffällig die Menschen auf den Sitzbänken: den müden Arbeiter, das knutschende Pärchen, die lauten Punker, das klapprige Ömchen, die giggelnden Freundinnen und den tätowierten Typen mit dem Hund, neben den sich keiner setzen will, obwohl es so voll ist. Faszinierend.

Es ist wie eine Ausstellung von Lebensmodellen, -typen und -konzepten. Vor allem leben die alle völlig anders als ich. Und ich merke: Ich würde gern mehr über diese Menschen erfahren. Nur kommt man sich ja im Personennahverkehr leider nie besonders nah. Meine Frau ist da übrigens mutiger: Aus irgendeinem Grund führt sie selbst auf Kurzstrecken mit Leuten sofort intensive Gespräche.

Im Neuen Testament wird die Geschichte von einem Jünger Jesu erzählt, der auf einer kurzen Kutschfahrt mit dem Außenminister eines fernen Landes ins Gespräch kommt. Und plötzlich passiert Folgendes: Der einfache Arbeiter Philippus kann dem Politiker eine lebenswichtige Frage beantworten, woraufhin sich dieser bekehrt. Siehe da! Vielleicht brauchen wir beim Nahverkehren mehr Mut zum Reden. Gute Fahrt!

Medien

Angeblich machen die Medien kluge Menschen klüger und dumme Menschen dümmer. Die knifflige Frage lautet: Zu welcher Gruppe gehören Sie? Entschuldigung, das ist hier ein Buch für am Leben Interessierte, das lesen nur kluge Köpfe. Aber um welche Form von Klugheit geht es eigentlich? Um einen hohen IQ, um Fachwissen, Einfühlungsvermögen, Erfahrung, Weisheit oder um die so gepriesene emotionale Intelligenz, die angeblich viel wichtiger ist als alle Bildung zusammen? Wahrscheinlich geht es um die brisante Fähigkeit, in den Medien das Unnütze vom Sinnvollen unterscheiden zu können.

Denn die Medien haben gigantische Macht. Machen wir uns doch nichts vor. Die sorgen etwa dafür, dass ein Dieter Bohlen alle ernsthaften Literaten auf der Frankfurter Buchmesse wie Randfiguren aussehen lässt. Oder: Ein sensationsgieriger Journalist beschließt, dass der verbale Ausrutscher eines Ministers zum internationalen Skandal hochstilisiert werden sollte. Mich ärgert so etwas.

Übrigens auch die Berichterstattung über die Kirchen. Ändern die sich nicht, dann heißt es: »Ach Gott, wie altbacken.« Ändern sie etwas, kommt sofort: »Die Kirchen laufen dem Zeitgeist hinterher.« Ja, was denn nun?

Dem israelitischen König Salomo passierte vor 3000 Jahren etwas Traumhaftes. Gott kam zu ihm und sagte ganz schlicht: »Du hast einen Wunsch frei!« Na, das sollte mir mal passieren! Salomo antwortete: »Gib mir ein gehorsames Herz und zeige mir, wie ich das Böse vom Guten unterscheiden kann.« Daraufhin sagte Gott: »Diese Antwort ist so weise, dass du Reichtum, Ehre und all die üblichen Kleinkrämerwünsche auch noch erfüllt bekommst.« Wer das Gute vom Schlechten unterscheiden kann, der ist wirklich lebensfähig. Manchmal helfen die Medien dabei, manchmal muss man sie selbst prüfen. Seien Sie klug!

Karneval

Helau! Alaaf! Die Narren feiern demnächst wieder den Höhepunkt der närrischen Zeit. Dabei war die Fastnacht früher ja nur die eine Nacht vor dem Beginn der österlichen Fastenzeit – Fast-Nacht! Hat sich dann halt ein bisschen nach vorne ausgedehnt. Warum auch nicht?

Spannend finde ich aber, was da eigentlich dahintersteckt: Die Fastenzeit vor Ostern ist die Zeit, in der sich viele Menschen seit Jahrhunderten intensiv mit dem Leiden und Sterben Jesu und mit dem Thema Tod auseinandersetzen. Und bevor man das tut, lacht man dem Tod in der Fastnacht eben noch mal so richtig ins Angesicht. Weil das, worüber man lachen kann, keine Macht über einen hat.

Darum ertragen ja auch Diktaturen das Lachen nicht. Die verbieten immer als Erstes die Witze – weil Lachen die Angst nimmt. Diktatoren sind ohne Angst machtlos. Und der Tod ist nun mal der schlimmste aller Diktatoren. Das heißt: Fastnacht ist eigentlich ein urreligiöser, fröhlicher Aufschrei gegen den Tod. »Wir lachen dich aus, alter Knochenmann! Du kannst uns vielleicht holen, aber besiegen kannst du uns nicht, weil Gott auf unserer Seite ist.«

Und darum war es früher auch üblich, dass Pfarrer am Ostersonntag die Gemeinde zum Lachen bringen mussten, das hieß dann: »Osterlachen«. Über den Tod können Christen nach der Auferstehung Jesu nur noch lachen.

Wir Deutschen nehmen Religion oft so ernst, dass wir denken, man dürfe da nicht lachen. Das ist wirklich närrisch. Das Lachen gehört von Anbeginn zum Wesen des Christentums. Glauben und Lachen haben nämlich eines gemeinsam: Sie befreien. Und wer das kann, wer dem Tod in diesen närrischen Tagen ins Angesicht lachen kann, der ist viel religiöser, als er denkt.

James Dean

Heute hätte er Geburtstag gefeiert. Der Mann, der immer noch als Kultfigur gilt, der mit nur drei Filmen zum Weltstar wurde und der mit 24 Jahren bei einem Verkehrsunfall ums Leben kam: James Dean. Keiner hat wie er die Rolle des verletzlichen Außenseiters verkörpert, den ungezähmten, rebellischen Jugendlichen, der sich von der Erwachsenenwelt unverstanden fühlt. Was glauben Sie: Wäre er immer noch ein Star, wenn er am Leben geblieben wäre?

Ich meine: Spätestens mit 30 hätte er die romantisch-verklärte Welt der Jugendträume ja doch verlassen müssen, keiner kann ewig den Revoluzzer spielen. Oder doch? Wie er in Rollen als braver Familienvater gewirkt hätte, das wissen wir nicht. James Dean in einer Komödie, einem Science-Fiction-Thriller oder in einem Melodram? Er hätte sich auf jeden Fall verändern müssen – auch wenn er dabei vielleicht die Erwartungen mancher Fans enttäuscht hätte.

Natürlich ist das nur ein Gedankenspiel, aber eines, das ich deswegen sehr geistreich finde, weil es deutlich macht, dass jeder Mensch klar voneinander abgetrennte Lebensphasen hat. Und jeder, der es aus Angst versäumt, eine Phase abzuschließen und eine neue zu wagen, der wird es richtig schwer haben. Vielleicht ist der Mut zur Veränderung eine der größten Herausforderungen des Lebens überhaupt – gerade dann, wenn eine unserer Rollen so erfolgreich war.

Die Bibel begleitet ganz viele Personen über große Zeiträume und entwickelt dazu ein Gottesbild, das mir sehr gefällt. Gott weiß, dass wir auf einem Weg sind, und legt uns nicht auf bestimmte Rollen fest. Veränderung gehört dazu. Gott macht deutlich, dass er derjenige ist, der Mut macht, immer wieder neu anzufangen.

Noch einmal: Ich habe keine Ahnung, ob James Dean heute noch berühmt wäre, aber wenn, dann nur, weil er den Mut gehabt hätte, seine Rollen mit seinem Alter reifen zu lassen.

Welttag der Kranken

Merkwürdig. »Welttag der Kranken«. Der ist übermorgen, am 11. Februar. Nur: Wer braucht so was? Na gut, auf jeden Fall die Kranken! Denn die werden doch allzu gerne in Krankenhäuser, Kliniken oder Pflegeheime abgeschoben, damit sie im Alltag nicht so penetrant präsent sind. Schließlich freuen wir halbwegs Gesunden uns sehr, wenn wir nicht andauernd mit irgendwelchen Krankheiten konfrontiert werden. Uns reichen schon die nervigen Frühjahrsgrippen.

Mir jedenfalls geht es so. Ich hasse es, krank zu sein. Eingeschränkt. Gehandicapt. Ans Bett gefesselt. Und wenn ich gesund bin, habe ich erst recht keine Lust, mich andauernd mit Krankheiten zu beschäftigen. Trotzdem hat Papst Johannes Paul II. 1993 diesen kranken Welttag eingeführt. Warum wohl?

Vielleicht, weil Krankheit zum Leben einfach dazugehört. Weil man sich etwas vormacht, wenn man ernsthaft glaubt, man sei ewig gesund und leistungsfähig. Und weil wir weder den Kranken noch uns einen Gefallen tun, wenn wir das Thema »Krankheit« tabuisieren.

Ach ja – und da gibt es noch einen Grund. Weil es einer der wichtigsten Werte des christlichen Glaubens ist, sich um diejenigen zu kümmern, denen es schlechter geht als uns. Das sind doch immer noch wundervolle Menschen. Auch wenn ihr Körper seine Leistung gerade mal nicht bringt.

Mmh. Vielleicht brauchen den Welttag der Kranken nicht nur die Kranken, sondern vor allem die Gesunden. Damit wir Krankheiten nicht als Feinde, sondern als unausweichliche Wegbegleiter annehmen.

Freiheit

Tja, würde er zustimmen oder nicht? Das war die große Frage während der Wendezeit. Würde Michail Gorbatschow die Deutsche Einheit genehmigen oder würde er sich querstellen? Denn rechtlich war die Wiedervereinigung der beiden deutschen Staaten nur möglich, wenn alle vier Siegermächte sich damit einverstanden erklärten. Und die Einwilligung der Sowjetunion stand noch aus.

Also machten sich Helmut Kohl und Hans-Dietrich Genscher auf den Weg, um diese entscheidende letzte Frage zu klären. Sicher mit Herzklopfen. Und? Am 10. Februar 1990 gewährte Michail Gorbatschow dem deutschen Volk das Recht, selbstständig seine weitere Zukunft zu gestalten. Und das, obwohl ihm klar war, dass sich das wiedervereinte Deutschland vor allem an westlichen Werten orientieren würde.

In diesem Moment schmeckten Millionen von Menschen zum ersten Mal so richtig, was Freiheit bedeutet. Frei sein, entscheiden können, Verantwortung übernehmen dürfen – aber natürlich auch müssen. Sein Schicksal selbst in die Hand nehmen. Freiheit ist und bleibt eines der höchsten Güter und zugleich eine der größten Herausforderungen.

Interessant, dass die Bibel den Glauben auch ganz oft mit Freiheit in Verbindung bringt. Der Apostel Paulus schreibt sogar: »Zur Freiheit hat uns Christus befreit.« Weil der Glaube an Gott vielen menschlichen Zwängen und Ängsten die Macht nimmt. Wer bei Gorbatschows Zustimmung zur Wiedervereinigung mitgejubelt hat, der ahnt etwas von der Kraft dieser Freiheit.

Tag des Notrufs 112

Wenn man das heutige Datum auf einen Zettel schreibt, dann weiß man sofort, worum es geht: 11. Februar. 1 – 1 – 2. Ja, und 112 ist die EU-weite, kostenlose Rufnummer für alle Notfälle. 112. Wer irgendwo in Europa in Not gerät und diese drei Ziffern auf seinem Telefon oder Handy wählt, der erreicht direkt eine mehrsprachige Leitstelle. Und diese Leitstelle entscheidet dann ihrerseits, ob die örtliche Polizei, der Rettungsdienst oder die Feuerwehr alarmiert wird.

Das weiß doch jedes Kind. Sollte man denken. Ist aber nicht so. Darum will der seit Kurzem am 11.2. gefeierte »Europäische Tag des Notrufs 112« den Bekanntheitsgrad dieser lebensrettenden Zahlen noch ein bisschen steigern. Egal, was los ist: Wähl die 112 – und dir wird geholfen. Sogar in Island, in Liechtenstein und in der Schweiz. Eigentlich eine tolle Sache: eine Grenzen überschreitende Anlaufstelle bei Gefahren. Zumindest, wenn es um körperliche Bedrohungen geht.

Wenn einer dagegen Hilfe für seine Seele braucht, ist es manchmal gar nicht so leicht, den richtigen Ansprechpartner zu finden. Obwohl ... Christen sind ja der festen Überzeugung, dass Gott da die richtige Adresse ist. Und die Bibel schreibt schon lange vor der Erfindung des Telefons: »Als ich Angst hatte, rief ich den Herrn an.« Oder »Gott hört, wenn ich ihn anrufe.« Oder: »Gott ist allen nah, die ihn ernsthaft anrufen.« Tja, manchmal sind Notrufe und Stoßgebete gar nicht so weit voneinander entfernt.

Abraham Lincoln

Amerika feiert heute. Jawohl. Den Geburtstag von … na? Genau: Abraham Lincoln. Dem 16. Präsidenten der damals eben noch nicht vereinigten Staaten, die sich über der Frage entzweiten, ob man Sklaven haben darf oder nicht.

1809 wurde Abraham Lincoln in Hodgeville, Kentucky, geboren, und schon sein frommer Vater machte ihm klar, dass es nicht Gottes Wille sein kann, dass Menschen von anderen als Sklaven gehalten werden.

Darum träumte »Honest Abe«, der ehrenwerte Abraham, wie er sogar von seinen Gegnern anerkennend genannt wurde, von einem wirklich vereinten Amerika. Aber an der Sklaverei schieden sich eben die Geister der Staaten.

Lincolns berühmter Leitspruch hieß: »Wer anderen die Freiheit verweigert, der verdient sie selbst nicht.« Starke Worte. Mit denen wurde er 1860 Präsident – und kurz darauf Anführer der Truppen aus dem Norden. Denn es kam zum amerikanischen Bürgerkrieg. Einem grausamen Krieg, an dessen Ende die Nordstaaten siegten und die Sklaverei abgeschafft wurde. Nun endlich gab es sie wirklich, die »Vereinigten Staaten von Amerika«.

Abraham Lincoln ist in den USA ein Nationalheld. Von den Schwarzen wird »Honest Abe« bis heute als Befreier verehrt. Ein Mann, dem die Würde des Menschen über alles ging. Irgendwie hat er recht: »Wer anderen die Freiheit verweigert, der verdient sie selbst nicht.«

Red Hand Day

Gestern war »Red Hand Day«. Haben Sie's gemerkt? Red Hand Day? Was ist denn das schon wieder? Ganz einfach: eine Aktion gegen den Missbrauch von Kindern als Soldaten. Ja: Obwohl die Vereinten Nationen den Einsatz von Minderjährigen in Kriegen 2002 offiziell verboten haben, gibt es weiterhin schätzungsweise 250 000 Kinder auf der Welt, die statt in die Schule zum Töten geschickt werden.

»Uns reicht's!«, sagen viele Hilfsorganisationen. Man kann nicht erst etwas verbieten und sich dann so wenig um die Einhaltung des Verbotes kümmern. Darum haben sie den auch am 12. Februar stattfindenden Kindersoldaten-Gedenktag zum Red Hand Day ernannt. Und so sieht die Aktion dazu aus: Schreiben Sie Ihre Botschaft an die UN-Politiker auf ein Blatt Papier und setzen Sie als Zeichen des Protestes mit roter Fingerfarbe einen Handabdruck darunter. Damit bei den Vereinten Nationen nicht nur verboten, sondern auch gehandelt wird.

Bringt das was? So eine rote Hand? Keine Ahnung. Wird das die UN beeindrucken? Weiß ich nicht! Aber eines weiß ich: Man kann für die Welt Verantwortung übernehmen – oder nicht. Man kann sich für den Frieden einsetzen – oder nicht. Jesus hat mal gesagt: »Glaube kann Berge versetzen.« Vielleicht tun das 1 Million roter Hände ja auch. Die wären jedenfalls ein deutliches Hoffnungszeichen.

Valentinstag

Manche Männer haben ja eine ganz eigene Form der Romantik. Die sagen: »Schatz, dass ich dich liebe, habe ich dir bei der Hochzeit gesagt. Wenn es sich ändert, werde ich dir das schon mitteilen.« Das ist männlich konsequent. Alles andere wäre bloße Wiederholung. Na: Zum Glück gibt es den Valentinstag, der selbst den nüchternsten Kopfmenschen daran erinnert, dass Liebe ab und an Bestätigung braucht – und das gilt nicht nur zwischen Verliebten.

Als der kleine Sohn eines guten Freundes von mir schwer krank wurde, sagte der: »Falls mein Kind nicht überlebt, will ich, dass es wenigstens eines mitnimmt: dass es aus ganzem Herzen geliebt wird. Ich feiere jetzt jeden Tag Valentinstag.«

Nun ist das aber mit kleinen Kindern gar nicht so einfach. Immer wenn mein Freund sagte: »Junge, ich hab dich lieb«, erwiderte der nur: »Papa, geh mal bitte aus dem Bild.« Kranke Kinder gucken halt viel Fernsehen. Da überlegte sich mein Freund: »Nachts, wenn der Junge schläft, dann ist er mir ja hilflos ausgeliefert.« Und er schlich sich jede Nacht mehrmals an das Bett seines Sohnes, um ihm zuzuflüstern: »Ich habe dich unendlich lieb.«

Heute ist der Junge wieder gesund, und mein Freund sagt ganz bewegt: »Natürlich kann ich es nicht beweisen, aber ich bin der festen Überzeugung, dass die Liebe, die wir ihm gezeigt haben, zu seiner Heilung beigetragen hat. Außerdem habe ich selbst neu entdeckt, dass die Liebe wichtiger ist als alles andere. Das hatte ich vorher leider allzu oft verdrängt.«

Und ich dachte als Pfarrer: Eigentlich ist der christliche Glaube nichts anderes als 365 Tage Valentinstag. Das Wissen, es gibt einen Gott, der mir täglich zuflüstert: »Ich habe dich unendlich lieb.«

Galileo Galilei

Am 22. Juni 1633 wird ihm in der Basilika »Santa Maria sopra Minerva« der Prozess gemacht: diesem Wissenschaftler, der mit seinen kühnen Thesen das ganze damalige Weltbild aus den Angeln zu heben droht.

Galileo Galilei heißt der aufmüpfige Mathematiker, Physiker und Philosoph. Und er hat etwas ganz Banales getan: Er hat als einer der ersten Menschen mit dem gerade erfundenen Fernrohr den Himmel betrachtet. Und dabei festgestellt: Irgendetwas stimmt hier nicht. Angeblich dreht sich doch die Sonne um die Erde. Aber das passt überhaupt nicht zu den konkreten Beobachtungen. Es ist eher andersherum: Es scheint, als ob sich die Erde um die Sonne drehen würde.

Der Kirche schmeckt das überhaupt nicht, wird doch da das von ihr vertretene Weltbild in Frage gestellt. Dieses Weltbild ist zwar weder biblisch noch wissenschaftlich – aber es geht ja auch um Macht. Die Kirche kann doch nicht irren. Und die Erde ist der Mittelpunkt, um den sich alles dreht.

Heute wissen wir: Die Kirche hat sich geirrt. Galileo Galilei aber hat damals im Jahr 1633 seinen umstürzlerischen Thesen trotzdem abgeschworen. Aus Angst. Allerdings soll er noch im Hinausgehen gemurmelt haben: »Und sie bewegt sich doch!«

Richtig. Heute feiern die Freunde von Galileo seinen Geburtstag. Zum Glück auch viele Christen, die sich über die falsch verstandene »Rechtgläubigkeit« der damaligen Kirchenoberen nur wundern können.

Grease

Rock ’n’ Roll und Cadillacs, Pferdeschwänze und Partys, Pomade und Petticoats: »Grease« ist eines der erfolgreichsten Musicals der Welt und wahrscheinlich die leidenschaftlichste Liebeserklärung an die 50er-Jahre, die je auf die Bühne kam. Geballte Lebenslust, die bis heute ansteckt.

Vielleicht liegt das ja auch an der Entstehungsgeschichte des Stücks. In einer bierseligen Runde haben ein paar Freunde die verrückte Idee: »Hey, lasst uns mal ein Musical schreiben.« Einer setzt sich mit seiner Gitarre hin. Und dann wird das Machwerk aufgeführt. In einem alten Geräteschuppen in Chicago. Mit einem Budget von 171 Dollar, 18 Laiendarstellern und 120 Zuschauern. Das Ganze passierte Mitte Februar, dauerte fünf Stunden und sollte eigentlich nur ein kleiner Spaß sein. Es wird aber ein ganz großer, der schon ein Jahr später am Broadway Premiere hat.

Klar, das ist eher die Ausnahme. Aber es passiert: Unbekannte Künstler landen plötzlich einen Welthit.

Warum interessiert mich das als Pfarrer? Ganz einfach: weil die Bibel eigentlich andauernd solche Geschichten erzählt. Kleine, bislang nicht besonders prominente Leute verändern die Welt. Plötzlich sind sie große Künstler, Volkshelden, Propheten, Apostel oder Lebensretter. Die Botschaft dahinter ist ganz einfach: In jedem Menschen wohnt die Kraft, die Welt zu verändern – wenn er sich von Gott dazu berufen lässt. Das finde ich unglaublich motivierend. Vielleicht sollte ich mal wieder ein Musical schreiben …

Konjunktur 2

Das sieht ja nicht gerade gut aus mit der Konjunktur. Gruselige Wirtschaftsprognosen, furchterregende Insolvenzen und schreckliche Arbeitslosenzahlen. Wer auf Horrorliteratur steht, braucht nur eine Börsenzeitung aufzuschlagen. Und wenn ich mit meinen Freunden spreche, dann entdecke ich eines jedenfalls nicht: blühenden Optimismus. Ziemlich flaue Zeiten. Wobei ich mich seit Langem frage: Was ist wohl zuerst da – die miesen Zahlen oder die miese Stimmung? Was meinen Sie?

Wer deprimiert oder wütend auf die Konjunkturdaten guckt, der hat zurzeit natürlich gut schimpfen. Aber: Es ist auch ganz nützlich, sich mithilfe der nervenaufreibenden Entwicklungen vor einer viel dringenderen Frage zu drücken: Wie sieht es eigentlich mit der »privaten Konjunktur« aus?

Haben Sie schon mal daran gedacht, für Ihr Leben Konjunkturdaten aufzustellen? Zufriedenheitsindex, Corporate Identity oder Entwicklungspotenzial? Wäre vielleicht eine Unternehmensberatung dran? Sind Sie gerade im Aufwärts- oder im Abwärtstrend? Ich bin überzeugt: Einige Leute könnten ein Stück Himmel auf Erden erleben, wenn sie die gleiche Energie, die sie in die Wirtschaftsentwicklung stecken, in ihre eigene Entwicklung investieren würden.

Komischerweise sieht Gottes Vorschlag noch mal ganz anders aus! Er sagt: Glück, Geborgenheit, Erfüllung und Sinn sollten völlig unabhängig von allen Konjunkturdaten sein. Wenn das Gelingen eines Lebens von der Konjunktur abhängt, dann stimmt etwas nicht. Wirklich zufrieden ist nur der, dessen Dasein nicht von Äußerlichkeiten bestimmt wird. Die mittelalterlichen Mystiker nannten das »Gelassenheit«. Atmen Sie mal durch!

Heinrich Heine

»Ich weiß nicht, was soll es bedeuten, dass ich so traurig bin.«

Tja, das wusste der große Heinrich Heine, der Dichter des Liedes von der »Loreley«, offensichtlich selbst nicht so recht, denn er versuchte sein Leben lang auf immer neue Weise, die eigene Traurigkeit loszuwerden. Und das führte zu einer ganz bizarren Biografie: Heine wird in einer jüdischen Kaufmannsfamilie geboren, tritt mit 28 in die evangelische Kirche ein, heiratet mit 44 katholisch und gilt dann lange als Vorreiter des Atheismus.

Und dabei ist er als Autor sogar in der Lage, Jesus liebevoll zu verspotten: »Mit Wehmut erfüllt mich jedes Mal / Dein Anblick, mein armer Vetter. / Der Du die Welt erlösen gewollt, / Du Narr, Du Menschheitsretter.« Heine möchte sich und die Welt lieber selbst mit Lust und Leidenschaft retten.

Doch als ihn eine unheilbare Krankheit ans Bett fesselt, ändert sich sein Ton plötzlich: »Das himmlische Heimweh überfiel mich und trieb mich fort durch Wälder und Schluchten, über die schwindligsten Bergpfade.« Der ewig skeptische Satiriker sucht verzweifelt einen Gesprächspartner, mit dem er über seine anhaltende Traurigkeit reden kann – und landet am Ende doch wieder bei Gott.

Morgen ist Heinrich Heines Todestag. Und die Experten diskutieren immer noch darüber, ob der Dichter seine Traurigkeit durch die Gespräche mit Gott nun tatsächlich losgeworden ist oder nicht. Na, eines ist jedenfalls klar: Heine hat mit Gott so genussvoll gestritten, so herzlich über ihn geflucht und so fröhlich gelästert, wie es ein echter Atheist ja leider nie erleben kann – weil er gar nicht an Gott glaubt. Schade für ihn. »Ich weiß nicht, was soll es bedeuten …«

Abendmahl

Es soll nicht sein. Jedenfalls noch nicht. Und auf keinen Fall offiziell. Katholiken und Evangelische können, dürfen, wollen nicht zusammen Abendmahl feiern. Weil sie die Oblate und den Wein weiterhin unterschiedlich interpretieren.

Ein bisschen absurd ist das schon: Damals bei Jesus durfte sogar Judas mitfeiern – der Mann, der ihn später verraten und verkauft hat und offensichtlich von der Bedeutung des Abendmahls überhaupt nichts begriff –, aber im Hier und Heute darf das nicht sein. Mist …

Moment mal! Jetzt wäre ich fast in genau die gleiche Falle getappt, in die so viele tappen: Ich habe mir einen naheliegenden Streitpunkt geschnappt und rege mich herrlich darüber auf. Und soll ich Ihnen was sagen: Es gibt immer was zum Aufregen. Gerade in der Kirche. Sie könnte doch ganz anders sein: toleranter, feministischer, ökologischer, bunter, heiliger, politischer, ethischer, kirchentagiger … und was weiß ich noch alles.

Manche Menschen haben es sich zur Angewohnheit gemacht, an allem herumzumäkeln. Es lässt sich ja auch viel leichter meckern als loben. Ich sage das deshalb so deutlich, weil ich selbst lange Zeit die Angewohnheit hatte, bei allem erst mal nach den Fehlern zu suchen. Bis mir klar geworden ist, dass Nörgelei ein wunderbarer Weg ist, sich vor der Auseinandersetzung mit einem Thema oder einer Person zu drücken.

Gerade wenn es um die Kirche und den Glauben geht, kann man schnell das Wesentliche verpassen. Man ärgert sich über irgendwelche Randthemen – möglicherweise sogar zu Recht – und verliert dabei Gott aus den Augen. Denn: Kritik schafft immer Distanz. Und das ist schwierig bei einem Gott, der Nähe sucht.

Ringkampf

Eine einsame Nacht, ein enges Tal, ein fast ausgetrockneter Bach. Am Ufer sitzt ein Mann und denkt nach. Als er kurz den Kopf hebt, sieht er plötzlich vor sich eine dunkle Gestalt, die ihn zum Kampf auffordert. Beide haben keine Waffen, und so fangen sie an, mit aller Kraft zu ringen. Stundenlang. Einmal erhält der Mann einen solchen Schlag auf die Hüfte, dass er schwer verletzt wird. Doch er gibt nicht auf.

Irgendwie spürt er, dass die dunkle Gestalt mit Gott zu tun hat. Ja, das ist Gott. Und siehe da: Der Mann ist so ausdauernd, dass Gott ihn in dieser Gestalt nicht besiegen kann. Am Ende stellt er sogar eine Forderung an Gott: »Ich werde dich nicht gehen lassen, bevor du mich nicht segnest.«

Der Mann heißt Jakob, sein Abenteuer steht in der Bibel – und ich liebe diese Geschichte. Vielleicht, weil sie deutlich macht, dass Gott seinen Segen nicht einfach wie eine Glaubens-Dividende ausschüttet. Um Segen muss man manchmal ringen. Und zwar mit aller Kraft. Jakob war vorher schon oft gesegnet worden. Doch sein Segen entfaltet sich erst, als er sich mit Gott – dem Segenspender – auseinandersetzt.

Jakob zeigt sehr schön, wie das mit dem Segen gehen kann: Mit Gott im Gespräch bleiben und ihn dabei sehr deutlich an seine Verheißungen erinnern. Dafür kämpfen, dass dieser Segen zur Realität wird. Nicht einfach warten, ob er wirkt. Ich zumindest glaube, dass sich der Segen für eine Examensprüfung bei jemandem, der fleißig lernt, besser entfalten kann als bei einem, der faul ist. Und Jakob erlebt, dass ein Gesegneter beim Ringen um den Segen auch Blessuren davonträgt. Aber das war für ihn in Ordnung. Denn eines ist klar: Er hat diesen göttlichen Ringkampf um den Segen nie bereut.

Ich verzichte (auch nicht) gern

Das mit der Solidargemeinschaft ist schon so eine Sache. Jeder möchte gern dazugehören und von ihr profitieren, aber wenn es wirklich darum geht, dass alle gemeinsam die Probleme der Zukunft angehen, wird es eher still. Schließlich bedeutet ein solcher Beitrag zur Solidargemeinschaft in der Regel, dass man auf etwas verzichten muss.

Dabei sind die Prognosen ziemlich übel: So wie sich die Alterspyramide in Deutschland entwickelt, wird man auf Dauer weder das Renten- noch das Krankenkassensystem halten können. Jedenfalls nicht, wenn nicht alle bereit sind, mit anzupacken. Ich gestehe, dass ich nicht einschätzen kann, ob die Vorschläge der Bundesregierung die richtigen Maßnahmen für eine zukunftsfähige Solidargemeinschaft sind. Aber eines ist klar: Wenn die Solidargemeinschaft auch noch in 20 Jahren funktionieren soll, dann müssen jetzt alle ihren Beitrag leisten.

Und nun sehe ich jeden Abend in den Medien eine andere Interessengruppe, die mit trotziger Stimme verkündet, sie könne auf keinen Fall Einschnitte in Kauf nehmen: die Alten, die Jungen, die Reichen, die Armen, die Angestellten, die Beamten, die Selbstständigen, die Arbeitslosen, die Gewerkschaften, die Kranken, die Gesunden und, und, und. Jeder erzählt mir, er fände das Modell der Solidargemeinschaft toll, aber er könne, wolle und werde nichts dazu beitragen – oder aber: Er hätte schon mal dazu beigetragen, und das sei nun wirklich genug.

Ich weiß natürlich, dass es viele Menschen nicht leicht haben. Aber eine Solidargemeinschaft muss ihre Krisen gemeinsam bewältigen. Und ich erschrecke, wie viele Menschen andauernd das Gefühl haben, zu kurz zu kommen. Zu den Grundwahrheiten des christlichen Glaubens gehört, dass es dem Einzelnen nur dann wirklich gut gehen kann, wenn es der Gemeinschaft gut geht. Auch wenn es mich genauso wie alle anderen schmerzt: Ich bin bereit, kürzerzutreten. Und ich hoffe sehr, dass wir das hinkriegen.

Die beste aller Welten

Das sind doch mal gute Nachrichten: Die Zukunft der Gesellschaft im 21. Jahrhundert sieht möglicherweise gar nicht so übel aus! Behauptet zumindest der Soziologe Gerhard Schulze, der in den 90er-Jahren mit dem Begriff »Erlebnisgesellschaft« Furore gemacht hat. Vor einigen Jahren ist ein weiteres Buch von ihm erschienen: »Die beste aller Welten«.

Der Einstieg in Schulzes Theorie klingt allerdings erst mal düster. Wir alle befinden uns zurzeit in einem Prozess, den er das »Steigerungsspiel« nennt. Wertvoll ist nur noch das, was sich steigern lässt. Immer mehr, immer schneller, immer besser, immer sozialer und so weiter.

Die Sache hat nur einen Haken: Das Steigerungsdenken ist so sehr zu einem Selbstläufer geworden, dass die Menschen inzwischen Angst haben, Ziele zu erreichen. Ein Leben, das nicht mehr verbessert werden kann, scheint sinnlos. Und was den Menschen dabei völlig abgeht, ist die Zufriedenheit. Wer immer alles verbessern will, ist nie zufrieden.

Kein Wunder, dass es in diesen Zeiten auch die Kirchen schwer haben. Ihre Werte sind nicht steigerbar. »Gott liebt dich unendlich! Jesus hat am Kreuz deine Schuld ein für alle Mal auf sich genommen! Weil Gott dich annimmt, kannst du dich selbst mit Haut und Haar annehmen!« Das kann man nicht verbessern.

Das Steigerungsspiel wird nicht aufhören. Da ist sich Gerhard Schulze sicher. Aber die Leute werden neu fragen: »Wozu?« Wozu arbeite ich eigentlich 70 Stunden pro Woche? Wozu mache ich das alles? Sie werden entdecken, dass nur derjenige das Steigerungsspiel vernünftig mitspielen kann, der weiß, welchen Sinn sein Leben hat.

Und weil ich davon überzeugt bin, dass der christliche Glaube darauf eine wirklich gute Antwort hat, sehe ich nicht nur für unsere Gesellschaft, sondern auch für die Kirche optimistisch in die Zukunft. »Die beste aller Welten« ist die, in der ich mich grenzenlos zu Hause fühle, auch wenn ich weiß, dass noch manches besser werden kann.

Am Tiefpunkt

Am 23. Februar 1960 war es so weit: Die beiden Männer, Jacques Piccard und Donald Walsh, zwängen sich in den Bathyskaphen, schließen die Luken – und tauchen ab. Und zwar tiefer als jemals ein Mensch zuvor. 10916 Meter unter den Meeresspiegel.

Ja, ein Bathyskaph ist ein Tiefsee-U-Boot. Und der wagemutige Ausflug der beiden Abenteurer in den berühmten Marianengraben im Pazifik gilt bis heute als Höhepunkt oder besser gesagt als Tiefpunkt der Ozeanografie.

Auch weil diese noch weitgehend unerforschte Tiefseewelt Wissenschaftler seit Langem fasziniert. Was ist da unten los? Welche Wesen gibt es wohl in zehn Kilometern Tiefe, wo mehr als eine Tonne Druck auf jedem Quadratzentimeter lastet, wo absolute Dunkelheit herrscht und wo tödliche Kälte das Dasein bedroht?

Gerade weil das Leben in der Tiefsee so unendlich weit von uns entfernt ist, hat es sogar schon die biblischen Autoren inspiriert. Als der Prophet Micha erklären will, wie barmherzig Gott ist, da sagt er: »Gott wird alles, was unser Leben belastet, in die tiefsten Tiefen des Meeres werfen.« Und das heißt nichts anderes als: Es ist weg.

Na, wahrscheinlich haben Jacques Piccard und Donald Walsh bei ihrer Rekord-Tauchfahrt in die Dunkelheit keine menschlichen Sünden oder Nöte entdeckt. Aber das Bild von den irdischen Belastungen hätten sie in fast elf Kilometern Tiefe sicher gut nachvollziehen können: »Hierhin gehört alles, was euch belastet.« Lässt Gott ausrichten. Und wer das weiß, für den geht es stetig wieder nach oben.

Das Kommunistische Manifest

»Wacht auf, Verdammte dieser Erde. Ein Gespenst geht um in Europa, das Gespenst des Kommunismus.« So beginnt es, das berühmte »Kommunistische Manifest« von Karl Marx und Friedrich Engels. Es erschien am 24. Februar 1848 – und die knappen 60 Seiten enthalten eine Weltanschauung, die eine Zeit lang das Denken der halben Welt bestimmen sollte: den Kommunismus.

»Wacht auf, Verdammte dieser Erde.« Die Verdammten, das waren die Industriearbeiter, die in der Realität des 19. Jahrhunderts immer mehr »in Stumpfsinn und Rohheit« zu versinken drohten. Ausgenutzt von wenigen Kapitalisten. Diese Arbeiter sollten endlich aufgerüttelt werden. Und das wurden sie. Viele soziale Verbesserungen verdanken wir bis heute den Idealen des »Kommunistischen Manifestes«.

Trotzdem ist der Kommunismus offensichtlich gescheitert. Ein kommunistisches Land nach dem anderen bekennt sich zur Marktwirtschaft und lässt die Werte von Marx und Engels hinter sich. Der Kapitalismus funktioniert einfach besser – nun, das dachten wir jedenfalls, bis zur globalen Krise. Seither ahnen wir, dass auch unsere freie Marktwirtschaft keine Garantie für dauerhaftes Glück ist.

Tja, welche Wirtschaftsform ist denn jetzt die beste? Schwere Frage. Aber eines ist klar: Gut ist auf jeden Fall die Staatsform, der es gelingt, sich vor Dogmatismus zu hüten. Die nicht ein endgültiges System, sondern die Menschen an erste Stelle setzt. Die also immer neu und offen fragt, ob ihre Ideale den Menschen weiterhin guttun. Jesus hat das übrigens ganz liebevoll vorgemacht. Er sagte einmal: »Die Gebote sind für den Menschen da. Nicht die Menschen für die Gebote.« Das gilt bis heute.

Anthony Burgess

Die Ärzte rieten dem jungen Mann: »Nutzen Sie ihre letzten Monate gut. Sie haben einen unheilbaren Hirntumor und werden demnächst sterben.«

Oh! Nach dieser schockierenden Diagnose kündigte der Verzweifelte sofort seine Stellung als Lehrer im asiatischen Brunei und kehrte nach England zurück. Er wollte unbedingt in der ihm verbleibenden Zeit seiner Frau etwas Persönliches hinterlassen. Also fing er an, intensiv zu schreiben. Und siehe da, er veröffentlichte in den folgenden – übrigens: ziemlich gesunden – Jahren mehr als 50 Bücher. Anthony Burgess. Der Autor von »A Clockwork Orange« und vielen anderen Bestsellern. Einer, der seine Schriftsteller-Karriere zu Recht als Geschenk empfand.

Nun gehört Anthony Burgess auch zu den Autoren des 20. Jahrhunderts, die aus ihrem christlichen Glauben keinen Hehl gemacht haben und denen es wichtig war, Religion und Kirche in ihren Werken offen anzusprechen. Natürlich auch kritisch – aber Burgess hatte immer den Blick eines Menschen, der weiß, was es bedeutet, eine persönliche Auferstehung zu erleben.

Vielleicht hat er auch deshalb so nette Sätze gesagt wie: »Lache, und die Welt lacht mit dir. Schnarche, und du schläfst allein.« Heute hätte er Geburtstag gefeiert. Herzlichen Glückwunsch.

Browser

»To browse« heißt »stöbern«, »sich umsehen«, »schmökern«. Und wer im Internet stöbern will, der braucht einen Browser. Mit dem kann man die Inhalte des weltweiten Datennetzes darstellen. Auf seinem Bildschirm.

Ich dachte fast, ich werd nicht mehr, als ich jetzt gelesen habe, dass der erste Webbrowser überhaupt erst 1991 der Öffentlichkeit präsentiert wurde, nach der Wende. Ja, am 26. Februar 1991. Das Ding hieß damals wie das Netz, »World Wide Web«, und wurde von einem Mann namens Tim Berners-Lee erfunden. Seither können wir Seiten aus dem Internet auf unserem Computer öffnen. Sprich: Durch den Browser bekommen wir Zugriff.

Anfangs war ich verblüfft, dass das erst 1991 passiert ist, ich brauche schließlich inzwischen jeden Tag einen Browser. Doch dann wurde mir klar, dass die Idee eigentlich viel älter ist. Ja, es geht beim Browsen doch darum, etwas darzustellen, auf das man sonst keinen Zugriff hätte. Und als Theologe fällt mir da sofort ein Vergleich ein.

Gott ist auch etwas, das man nicht einfach so lesen und verstehen kann. Man braucht dazu einen Browser. Sozusagen einen Gott-Browser. Und den hat Gott selbst online, oder besser, »onearth« gestellt. Nämlich seinen Sohn. Jesus zeigt den Menschen, wie Gott ist. Damit die endlich Zugriff bekommen.

O.k., ein gewagtes Bild. Aber jetzt versteh auch ich als Pfarrer endlich, was ein Browser ist.

Frauenpower

2009 ging es noch knapp aus. Ganz knapp. Fast wären die Studienanfängerinnen da schon in der Mehrheit gewesen. Aber es hat dann doch nicht ganz gereicht. Nun, 2010 wird es wahrscheinlich so weit sein: Mehr Frauen als Männer schreiben sich an Hochschulen ein und beginnen in Deutschland ein Studium.

Für diesen einzigartigen Erfolg der Gleichberechtigung brauchten die Frauen genau ... na? 110 Jahre. Ja, denn im Jahr 1900 durften sich Ende Februar zum allerersten Mal Frauen in Deutschland immatrikulieren. Und zwar im liberalen Baden. Preußen brauchte noch bis 1908. Allerdings war da der Siegeszug der Akademikerinnen schon nicht mehr aufzuhalten.

Heute scheint es fast absurd, dass die europäische Gesellschaft den Frauen jahrhundertelang das Recht auf Bildung vorenthalten hat – vor allem die Kirchen haben sich bei diesem Thema wahrlich nicht mit Ruhm bekleckert. Unverständlicherweise übrigens.

Jesus sagt doch den berühmten Satz: »Kommt alle zu mir, die ihr mühselig und beladen seid.« Alle. Also Männer und Frauen. Nur weiß kaum einer, wie der Satz weitergeht. Da steht nämlich wörtlich: »Kommt alle und lernt. Lernt von mir.« Jesus selber lädt also Frauen zum Lernen ein. Das müssen die Theologen vergangener Tage irgendwie überlesen haben. Schade. Und was für ein Glück, dass Frauen diese Texte heute selbst studieren können.

Theodosius

Es war im Jahr 380. Da erklärte der römische Kaiser Flavius Theodosius am 28. Februar das Christentum zur allein gültigen und verbindlichen Staatsreligion. Mmh.

Nun kann man ja vom christlichen Glauben denken, was man will: Mit seinem Edikt »Cunctos Populos« begründete Theodosius letztlich das christliche Abendland. Und dass wir heute eine Gesellschaft haben, die auf christlichen Werten wie Menschenwürde, Freiheit und Nächstenliebe aufbaut, ist mehr als erfreulich.

Trotzdem gibt es viele Leute, die fragen: War dieser Schritt von Theodosius wirklich klug? Also: War es richtig, das Gedankengut dieser bislang verfolgten Glaubensgemeinschaft der Christen zum offiziellen Pflichtprogramm zu machen? Vorher hatten die Menschen ja die freie Wahl, ob sie Christinnen und Christen werden wollten; jetzt war es plötzlich so etwas wie ein Gebot.

Die Gefahr dabei ist ziemlich klar: Wenn etwas, das man aus Begeisterung, Leidenschaft und Überzeugung gemacht hat, plötzlich zur Pflicht, zur Gewohnheit und zum Ritual wird, dann geht das fast immer schief. Insofern wundert es auch nicht, dass ein verstaatlichtes Christentum so manche Macken hat.

Vielleicht ist es ein richtiger Segen, dass Menschen im 21. Jahrhundert das Geschenk des Glaubens wieder aus freier Entscheidung annehmen können. Und vielleicht tut das auch der Kirche gut.

Alle gleich

»Alle anders – Alle gleich.« Das war ein starkes Motto für die »Internationalen Wochen gegen Rassismus«, die kürzlich stattfanden. »Alle anders – Alle gleich!« Jeder Mensch ist ein Individuum, vor allem aber ist er ein Mensch. Ganz gleich, welche Hautfarbe, Religion, Kultur oder Erziehung er hat.

Nur wer das kapiert, ist auch in der Lage, etwas gegen die vielen kleinen und großen Formen von Rassismus zu unternehmen, die man in Deutschland täglich beobachten kann. »Hey, der Typ da, das ist nicht in erster Linie ein Norweger, ein Türke, ein Araber oder ein Afrikaner. Das ist ein Mensch.« Rassismus fängt nämlich genau da an, wo jemand das Gefühl hat, ein anderer sei irgendwie ein bisschen weniger Mensch.

»Alle anders – Alle gleich.« Nur: Woher stammt eigentlich der kluge Gedanke, dass alle gleich sind? Na, das ist einer der zentralen Inhalte des christlichen Glaubens! Und dabei geht es gar nicht um »Gleichmacherei«, sondern um eine echte Aufwertung des Menschen: Weil Gott uns geschaffen hat, sagt die Bibel, sind wir alle gleich, und zwar gleich wertvoll und gleichermaßen gewollt und geliebt.

Wer in jedem Menschen ein von Gott geliebtes Geschöpf sieht, kann den anderen gar nicht verachten. Insofern ist der Glaube auch eine gute Basis, um Rassismus zu überwinden. In der Geschichte der Kirche hat das leider nicht immer geklappt, aber Jesus hat zumindest vorgemacht, dass sich die Welt verändert, wenn man auch den merkwürdigsten Gestalten mit Liebe und Achtung begegnet. »Alle anders – Alle gleich.«

Michail Gorbatschow

Manchmal sagt oder tut man im richtigen Moment das Richtige. Und die ganze Welt verändert sich. Aber aufgepasst: »Wer zu spät kommt, den bestraft das Leben.«

Er hat im richtigen Moment die Welt verändert: Michail Gorbatschow, der heute Geburtstag feiert. Er war nur eineinhalb Jahre russischer Staatspräsident, doch sein Einsatz für die Wiedervereinigung sorgte im richtigen Augenblick dafür, dass aus zweimal »Deutschland« ohne Blutvergießen wieder eines wurde. Dafür, für seine Entspannungs- und Reformpolitik der »Perestrojka« und für seine neue Offenheit gegenüber den lang verschwiegenen Schwächen der Sowjetgesellschaft wurde Gorbatschow 1990 mit dem Friedensnobelpreis ausgezeichnet. Unser Gorbi.

Ich bewundere vor allem seine klaren und im Prinzip schlichten Grundideen: Ehrlichkeit ist besser als die ewigen Vertuschungsversuche, gute Beziehungen sind besser als Aggressionen, und Veränderungen sind besser als Stillstand. Ich weiß natürlich, dass man über Gorbatschows Politik herrlich streiten kann und dass er mit seinen Reformen am Ende gescheitert ist – aber: Seine Ideen haben trotzdem gesiegt. Der Kalte Krieg ist vorüber, und Deutschland konnte die Mauer niederreißen.

Und das zeigt mal wieder: Ideen sind stärker als Waffen. Selbst wenn ihre Väter scheinbar scheitern, setzen sich gute Ideen durch. Das gilt für Gorbatschow wie für Jesus oder Martin Luther King. Insofern war Gorbatschows »Ja« zur Wiedervereinigung eigentlich nur die logische Konsequenz einer viel größeren Vision. Vielleicht brauchen wir mal wieder ein paar Visionäre, die fühlen, wann die richtige Zeit für Veränderungen gekommen ist. Also: Herzlichen Glückwunsch, Michail.

King Kong

»Und siehe! Das Untier erblickte das Antlitz der Schönheit, und seine Hände ließen ab vom Töten. Und von diesem Tag an war es dem Tod geweiht.«

Mit diesen geheimnisvollen Worten begann Anfang März 1933 der Mythos »King Kong« – und einer der größten Filmerfolge der Kinogeschichte. Es geht darin um Liebe und Tod, um Schönheit und Wildnis und um den riesigen Affen Kong, der auf einer Südseeinsel lebt und von einem Filmteam gefangen und nach New York gebracht wird. Dort bricht er aus, kämpft und wird am Ende auf dem Empire State Building von Jagdfliegern getötet. Allerdings erst, nachdem er die schöne Schauspielerin Ann, in die er sich verliebt hat, voller Zärtlichkeit in Sicherheit bringen konnte. Romantik und Horror in einem.

Viele Experten sagen, dass der Film »King Kong« deshalb so ein Erfolg wurde, weil er Motive aus der Jesusgeschichte übernimmt. Echt? Ja: Da ist ein mächtiges Wesen, das sich in einen Menschen verliebt und deshalb sterben muss. So wie Kong aus Liebe zu Ann nicht einfach kämpft oder flieht, sondern aufhört zu töten und sich selbst opfert, wird auch von Gott erzählt, dass er »seine Macht abgab«, um den Menschen ganz nah sein zu können.

Darf man King Kong wirklich mit Jesus vergleichen? Nun, ein bisschen gewagt ist das schon. Vor allem, weil die biblische Geschichte an Ostern ein Happy End hat. Jesus steht nämlich wieder auf.

Die Zahl der Opfer

Komisch, dass sich das Ganze immer noch Friedensprozess nennt. Denn den entdecke ich leider nirgendwo. Seit ich denken kann, taucht alle paar Jahre ein neuer Friedensplan auf. Aber der Konflikt in Israel und Palästina schwelt nun schon Jahrzehnte vor sich hin – und die Signale, die ich in den Medien wahrnehme, klingen nicht nach einer baldigen Lösung.

Es ändert sich irgendwie nichts: Die einen töten mit Selbstmordattentaten, die anderen mit Soldaten. Einig sind sich die Kontrahenten nur in einem einzigen Punkt, nämlich dem Bewusstsein: »Wir, ja, wir verteidigen uns doch nur! Aggressiv sind die jeweils anderen.«

Ich habe in Israel-Palästina sowohl mit Juden als auch mit Palästinensern gesprochen und war überrascht, dass ich von beiden exakt die gleichen Geschichten gehört habe. Die waren schrecklich, hatten mit persönlichen Verlusten zu tun und mündeten alle in dem Aufschrei: »Unser Verhalten ist nur Notwehr. Wir sind die Opfer!«

Ich kann hier gewiss nicht versuchen, den Nahostkonflikt zu bewerten, aber eines weiß ich aus eigener Erfahrung: Menschen, die sich nur als Opfer sehen, lösen keine Konflikte. Niemals. Ein Opfer fühlt sich in die Ecke gedrängt, unterstellt dem anderen nur noch schlechte Motive und verliert jedes Realitätsgefühl. Wer sich nur als Opfer sieht, glaubt, dass er erst dann gewonnen hat, wenn der andere klein beigibt. So funktioniert Friede aber nicht.

Die Friedenspolitik der Bibel sieht anders aus. Sie sagt erstens: »Du bist niemals nur Opfer. Du bist verantwortlich für dein Tun.« Und zweitens: »Vergiss nie, dass du von Gott geliebt wirst. Ganz gleich, wie widrig die Umstände auch sein mögen: Da ist einer, der dich liebt und achtet. Wenn du dir das bewusst machst, dann kommst du aus der Opferrolle heraus und kannst der Welt friedlicher begegnen.«

Cebit

Demnächst ist wieder die Cebit, die »weltweit größte Messe zur Darstellung digitaler Lösungen aus der Informations- und Kommunikationstechnik«. So heißt das Ding ganz offiziell. Es gibt auf der Cebit also »digitale Lösungen«.

Aber mal ehrlich: Im Augenblick findet man da ja nicht nur Lösungen, sondern auch ganz neue Herausforderungen. Zum Beispiel die Tatsache, dass manche virtuellen Welten inzwischen so realistisch wirken, dass sie immer verlockender werden. Im »Second Life« etwa, der Parallelwelt im Internet, haben viele Millionen Menschen seit Längerem einen Avatar, also eine zweite Identität, mit deren Hilfe sie ein digitales Doppel-Leben führen.

Nur: Je mehr Zeit ich vor dem Bildschirm in einer virtuellen Welt verbringe, desto weniger Zeit habe ich für die reale Welt. Natürlich macht es Spaß, mal mit einem Avatar durch die fantastischen, computergenerierten Dimensionen zu reisen, um dort den Helden zu spielen. Aber es ist eben nur ein Spiel. Die Liebe, die Lust, die Gemeinschaft: Alles nur ein Spiel.

Hey, ich bin Pfarrer, ich weiß, wovon ich rede. Ich bin schließlich der festen Überzeugung, dass es nicht nur eine Realität gibt – sondern auch noch die Wirklichkeit Gottes, eine überirdische Dimension des Lebens. Aber für die gilt genauso: Wenn Menschen sie nutzen, um aus der Realität zu fliehen, läuft etwas richtig falsch. Wenn sie uns aber hilft, unsere normale Welt mit ganz neuen Augen zu sehen, dann ist das Ganze eben nicht nur ein Spiel, sondern macht den Horizont wirklich weit.

Also: Wenn's ums Leben geht, bevorzuge ich statt »digitaler« dann doch die »göttlichen Lösungen«.

Oscar

Oscar. Seit Wochen wird wieder gemunkelt und spekuliert, wen sie dieses Jahr wohl für den weltweit bedeutendsten Filmpreis nominieren. Ist ja auch spannend: Welche Haupt- und Nebendarsteller, welche Regisseure, Kameraleute, Maskenbildner und Filmmusiker können sich demnächst eine der heiß begehrten, goldenen Statuen ins Regal stellen? Nun: Bald werden die potenziellen Kandidaten wieder bekannt gegeben.

Oscar. Also, ich hätte wirklich auch gern mal einen. Muss doch ein klasse Gefühl sein: Ich bin erwählt! Ich bin etwas Besonderes! Ich gehöre zur Elite! Einmal hören: »And the winner is …« Und dann: mein Name. Wahrscheinlich ist das eine der tiefsten menschlichen Sehnsüchte überhaupt, dieses Gefühl, beachtet, ausgezeichnet zu werden. Das Wissen: »Ich bin gut!« Na, zumindest halten mich alle dafür.

Die Logik des christlichen Glaubens sieht komischerweise völlig anders aus. Sie sagt: »Mensch, du bist ohnehin etwas Besonderes, weil es einen Gott gibt, der dich liebt und dich geschaffen hat.« Oder, um es anders auszudrücken: »Wenn du eine Auszeichnung brauchst, um dich gewollt zu fühlen, dann stimmt in deinem Leben etwas nicht.«

Würde Gott Oscars verleihen, dann würde er heute sagen: »Hey, nominiert seid ihr alle!« Und die Frage lautet nicht: »Wer gewinnt?«, sondern: »Holst du dir den Preis ab?« Zu Deutsch: Kannst du das glauben? Denn dann wirst du dich tatsächlich ausgezeichnet fühlen.

Trotzdem: Sollten Sie gerade überlegen, einen Oscar für Radiopfarrer zu stiften … Ich wäre da nicht abgeneigt …

Adler und Hühner

Kennen Sie die Geschichte von dem Bauern, der beim Wandern ein Adlerküken entdeckt, das aus dem Nest gefallen ist, und es mit nach Hause nimmt? Ich liebe diese Geschichte. Der Bauer findet also einen jungen Adler und zieht ihn mit seinen Hühnern groß. Der Adler lernt, wie man pickt und gackert und auf einer Stange sitzt. Nur mit dem Eierlegen klappt es nicht so richtig.

Eines Tages kommt dann ein Fremder auf den Hof, sieht den Adler und fragt den Bauern: »Wieso benimmt der sich wie ein Huhn?« »Ach«, sagt der Bauer, »das ist eigentlich ein Huhn. Lassen Sie mir das Viech bloß in Ruh!« Doch der Fremde beugt sich zu dem Vogel und sagt: »Hey, du bist ein Adler. Du kannst fliegen. Du gehörst in den Himmel, nicht auf den Boden.«

Das Schlimme ist: Der Adler hat sich an das Hühnerdasein gewöhnt und wagt es nicht, seine Flügel zu benutzen. Auch dann nicht, als der Fremde ihn hoch in die Luft hält: »Du bist ein Adler. Du kannst fliegen. Du gehörst in den Himmel.« Nichts. Erst als der Mann mit dem Adler ins Gebirge steigt und der die Hühner nicht mehr sieht, wagt er es, seine Schwingen auszubreiten. Und dann fliegt er davon. »Du bist ein Adler. Du kannst fliegen. Du gehörst in den Himmel.«

Ich liebe diese Geschichte, weil sie einige Kernaussagen der Bibel wiedergibt: Jeder Mensch ist wie dieser Adler. Und leider gibt es zu viele Bauern, die ihm einreden wollen, er sei ein Huhn. Ein Adler gehört aber nicht in den Hühnerhof, er braucht die Dimension des Himmels, um sich entfalten zu können. Es ist falsch, wenn Adler die Möglichkeiten, für die sie geschaffen sind, nicht ausnutzen und niemals fliegen. Und es ist traurig, wenn Menschen die Weite des Himmels in ihrem Leben nicht finden.

Sprachlos

Eine entsetzliche Tat. 16 Tote, weil ein Jugendlicher durchgedreht ist. Weil er um sich geschossen hat, als wäre ein Leben nichts wert. Gar nichts. Und alle versuchen verzweifelt, Worte für das Unsagbare zu finden. Als ob Worte erklären könnten, was da Mitte März 2009 in Winnenden passierte.

Gerade am ersten Abend nach der Katastrophe. Da wurde ziemlich viel geredet. In den Medien. Ausführliche Analysen, Kommentare und Diskussionen. Und die klangen oftmals so, als könne man den Schrecken in den Griff bekommen, wenn man eine Erklärung findet. In Sondersendungen, Talkshows und Magazinen. »Also, ich denke, dahinter steckt Folgendes …«

Aber vielleicht, vielleicht können wir das Leben mit seinen Grenzen und seinen Abgründen gar nicht endgültig durchschauen. Wie wir immer meinen. Und wie wir es gerne hätten. Ja, möglicherweise werden wir trotz aller Expertenmeinungen nie begreifen, warum der angeblich unauffällige Tim plötzlich zu einer Waffe gegriffen und all diese Menschen hingerichtet hat.

Darum hat mich der Satz eines kirchlichen Notfallseelsorgers sehr berührt. Der hat nämlich gesagt: »Um ehrlich zu sein … Mir fehlen die Worte. Ich bin sprachlos. Ich weiß nicht, was ich sagen soll. Ich kann den Betroffenen keine Erklärungen anbieten. Ich kann nur eines machen, nämlich da sein. Ja, ich bin für sie da.«

Das ist dem Erschrecken angemessen. Finde ich. Und ich frage mich manchmal, ob wir nicht eine Gesellschaft brauchen, in der insgesamt weniger erklärt wird und in der wir einfach mehr füreinander da sind. Und das Leben gemeinsam aushalten.

Elektronenmikroskop

Manchmal sieht man mit bloßem Auge einfach nichts. Überhaupt nichts. Trotzdem ist da was. Nur reicht unser Auge nicht aus, um es zu erkennen. Nun, bei Dingen, die für unsere Wahrnehmung einfach zu klein sind, hilft zum Beispiel ein Mikroskop. Klar, das kennen wir alle. Nebenbei: Das erste Mikroskop hat 1590 ein niederländischer Brillenmacher erfunden. Und inzwischen gibt es Lichtmikroskope, die ein Objekt bis zu 10 000-fach vergrößern. Nicht schlecht, oder?

Doch selbst das reichte den Wissenschaftlern nicht. Sie wollten noch genauer hingucken. Also testete der Physiker Ernst Ruska am 9. März 1931 zum ersten Mal eine unglaubliche technische Apparatur. Eine, die das Objekt nicht mit Licht, sondern mit Elektronen abtastet. Und diese neue Technik ermöglicht tatsächlich eine Vergrößerung um das bis zu 500 000-fache. Wow! Mithilfe solcher Elektronenmikroskope haben die Forscher so manches wissenschaftliche Rätsel gelöst, das mit einem Lichtmikroskop undurchschaubar geblieben wäre.

Als Pfarrer kann ich da nur schmunzeln: Natürlich gibt es vieles, was wir mit unseren normalen Sinnen nicht wahrnehmen können. Zum Beispiel Mikrostrukturen. Oder Gott. Und während die Wissenschaftler für die Erforschung der winzigen Dinge das Elektronenmikroskop entwickelt haben, gibt es für den Zugang zu Gott den Glauben. Und irgendwie sind Glaubende ja auch Forscher. Sie gehen so wunderbaren Dingen auf den Grund wie Liebe, Vertrauen, Hoffnung, Sehnsucht und Sinn. Bisweilen eröffnen sich dabei ganz neue Welten.

Spektralanalyse

Wissen Sie, was eine Spektralanalyse ist? Also, ich hatte keine Ahnung. Spektralanalyse? Gut, klingt irgendwie nett. Aber was ist das?

Mal ganz von vorne: Am 10. März 1814 macht der bayerische Physiker Joseph von Fraunhofer eine total verblüffende Beobachtung. Er schreibt später: »Ich entdeckte beim Betrachten der Sonne mit dem Fernrohr unzählig viele dunkle Linien – einige scheinen fast schwarz zu sein.« Schwarze Linien? Im Sonnenlicht? Häh?

Es dauerte fast 50 Jahre, bis das Geheimnis dieser Striche gelüftet wurde. Jeder chemische Stoff sendet beim Verbrennen ein charakteristisches Licht aus. Und dabei fehlen immer bestimmte Farben aus dem Farbspektrum, die dann als dunkle Linien beobachtet werden können.

Sprich: Wenn ich das Licht analysiere, das ein Körper aussendet, kann ich sagen, woraus er besteht. Ja, das klappt sogar bei unendlich weit entfernten Sternen. Und das Verfahren dazu heißt Spektralanalyse. Irre, oder?

Als Theologe fasziniert mich daran vor allem eines: Der Physiker Fraunhofer musste erst eine eigene Betrachtungsweise entwickeln, bevor er diese charakteristischen Linien sehen konnte. Denn für das bloße Auge sind sie nicht sichtbar. Und ich frage mich, ob es bei Gott nicht ähnlich ist. Man muss erst lernen, ihn wahrzunehmen. Sein Licht zu entdecken. Vielleicht heißt es ja deshalb in der Bibel: »Der Mensch sieht immer mit den Augen, aber Gott sieht das Herz an.«

Auf dem Grabstein von Fraunhofer steht jedenfalls ein bewegender Spruch: »Er hat die Sterne näher gerückt.«

Gedenktag für die Opfer des Terrorismus

Am 11. März 2004 kamen bei Terroranschlägen in Madrid 192 Menschen ums Leben. Seither wird der 11. März als »Europäischer Gedenktag für die Opfer des Terrorismus« begangen.

Nun muss ich ehrlich sagen: Manchmal können einem die ewigen Gedenktage fast schon auf die Nerven gehen. Andererseits: Wer sich nicht erinnert, der ist auch nicht wachsam in der Gegenwart. Und wer nicht wachsam ist, der zeigt, dass er aus der Vergangenheit nichts gelernt hat.

Also: Woran denken wir heute? An die Menschen, die einen sinnlosen Tod sterben mussten, weil irgendwelche Wahnsinnigen Europa in Angst und Schrecken versetzen wollen? Daran, dass jemand, der Unschuldige für seine Ideale opfert, immer unrecht hat? Oder daran, dass endlich die vielen Ursachen für Terrorismus beseitigt werden müssen: Unzufriedenheit, Ungerechtigkeit und Hass?

Ich denke bei diesem Thema vor allem an eines: dass Glaube den Menschen eigentlich einen inneren Frieden bringen will, soll und kann. Und das heißt: Wer aus angeblich religiösen Gründen zum Terroristen wird, der hat vom Glauben überhaupt nichts verstanden. Der sucht nur eine sakrale Entschuldigung für seine Brutalität.

Ich behaupte: Innerer Friede ist der entscheidende Beweis dafür, dass ein Mensch glaubt. Und wer so einen Frieden gefunden hat, der hat auch keinen Grund mehr, andere zu terrorisieren.

Gregoriustag

Heute ist Gregoriustag. Und früher hieß es im Volksmund: »Am Gregoriustag, da ist der Winter endgültig vorbei.« Na, mal gucken, ob das stimmt. Zumindest wird bis in unsere Zeit am 12. März in manchen Regionen die Rückkehr der Austernfischer, das Aufbrechen des Eises oder das Auftauchen bestimmter Blüten freudig erwartet. Ja, auf den Färöerinseln wird der Gregoriustag sogar offiziell als Frühlingsanfang gefeiert.

Benannt ist dieser Tag übrigens nach einem frühen römischen Bischof, der am 12. März 604 gestorben ist. Dieser Gregor hat den Begriff »Papst« offiziell als Amtsbezeichnung eingeführt und die Grundlagen für den Vatikanstaat geschaffen. Bekannt wurde er aber vor allem für sein großes gesellschaftliches Engagement.

Obwohl Gregor der erste Mönch auf dem Papststuhl war, betonte er immer wieder, dass der christliche Glaube nicht irgendeine abgehobene Lebenseinstellung sein dürfe. Nein, Glaube soll die Welt positiv verändern. Indem Christinnen und Christen die Armut bekämpfen, sich politisch einbringen und anderen Menschen Hoffnung machen. Diese Leidenschaft für das Leben hat Gregor zu einem der meistgelesenen Autoren des Mittelalters gemacht.

Tja, und während die einen am heutigen Gregoriustag begehrlich auf den Wetterbericht starren und den Frühlingsdurchbruch herbeisehnen, erinnern sich die anderen an einen klugen Vordenker des Christentums, der von einer heileren Welt träumte.

Charles Darwin

Stammt der Mensch vom Affen ab oder wurde er von Gott geschaffen? Das ist hier die Frage. Eine Frage, über die weltweit gestritten wird. Seit über 150 Jahren. Seit Darwin sein berühmt-berüchtigtes Buch »Die Entstehung der Arten« veröffentlichte.

»Ja«, sagten viele fromme Christen sofort, »wenn der Mensch vom Affen abstammt, dann stimmt ja die Bibel gar nicht. Da wird das doch ganz anders erzählt. Nieder mit diesen ketzerischen Thesen.« In Amerika trat 1925, übrigens an einem 13. März, sogar ein Gesetz in Kraft, das verbot, die Theorien Darwins an den Schulen zu lehren. Ja, dieses Gesetz war mehr als 40 Jahre in Kraft. Und seit einiger Zeit flammt der Streit um Darwin erneut auf.

Das Verrückte bei all dem Gezanke ist: Sowohl die Befürworter der darwinistischen Evolutionslehre wie auch deren erbitterte Gegner machen den gleichen Fehler. Sie lesen die Heilige Schrift der Christenheit, als wäre die ein naturwissenschaftliches Lehrbuch. Als ginge es da um empirische Fakten. Die interessieren die Bibel aber gar nicht.

Die Bibel erzählt eine wunderschöne Geschichte mit klaren geistlichen Aussagen: »Der Mensch ist von Gott gewollt, geliebt und erdacht.« Das gilt es zu verstehen. Und diese Botschaft ist viel wichtiger als die neuzeitliche Frage, ob die Schöpfung nun in sechs Tagen oder in großen evolutionären Schritten passiert ist.

Wer die Bibel als Naturkundebuch liest, der macht sie ganz klein – nicht groß. Und Gott im Himmel hat für die fruchtlosen Diskussionen sicher nur ein gnädiges Lächeln übrig.

Pi-Tag

Echte Fans, also die wirklich echten Fans, die stoßen heute um Punkt 1:59 Uhr und 26 Sekunden an. Worauf? Na, auf die Zahl Pi. Denn heute ist der Feiertag der Kreiszahl Pi.

Erinnern Sie sich, der Mathe-Unterricht? Die Zahl Pi. 3,14. Genau. Und wenn man das Datum in der englischen Form schreibt: März, der 14., dann hat man 3/14. Also die Zahl Pi. Und um 1:59 Uhr und 26 Sekunden bekommt man sogar sieben Nachkommastellen: 3,1415926 … Wenn Sie jetzt gut aufgepasst haben, können Sie bei der nächsten Party ziemlich cool angeben.

Irgendwie begeistert die Zahl Pi Menschen schon seit Jahrtausenden. Nicht nur, weil man damit den Umfang und die Flächen von Kreisen so schön berechnen kann. Nein, es gibt Fanatiker, die machen sich einen Sport daraus, die Nachkommastellen der Kreiszahl Pi auswendig zu lernen. Den offiziellen Rekord hält ein Chinese mit 67 890 Nachkommastellen. Was irre viel klingt, aber wenig ist, wenn man bedenkt, dass es zurzeit schon 2,7 Billionen errechnete Dezimalstellen gibt.

Und eine Sache, die die »Pi-Etisten«, also die Pi-Fans, mit am meisten begeistert, ist, dass Pi eine irrationale Zahl ist, also eine, die rein logisch nie zu Ende geht. Eine unendliche Zahl sozusagen. Seltsam, oder? Da gibt es eine Zahl, die man nie endgültig ergründen kann. Und genau das fasziniert.

Da sag noch einer, Christinnen und Christen wären irrationale Menschen – nur weil sie an einen Gott glauben, den man nie endgültig ergründen kann.

Panama

Am 15. März 1978 erblickte sie das Licht der Welt. Und heute, heute hat sie eine eigene Fernsehsendung, einen riesigen Internetauftritt und unzählige Fans in ganz Deutschland: die Tigerente.

Kennen Sie doch, oder? Die kleine Holzente mit den Tigerstreifen. Ja, die ist von Janosch. Und sie war ursprünglich nur eine unbedeutende Randfigur in dem Kinderbuch »Oh, wie schön ist Panama«. Inzwischen hat sie groß Karriere gemacht.

Vielleicht weil »Oh, wie schön ist Panama« eine wahrhaft bewegende Geschichte ist. Ein kleiner Tiger und ein kleiner Bär entdecken eines Tages eine Kiste mit der Aufschrift »Panama«. Und plötzlich wird die Sehnsucht in ihnen wach. »Panama. Da müssen wir mal hin. Ganz anders könnten wir da leben.« Also machen sie sich auf – in das Land ihrer Träume. Die Tigerente ziehen sie an einem Seil hinter sich her.

Doch am Ende geschieht etwas Eigenartiges: Nach langer Zeit kommen Tiger und Bär wieder zu Hause an. Und weil da immer noch die Holzlatte mit der Aufschrift »Panama« liegt, denken sie, sie seien angekommen. Und finden alles wunderschön.

Toll: Wie schön es zu Hause ist, merkt man erst, wenn man mal weg war. Ja, man braucht eine neue Perspektive, um sein Leben wirklich schätzen zu können. Und ich behaupte: Mit dem Glauben ist das ähnlich. Wer es wagt, sein Leben mit den Augen Gottes zu betrachten, erkennt plötzlich, wie wertvoll er ist.

Dass ein Perspektivwechsel manchmal hilft, sich und die Welt anders zu sehen, das habe ich auch durch »Oh, wie schön ist Panama« gelernt. Und die Tigerenten meiner Kinder erinnern mich jeden Tag daran.

Live for the music

»Live for the music!« Lebe für die Musik! Unter diesem Motto stand vor einigen Jahren in Frankfurt die »Internationale Musikmesse«. Rund 1500 Aussteller zeigten da, wie man sein Leben anständig zum Klingen bringt, leidenschaftlich, rhythmisch und mit viel Gefühl.

Live for the music. So ein Satz lässt die Herzen all derer hochschlagen, die selbst Musik machen, weil er einfach stimmt: Wer auf einer Bühne steht, wird eins mit den Tönen, er wächst über sich hinaus, erzählt mit seinen Melodien kleine betörende Geschichten und kann sich zugleich von den Klängen auffangen lassen. Herrlich. Kein Wunder, dass viele Musiker sagen, dass sie für ihre Musik leben. Live for the music. Das Gefühl kenne ich.

Aber mal ganz ehrlich: Am Ende eines Lebens wäre das vielleicht doch ein bisschen wenig. Oder? »Wofür haben Sie gelebt?« – »Ei, für die Musik!« Also, wenn mir einer sagen würde: »Ich wollte mit meiner Musik Menschen glücklich machen«, wäre ich der Erste, der ehrfurchtsvoll seinen Hut zieht, aber nur: »Ich und die Musik«? Das soll's gewesen sein?

Dabei wäre es gar nicht schlecht, wenn man so lässig sagen könnte, wofür man eigentlich gelebt hat: »I lived for the music!« – »Ich habe für meine Familie gelebt.« – »Ich habe für den Job gelebt.« – Ich habe für … für … ja, für was denn? Wofür habe ich eigentlich gelebt?

Christinnen und Christen sind, was das angeht, auf ihre Art auch ganz lässig. Sie sagen: Diese Frage kannst du gar nicht beantworten, ohne nach Gott zu fragen. Warum? Weil man sich Sinn nicht selbst geben kann. Ich kann mir doch nicht selbst sagen, wofür ich da bin. Aber Gott, der kann das. Und dem einen oder anderen sagt er ab und an auch begeistert: »Hey, live for the music!«

Fasten

Ach, irgendwann ist Fasching leider vorbei. Tschau Helau. Nach Aschermittwoch ist Fastenzeit. Fasten! Sieben Wochen lang. Allerdings: Karneval gibt es überhaupt nur, weil es eine Fastenzeit gibt.

Wirklich. Bevor die Menschen sieben Wochen lang auf bestimmte Speisen und Tanzveranstaltungen verzichten sollten, wollten sie gerne noch mal so richtig die Sau rauslassen. Kann ich gut verstehen.

Aber das »Sau rauslassen« bekommt seinen Sinn eben erst dadurch, dass die Kirche der Zeit vor Ostern seit Jahrhunderten eine besondere Bedeutung zumisst. Das 40-tägige Fasten erinnert daran, dass Jesus vor seinem öffentlichen Wirken selbst erst mal 40 Tage in die Wüste gegangen ist, um sich vorzubereiten. Um geistliche Kraft zu tanken für das, was vor ihm lag.

Früher war das Fasten ein gesellschaftliches Muss, heute kann sich jeder selbst überlegen, ob er die sieben Wochen vor Ostern zu einer herausgehobenen Zeit macht oder nicht. Denn genau darum geht es. Nicht um die Frage, ob ich mal auf Süßigkeiten, Cordon bleu oder das Rauchen verzichten kann. Sondern darum, ob ich mir Zeiten gönne, in denen ich aus dem Alltag aussteige und zu mir selbst finde. Mich vorbereite auf neue Herausforderungen. Das Fasten ist nur die Ausdrucksform eines inneren Prozesses.

Fasten ist ein bisschen out. Schade eigentlich. Denn es könnte sein, dass mancher nur deshalb in seinem Leben so wenig Außergewöhnliches erlebt, weil er sich so wenig Zeit nimmt, das Außergewöhnliche zuzulassen. Fasten Sie mal.

Eiger Nordwand

3970 Meter ist der Eiger hoch. Und der faszinierendste Weg auf den Schweizer Gipfel ist die berühmte Eiger Nordwand, die auch den Titel »Eiger Mordwand« trägt. Zwar wurde die Wand selbst schon 1938 bezwungen, doch damals im Zickzack. Und die größte Herausforderung hieß danach: Wer schafft als Erster einen direkten Aufstieg, also eine gerade Route, die senkrecht nach oben auf den Gipfel führt?

1966 machten sich zwei Seilschaften gleichzeitig daran, diese halsbrecherische Aufgabe zu lösen – ein amerikanisch-britisches und ein deutsches Team. Und die Frage war natürlich: Wer wird gewinnen? Wer wird der Erste sein, der eine Direttissima in der Eiger Nordwand schafft? Ein tödlicher Wettlauf begann.

Am 22. März stürzte der Amerikaner John Harlin wegen eines Seilrisses in den Tod. Und dieser Todesfall hatte ungewöhnliche Folgen: Die beiden konkurrierenden Mannschaften beschlossen nämlich, sich zusammenzutun. Um ein Zeichen zu setzen. Und weil es kindisch gewesen wäre, angesichts dieser Tragödie mit dem blöden »Ich-bin-Erster-Spiel« weiterzumachen. Am 25. März standen die vereinten Alpinisten auf dem Gipfel – und nannten später ihre Route nach dem Verstorbenen. Bis heute gilt die John-Harlin-Route als schwierigste Klettertour Europas.

Eine kleine, wahre Geschichte. Eine, die auch deutlich macht, warum echte Gemeinschaft bis heute zum Kern des christlichen Glaubens gehört. Weil man Berge eben besser miteinander erklimmt als gegeneinander.

Asterix

»Wir befinden uns im Jahr 50 vor Christus. Ganz Gallien ist von den Römern besetzt ... Ganz Gallien? Nein! Ein von unbeugsamen Galliern bevölkertes Dorf hört nicht auf, dem Eindringling Widerstand zu leisten.«

Mann, ich liebe Asterix. Und bei jedem neuen Band der Comic-Reihe um den pfiffigen gallischen Krieger weiß man schon im Vorfeld: Der kleine Held wird mit seinem dicken Freund Obelix wieder mal die Römer verdreschen und eine schwierige Aufgabe meisterlich lösen.

Eigentlich ist das Strickmuster der Abenteuer seit 1959 immer das Gleiche – und trotzdem genieße ich die Geschichten ungemein. Ganz egal, wie groß ein Problem auch sein mag, der Druide Miraculix braut Asterix seinen Zaubertrank, der übernatürliche Kräfte verleiht, sodass dieser jeden Feind überwinden kann; Troubadix, der gruselige Barde, wird rechtzeitig am Singen gehindert; und am Ende sitzt das ganze Dorf an einer riesigen Festtafel und feiert das Leben. Es geht immer gut aus. Die Römer haben ein paar blaue Flecken, die Piraten brauchen ein neues Boot, aber niemandem ist etwas Ernsthaftes passiert. Was für eine herrliche Welt.

Warum gefällt mir das so gut? Na, erst einmal, weil meine Abenteuer leider nicht immer an einer Festtafel enden. Schön wär's! Noch mehr aber, weil an diesem kleinen Mann mit dem Schnauzbart irgendwie die Logik der Macht scheitert. Solange der Zaubertrank auf Seiten der Unterdrückten ist, können die übermächtigen Besatzungsmächte nichts ausrichten.

Und das berührt mich. Vielleicht, weil sich dahinter eine Grunderfahrung des christlichen Glaubens verbirgt: Unterdrückte bekommen von Gott neue Kraft, sich von den Verhältnissen nicht unterkriegen zu lassen. Also: An Gott glauben ist nicht wie ein Zaubertrank, aber es macht doch möglich, mit Obelix kräftig loszuprusten: »Die spinnen, die Römer!«

Hymnus

Es gibt einen Text im Neuen Testament, bei dem sind sich eigentlich alle Wissenschaftler einig: Der ist so richtig alt. Der wurde wahrscheinlich schon ganz früh in christlichen Gruppen gebetet oder gesungen. Sprich: Da erfahren wir etwas über den Glauben der allerersten Christen. Der Text heißt »Philipper-Hymnus« und ist so etwas wie ein erstes Glaubensbekenntnis.

Und das geht so: »Seid so untereinander gesinnt, wie es der Gemeinschaft mit Jesus entspricht. Er verzichtete auf all seine göttliche Gewalt und wurde ganz wie wir ein Mensch.« Etwas salopp zusammengefasst: »Machs wie Gott, werde Mensch.« Oder: »Wenn ihr wie Jesus lebt und miteinander umgeht, wie er mit Menschen umgegangen ist, dann seid ihr auf dem richtigen Weg.«

Und was dieses Mensch-Werden auszeichnet, beschreibt der Text eben auch: Es geht darum, sich ganz auf andere einzulassen – und die Macht, die man ausüben könnte, hintenanzustellen. Eben: »Er verzichtete auf all seine göttliche Gewalt und wurde ganz wie wir ein Mensch.«

Ein »heruntergekommener« Gott, der sich nicht zu schade war, auch den Tod der Menschen zu teilen. Nur dass er am dritten Tag wiederauferstand. Insofern ist dieser Philipper-Hymnus auch die Ostergeschichte in Kurzform. Erst wird Gott so sehr Mensch, dass er auch das Sterben miterlebt, doch dann zeigt er, dass der Tod bei Gott eben nicht das letzte Wort hat. Auch für die Menschen nicht. Das ist die eigentliche Ostererfahrung.

Frühling

Ich kenne richtig viele Leute, die hassen den Herbst: »Ach, da werde ich immer so melancholisch.« – »Dann ist alles grau und trist!« – »Herbst macht einfach keinen Spaß.« Aber: Ich kenne keinen einzigen Menschen, der den Frühling hasst. Sie vielleicht? Wahrscheinlich nicht. Dabei können Aprils manchmal ziemlich eklig sein (oder heißt das Aprile? Egal!). Offensichtlich steckt uns die Lust am Aufblühen und Warmwerden tief in den Genen, in der Erinnerung oder im Herzen. Frühling ist die Zeit der Blüte.

Früher war klar: Wer den Winter überlebt hat, auf den wartet zumindest ein gutes halbes Jahr, in dem er genug zu essen finden kann. Das Graue wird bunt, das Triste wird hell, die Bäume werden grün, das Hässliche wird schön – und irgendwie blüht auch die Seele auf. Etwas Neues fängt an, und das ist gut so.

Seltsam ist nur, dass wir aufgrund von Zentralheizungen, Supermärkten und elektrischem Licht den Zyklus des Lebens heutzutage viel weniger wahrnehmen als früher. Wir ärgern uns zwar, wenn es draußen nass und eklig ist, aber wir sind von den Jahreszeiten existenziell kaum noch betroffen. Und da vergisst man leicht, dass der Frühling auch die Zeit ist, in der die Menschen neu zum Leben starten können. Gut, zumindest heiraten die meisten immer noch im Mai. Ansonsten nehmen wir aber den Frühling kaum noch als besondere Zeit des Reifens und Wachsens wahr. Schade eigentlich.

Wenn ich Gott mit einer Jahreszeit vergleichen sollte, dann würde ich ohne Zögern sagen: »Frühling!« Weil ich mit ihm immer Aufblühen, Mich-Entwickeln, Hervorkommen und Helligkeit verbinde. Und wer bei Gott nicht oder noch nicht an Frühling denkt, dem wünsche ich, dass die Kälte bald aufhört.

Teddybären

Wenn mein kleiner Sohn so richtig mies drauf ist, gibt es eigentlich nur noch eins: Teddy in den Arm. Dann wird er sofort ruhig und kuschelt sich voller Glück an seinen bärigen Tröster.

»Hey«, sagte mein Vater, »das war bei dir schon genauso. Du hattest damals allerdings so ein rosafarbenes Plüschmonster. Genau: Das konnten wir dir nicht mal zum Waschen wegnehmen, sodass es am Schluss eher ein stinkender grauer Klumpen war. Mensch, das hast du unsagbar geliebt.«

Ich glaube, da hat mein Vater etwas übertrieben. Das kann ich mir gar nicht vorstellen. Andererseits: Wenn man nachfragt, gestehen die meisten Menschen ja doch, dass sie als Kind auch einen Lieblingsteddy, ein Kuschelkissen oder einen ähnlich fusseligen Seelentröster hatten.

Nur: Irgendwann ist die Zeit der Teddys unwiederbringlich vorbei. Dann stellen wir fest, dass sie uns das, was wir brauchen, nicht mehr geben können. Wir suchen dann tiefer gehende Beziehungen, weil wir die Ebene, auf der uns Teddys helfen konnten, hinter uns gelassen haben.

Allerdings stelle ich immer mal wieder fest, wie viele Leute sich aus ihrer Kindheit genau so einen herzigen Teddybär-Glauben bewahrt haben. Da ist Gott ein richtiges Kuscheltier. Er tröstet uns, wenn wir Angst haben. Und er strahlt Geborgenheit aus, wenn uns sonst nichts mehr hält. Das ist an sich auch gar nicht schlecht. Und sogar ganz angenehm, weil ein Teddy zum Glück nichts von uns will.

Aber eine echte Beziehung stelle ich mir als Erwachsener doch anders vor: lebendig, herausfordernd und eben nicht so einseitig. Vielleicht ist das ja ein Tipp für alle die, die sich wundern, dass es mit dem Plüschgott nicht so recht leidenschaftlich werden will: Schluss mit Kuscheln!

Weltwettertag

»Weltwettertag«. Was ist denn das schon wieder? Und vor allem: Was wird da gefeiert? Schließlich gibt's jeden Tag Wetter. Ob man will oder nicht.

Doch die Weltorganisation für Meteorologie hat im Jahr 1950 erstmals ein ganz besonderes Wetterphänomen in den Mittelpunkt gestellt – eines, das viel zur Völkerverständigung beigetragen hat. Und dieses Phänomen lautet: Dem Wetter sind Grenzen völlig egal. Der Wind weht, wo er will. Und der Regen lässt sich auch nicht von Schlagbäumen und Grenzpatrouillen abweisen. Sprich: Wenn man das Wetter zuverlässig vorhersagen will, dann muss man grenzüberschreitend denken.

Und so begann 1950 eine beispiellose meteorologische Zusammenarbeit verschiedenster Nationen, die bis heute andauert. Ja, selbst Kriege oder ideologische Zwistigkeiten konnten nicht verhindern, dass die weltweiten Wetterdienste intensiv Daten austauschen. Weil kein Land eine Wettervorhersage machen könnte, wenn es nicht die Messwerte der anderen Staaten hätte. Und das heißt: Am heutigen Weltwettertag wird nicht der Hoch- und Tiefdruckgebiete gedacht. Es geht um die symbolische Bedeutung des meteorologischen Miteinanders.

Also, wenn Sie das nächste Mal über das Wetter wettern wollen, dann können Sie ja stattdessen mal die Völker verbindende Kraft der Isobaren feiern – also der Linien, die anzeigen, wo überall der gleiche Luftdruck herrscht. Und falls das Ihre Stimmung noch nicht erhellt, dann hilft Ihnen vielleicht eine bildhafte Wettervorhersage aus dem Alten Testament. Dort verkündet nämlich der Prophet Jesaja: »Wenn Gott zu uns kommt, dann ist er wie eine Zuflucht, die bei Hitze Schatten gibt und vor jedem Wetter behütet.« Na, wenn da der Himmel nicht aufreißt …

Tuberkelbazillus

Am 24. März 1892 hielt ein schmächtiger Regierungsrat einen Vortrag, der die Welt verändern sollte. Das war zu einer Zeit, als jedes Jahr 80 000 Deutsche an der Schwindsucht starben, damals der Volkskrankheit schlechthin. Gefürchteter als heute Krebs oder Herzinfarkt. Natürlich wusste man im 19. Jahrhundert schon, dass die Schwindsucht ansteckend ist. Aber wie und wodurch, das war bislang unklar.

Bis zu jenem 24. März. Da erklärte nämlich Robert Koch, Mitglied des Kaiserlichen Gesundheitsamtes, er habe durch Forschungen mit insgesamt 271 Präparaten und komplizierten Färbetechniken einen unbekannten spindelförmigen Organismus entdeckt, der die Schwindsucht auslöst. Er wolle ihn Tuberkelbazillus nennen.

Unglaublich. Denn als der Erreger erst einmal bekannt war, konnte man ihn relativ bald auch bekämpfen. Ja, man muss sich dieses Ereignis wirklich so vorstellen, als würde heute jemand verkünden, er wisse definitiv, was man gegen Krebs machen kann. Grandios. Die erste Entdeckung eines gefährlichen Mikroorganismus. Kein Wunder, dass Robert Koch 1905 den Nobelpreis erhielt.

Warum mich das als Christ interessiert? Na: Schon der große Reformator Martin Luther fand, Wissenschaft und Theologie seien nah beieinander. Denn beide wollen überwinden, was das Leben hemmt. Luther sagte mal: »Das ist Glaube: Dass ein Mensch entdeckt, was ihm fehlt, und er von dieser Krankheit gerne geheilt wäre.«

Atomwaffen

25. März 1958. Konrad Adenauer erklärt im Bundestag: Wer Frieden will, der muss in den Wettstreit mit der sowjetischen Atomrüstung eintreten. Und deshalb soll sich Deutschland als NATO-Staat von den Amerikanern atomar bewaffnen lassen. Die Oppositionsparteien – allen voran die SPD – toben, doch der Beschluss kommt durch: Atomwaffen in Deutschland.

Nun ist das Ganze mehr als 50 Jahre her. Und die spannende Frage lautet natürlich: Hatte Konrad Adenauer recht? Viele Experten sagen: Ja. Ja, wir verdanken die vielen Jahre des Friedens vor allem der Abschreckung durch unsere westlichen Waffensysteme. Andere dagegen glauben: Nein! Gewaltbereitschaft schafft nie Frieden. Gerade die gesellschaftlichen Umbrüche im Osten zeigen, dass letztlich die Gewaltlosigkeit die Gewalt überwunden hat.

Ich weiß nicht, was stimmt. Aber eines weiß ich: Abschreckungswaffen basieren immer darauf, dass man dem anderen das Schlechteste zutraut. Vielleicht ist das manchmal auch klug. Jesus hat es trotzdem anders gemacht: Er hat den Menschen immer das Beste zugetraut. Und weil er sie das hat spüren lassen, haben viele ihre Angst vor dem Leben und vor Gott verloren. Und sind dadurch friedfertiger geworden.

Ich glaube: Wer Frieden auf Dauer will, der muss den Mut haben, dem anderen das Beste zuzutrauen.

Viktor Frankl

»Sinn muss gefunden werden, er kann nicht erzeugt werden.« Wahrscheinlich steckt in diesem kleinen Satz die ganze Leidenschaft von Viktor Frankl. »Sinn muss gefunden werden, er kann nicht erzeugt werden.« Tja, und weil der Psychoanalytiker sich sein Leben lang mit der Suche nach dem Sinn des Daseins beschäftigte, wurde er zum Gründer der Logotherapie. Das kommt vom griechischen Wort »logos«, das auch Sinn bedeutet – »Sinntherapie«.

Viktor Frankl, der seine Frau und seine Eltern im KZ verloren hatte, war der Überzeugung, dass er die Nazi-Schrecken nur deshalb seelisch gesund überlebt hatte, weil er sein Leben sinnvoll fand. Deshalb wollte er Menschen helfen, den Sinn ihres Lebens zu entdecken. Damit sie stark und fröhlich werden.

Und dabei erkannte Frankl schnell, dass die meisten Menschen verzweifelt versuchen, den Sinn ihres Lebens selbst herzustellen. Und daran immer wieder scheitern. So ein Un-Sinn! »Sinn muss gefunden werden, er kann nicht erzeugt werden.« Unsere Existenz wird nur durch Ideale und Werte sinnvoll, die größer sind als wir.

Vielleicht hat er deshalb einmal gesagt: »Der Mensch ist immer schon unbewusst religiös und könnte gar nicht existieren ohne dieses Urvertrauen zu einem letzten Sinn menschlichen Daseins.«

Wenn es aber stimmt, dass man Sinn nicht erzeugen, sondern nur finden kann, dann gilt für alle Menschen: »Macht euch auf die Suche!« Viktor Frankl, der heute seinen Geburtstag feiern würde, glaubte jedenfalls fest daran, dass eine solche Suche erfolgreich sein wird. Christen tun das übrigens auch.

Welttag des Theaters

»Theater, Theater – der Vorhang geht auf ...« Ich liebe Theater. Das Eintauchen in immer neue Geschichten und in die unfassbaren Höhen und Tiefen des Lebens. Hey, seit es auf der Erde Kultur gibt, gibt es auch Theater. Vielleicht, weil die Menschen schnell gemerkt haben, dass es nicht gut ist, alle Triebe selbst auszuleben. Auf der Bühne sehen wir, wozu wir fähig wären. Darum hat Theater immer etwas mit einer »Reinigung« der Seele zu tun – es hilft den Zuschauern, besser zu werden.

Theater heißt also: Auf der Bühne zeigen mir begabte Darstellerinnen und Darsteller, wie das Leben sein kann. Und geben mir so die Möglichkeit, von den gezeigten Erfahrungen zu profitieren, ohne sie selbst machen zu müssen. Die da vorne, die erleben das stellvertretend für mich.

Beim Theater haben wir mit diesem klugen Prinzip gar kein Problem. Bei Jesus Christus dagegen fällt uns der Gedanke oft schwer. Komisch, denn letztlich geht es an Karfreitag um genau das Gleiche: Einer zeigt uns eine existenzielle Erfahrung, und wir müssen sie nicht selbst machen.

Jesus wird stellvertretend bestraft – und wir begreifen, wozu Menschen fähig sind. Jesus stirbt stellvertretend am Kreuz – und wir ahnen, dass da einer für uns hängt. Jesus reißt alle Schranken zwischen Gott und den Menschen nieder – und wir spüren, dass wir es alleine nie geschafft hätten.

Einer führt für uns auf der Weltbühne ein ganz großes Stück auf, und wir sind eingeladen, uns davon berühren zu lassen. Vielleicht ist wirklich gutes Theater darum immer auch Gnade.

Franz Schubert

Zwölf Messen, mehr als ein Dutzend Opern und rund 600 Lieder hat er geschrieben: Franz Schubert, einer der größten Komponisten der Weltgeschichte. Aber Konzerte, also Konzerte hat er nur eins gegeben. Ja, eins. Und das war am 28. März 1828. Damals hat er sich – von seinen Freunden überredet – schüchtern im Konzertsaal der »Gesellschaft für Musikfreunde« in Wien an den Flügel gesetzt und einige seiner Stücke gespielt. Der Saal hat getobt vor Begeisterung, und Schubert ist nie wieder aufgetreten. Das war nichts für ihn. Dieser Trubel. Dieses Gieren nach Öffentlichkeit.

Andererseits: Schubert war krank und wurde nur 31 Jahre alt. Da hätte er sich besser beeilt, vorher ein Star zu werden. Oder nicht? Nein, eigentlich nicht. Es gibt Leute, die suchen die Öffentlichkeit wie Motten das Licht. Und andere machen einfach Kunst, weil in ihnen unendlich viel Musik steckt, die aufgeschrieben werden will. Wenn Schubert abends in der Kneipe seinen Wein nicht bezahlen konnte, dann komponierte er den Wirten dafür schnell mal ein Lied. Und die ließen sich das gern gefallen.

Gut: Schubert fühlte sich auf der Bühne klein und beengt, aber in ihm war eine unendliche Weite. Sein Leben mag nicht frei gewesen sein, seine Seele war es. Vielleicht, ich denke einfach mal laut, ist das besser als der schnelle Erfolg oder der finanzielle Durchbruch. Und vielleicht redet Jesus genau davon, wenn er sagt: »Was hilft es dem Menschen, wenn er die ganze Welt gewinnt und dabei Schaden an seiner Seele nimmt.« Da capo!

Entdecker der Herzen

»Seit dem 21. März stürmt es aus West-Südwest. Ich glaube nicht, dass wir auf Besserung hoffen können. Aber wir werden bis zum Ende aushalten; freilich werden wir schwächer, und der Tod kann nicht mehr fern sein.«

War er nicht. Als der Brite Robert Scott in der Antarktis mit klammen Fingern seinen letzten Tagebuch-Eintrag machte, hatte er nur noch kurze Zeit zu leben. Zu geschwächt waren er und seine Männer. Und das lag nicht nur an diesem unsäglichen Schneesturm. Das lag vor allem an der Enttäuschung.

Ja, Robert Scott hatte der Erste sein wollen. Der erste Mensch am Südpol. Und dann dieser Schock, nach wochenlangem Marsch durch das Eis. Der Norweger Amundsen war ihm zuvorgekommen. Verzweifelt hatte der Forscher geschrieben: »Alle Gedanken, die in uns aufstiegen, endeten mit dem einen: zu spät. Und als es still wurde im Zelt, quälte uns nur ein Satz: Mir graut vor dem Rückweg.«

Ausgemergelt, enttäuscht und hungrig starben die letzten drei Männer der Expedition am 29. März 1912. Kurz vor dem nächsten Lebensmitteldepot. Als Verlierer des Rennens zum Südpol. Allerdings: Für die Welt wurden Scott und sein Team zu den »Entdeckern der Herzen«. Weil ihre tragische Geschichte so viel spannender ist als die des Siegers Amundsen.

Der letzte Satz im Expeditions-Tagebuch Scotts lautet übrigens: »Sorgt für unsere Familien. Um Gottes willen.« Mag nur eine Floskel sein. Vielleicht. Oder doch das, was es sagt: das Zurücklegen des Lebens in Gottes Hände. Wer weiß.

Irgendwie

Irgendwie bin ich bei dem Wörtchen »irgendwie« sehr misstrauisch geworden. Alle Leute sind irgendwas auch irgendwie. Ich höre zum Beispiel ganz oft den Satz: »Wissen Sie, Herr Pfarrer, irgendwie glaube ich auch an Gott.« Uh! Würden Sie sich in ein Flugzeug setzen, in dem der Mann im Cockpit zu Ihnen sagt: »Irgendwie bin ich auch Pilot«? Was halten Sie von einem Arzt, der Ihnen vor der OP vertraulich zuflüstert: »Irgendwie bin ich auch Chirurg«? Ich würde nicht mal meine Haare jemandem anvertrauen, der sagt: »Irgendwie bin ich auch Friseur.«

Vielleicht gibt es kaum ein geeigneteres Wort, um sich vor klaren Aussagen zu drücken, als »irgendwie«. Damit kann man sich alles auf die Fahnen schreiben, ohne sich ganz auf die Konsequenzen einzulassen. »Irgendwie bin ich auch Vegetarier. Nur bei Rind, Schwein, Lamm, Fisch und Huhn mache ich eine Ausnahme. Irgendwie kümmere ich mich auch um die Dritte Welt. Ich spende an Weihnachten. Irgendwie ist mir der Frieden wichtig.« Sobald das Wort »irgendwie« auftaucht, ahne ich: Da ist einer, der weiß nicht genau, wovon er redet, aber irgendwie trägt ihn die vage Hoffnung, dass er sich schon durchmauscheln wird. Irgendwie eben.

Wenn Sie das Wort »irgendwie« hören, dann sollten Sie ganz misstrauisch werden. »Irgendwie glaube ich auch an Gott.« Da stimmt etwas nicht. Ich will mich darüber nicht lustig machen, verstehen Sie mich bitte nicht falsch. Ich höre sehr wohl, dass aus einem solchen Satz auch eine Sehnsucht herausspricht, ein Bedürfnis, vor dem Pfarrer, vielleicht aber auch vor sich selbst die Tür zum Herrgott auf keinen Fall ganz zuzuschlagen. Nur: Angelehnte Türen sind eben nicht wirklich offen.

Und das ist schade. Wenn jemand »irgendwie« interessiert ist, dann könnte er ja mal für sich klären, ob hinter diesem »irgendwie« nun eigentlich ein »ja« oder ein »nein« steckt. Denn beides hat Konsequenzen. Ein »irgendwie« ist immer halbherzig. Und das hat weder der Mensch noch Gott verdient. Irgendwie musste das mal gesagt werden.

Die Kunst des Zweifelns

Ich habe früher oft gehört: »Wer glaubt, der zweifelt nicht! Wer glaubt, der hält bestimmte Glaubenssätze für wahr – und wenn er Zweifel bekommt, dann stimmt etwas mit seinem Glauben nicht!« Ein guter Christ darf doch nicht an der Auferstehung, der Jungfrauengeburt oder den Wundern zweifeln. Pfui. Also galt: »Fürwahrhalten ist gut! Zweifeln ist schlecht.«

Was für ein Unsinn. Schon der Philosoph Descartes, der heute übrigens Geburtstag hat, erkannte im 17. Jahrhundert, dass »der Zweifel der Anfang der Weisheit ist«. Nur wer zweifelt, fragt auch nach, nur wer zweifelt, setzt sich mit einem Thema neugierig auseinander und bleibt dran. Ein Glaube, an dem man nicht zweifeln darf, ist nicht nur unendlich langweilig, er hat auch keine Chance, sich zu entwickeln und zu entfalten.

Ich weiß nicht, was Sie als Kind über das Verhältnis von Glaube und Zweifel gelernt haben, aber heute hören Sie mal einen Pfarrer, der Ihnen Mut macht, ordentlich an Gott und der Welt zu zweifeln. Und zwar so zu zweifeln, dass Sie Lust bekommen, Antworten zu finden. Das Gegenteil von »Zweifeln« ist nämlich bei vielen nicht mehr Fürwahrhalten, sondern Gleichgültigkeit. Und die bringt niemandem etwas.

»Der Zweifel ist der Anfang der Weisheit!« Stimmt. Meine aufregendsten Erkenntnisse über Gott habe ich immer dann gehabt, wenn ich mal wieder so richtig am Zweifeln war, ver-zweifelt sozusagen. Und ich bekomme immer mehr Lust am Zweifeln, weil es mich davon abhält, Gott, die Kirche und die Welt einfach als etwas Selbstverständliches hinzunehmen. Mein Glaube wächst dadurch.

Ich weiß nicht, an was Sie gerade zweifeln, aber: Bleiben Sie dran. Oder fangen Sie ganz neu an. Zweifeln tut gut – unzweifelhaft.

Hunde

Wussten Sie eigentlich, dass es die christlichen Kirchen in Europa möglicherweise nur aufgrund einiger Hunde gibt? Also: wegen eines Gesprächs über Hunde. Kaum zu glauben, aber so steht's im Neuen Testament.

Eines Tages kommt eine verzweifelte Frau zu Jesus und sagt: »Meine Tochter ist krank. Bitte komm und mach sie gesund.« Jesus schweigt. So lange, dass seine Jünger schon unruhig werden: »Hallo, kannst du nicht irgendwas machen, die schreit ja alles zusammen.«

»Nein«, sagt Jesus, »diese Frau ist keine Jüdin. Und ich muss mich um mein eigenes Volk kümmern.« Da fällt die Frau vor ihm auf die Knie und fleht unter Tränen: »Bitte, bitte, hilf mir.«

Jesus antwortet mit einem ziemlich rüden Gleichnis: »Hey, niemand nimmt das Brot, das die eigenen Kinder satt machen soll, und gibt es den Hunden.« Garstig, oder? Jesus vergleicht die Frau mit einem Hund, um ganz klar zu machen, was er denkt.

Doch die Frau bleibt hartnäckig: »Das mag sein. Aber wenn Kinder essen, dann fallen doch immer ein paar Brocken vom Tisch. Und die kriegen die Hunde. Oder nicht?« Jesus stockt, dann sagt er: »Es ist unglaublich, wie viel Vertrauen du hast. Ich werde dir deinen Wunsch erfüllen.« Und die Tochter der Frau wird gesund.

Jesus, der mit seinen großartigen Geschichten so vielen Menschen die Augen für die Schönheit des Lebens öffnet, erlebt, dass ihm eine kluge Frau sein Hunde-Gleichnis einfach zurückspielt – und ihn überzeugt. Denn von da an wird in dem, was er tut, immer deutlicher, dass die Liebe Gottes natürlich allen Menschen gilt, nicht nur dem eigenen Volk. Wie ich sagte: Es lag an den Hunden. Und das ist kein Aprilscherz …

Sommerzeit

Ah, ich merke immer noch, dass mir eine Stunde fehlt. Sie auch? Ich fühle mich immer noch wie … ach, egal, irgendwie wie mitten in der Nacht.

Und wer ist schuld? Das Zeitgesetz vom 25. Juli 1978. Das gibt es ernsthaft. Deutschland hat ein Zeitgesetz. Und das legt nun mal fest, dass uns jedes Jahr im Frühjahr eine Stunde geklaut wird, die wir im Herbst gnädig zurückerstattet bekommen. Leider ohne Zinsen.

Dabei ist die Sommerzeit an sich eine kluge Idee. Als Nachwirkung der Ölkrise beschloss man, den Tag im Sommer so zu verschieben, dass wir Deutschen die hellen Stunden besser nutzen können, indem wir früher aufstehen. Und damit wir nicht merken, dass wir früher aufstehen, verstellen wir einfach die Uhr.

Ob wir damit energetisch wirklich günstiger fahren, ist umstritten. Gut finde ich aber, dass wir ein Bewusstsein für die Zeit entwickeln. Denn das, was da so als banale Verschiebung von einer Stunde daherkommt, macht zugleich deutlich: Jede Stunde ist kostbar. Vor allem, wenn sie uns fehlt. Wie seit der Umstellung.

Das wusste die Bibel übrigens schon vor 3000 Jahren. Sie weist immer wieder darauf hin, dass uns die Zeit anvertraut ist und dass jeder Mensch klug überlegen sollte, was er mit seiner Zeit anstellt. Ob er sie nutzt, um das Leben zu fördern oder nicht. Und mancher geht mit seiner Zeit vielleicht gerade dann verantwortungsvoll um, wenn er erkennt: Die Zeit ist ein Geschenk. Über ihre Dauer verfügen nicht. Ein biblischer Dichter sagt: »Meine Zeit steht in Gottes Händen.« Stimmt.

Benedikt Superstar

Wahrscheinlich haben noch nie so viele Leute das Sterben eines Menschen begleitet wie bei Papst Johannes Paul II. Der Dalai Lama gilt als religiöser Popstar. Und Papst Benedikt XVI. wurde anfangs gefeiert wie früher Michael Jackson – in dessen guten Zeiten. Kommt jetzt eine Ära der spirituellen Superhelden? Bühnenreifer Glaube mit geweihten Autogrammkarten und »No pope – No hope«-T-Shirts? Ist der Papst ein neues Idol?

Natürlich nicht. Und das würde sich ein Geistlicher auch sehr verbitten. »Idol« bedeutet übersetzt »Götzenbild« oder auch »abgöttisch als Ideal verehrter Mensch«. Der Papst ein Götzenbild. Ähm! Der Papst das, wogegen die Bibel und die Kirche über Jahrtausende gekämpft haben: »Macht euch keine Götzenbilder!«? Nein, das kann nun wirklich nicht sein.

Nur: Was soll ein Kirchenoberhaupt machen, wenn seine Anhänger ihm diese Rolle aufzwingen? Wenn einige nicht verstanden haben, dass die Grenzen zwischen Verehrung und Anbetung ziemlich fließend sind? Ehe man sich versieht, wird ein Papst vergöttlicht. Dabei soll er nach katholischer Lehre nur zwischen den Menschen und Gott vermitteln.

Ich kann die Fans von religiösen Superstars sogar verstehen. Es ist einfach viel leichter, an etwas Sichtbares zu glauben als an einen unsichtbaren Gott. Darum sind schon die Israeliten beim Tanz um das Goldene Kalb in diese Falle getappt. Die wollten keinen anderen Gott. Sie wollten nur ein nettes Bild von dem Gott, an den sie glaubten. Aber genau dieser Gott macht deutlich: Jedes Bild ist zu klein, um mich darzustellen. Macht mich nicht künstlich klein, sondern lasst mich in euch groß werden.

Kein Mensch ist groß genug, um als Gottesersatz zu funktionieren. Das weiß auch Benedikt sehr genau. Darum hat er sich als »Knecht aller Knechte« bezeichnet. Ein guter Knecht zeigt, dass er einen großen Herrn hat. Ich hoffe: Das merken alle.

Rivalen

Rivalen: »Du oder ich!« – »Es kann nur einen geben!« – »Einer von uns beiden ist hier zu viel.« – »Das ist mein Revier!« – »Verschwinde.«

In fast allen spannenden Geschichten kommen Rivalen vor, und fast alle Streitigkeiten haben letztlich mit Rivalitäten zu tun. Einer fühlt sich durch die Existenz eines anderen bedroht, und schon beginnt ein Krieg oder ein Rechtsstreit oder ein Mobbingversuch. Rivalität ist eine der großen Wurzeln der Angst und der Gewalt.

Kein Wunder, dass die Bibel schon ganz am Anfang, direkt nach dem Rausschmiss der Menschen aus dem Paradies, von zwei Rivalen erzählt, den Brüdern Kain und Abel.

Kain ist Bauer, Abel ist Hirte, und beide beschließen, Gott ein Opfer zu bringen. Das Problem ist nur: Gott findet das Opfer von Abel gut, das von Kain nervt ihn eher. Schwupps – schon geht es los mit dem Krach. Kain ist stinksauer: »Wieso freut sich Gott über meine Geschenke nicht genauso wie über die von Abel?« Eine Frage, an der die Theologen übrigens seit Jahrtausenden verzweifeln. Keiner weiß, was da in Gott gefahren ist. Wir wissen nur eines: Kain wird so wütend, dass er seinen Bruder Abel kurzerhand umbringt. Der erste Mord in der Bibel.

Spannend finde ich aber vor allem, was dazwischen passiert. Gott sagt nämlich zu Kain: »Warum bist du eigentlich so wütend? Wenn dein Gewissen rein ist und du ein gesundes Selbstwertgefühl hast, dann kann dir das doch gar nichts ausmachen, dass du einmal nicht so erfolgreich warst. Dass dich meine Zurückweisung so trifft, weist eher darauf hin, dass etwas Grundsätzliches in deinem Leben nicht stimmt.«

Nett war das nicht von Gott, aber Recht hat er trotzdem.

Criminale

»Ohne Krimi geht die Mimi nie ins Bett ...« Vor allem nicht alleine: Regelmäßig findet darum in Koblenz die sogenannte Criminale statt. Dabei lädt das SYNDIKAT ein, eine Vereinigung von 400 deutschsprachigen Krimiautoren – zum inzwischen größten Krimi-Event Europas. Und dann geht es auf der Achterbahn der Gefühle in die Abgründe der menschlichen Seele.

Mord und Totschlag, Vergewaltigung und Attentate, Entführungen und Hinterhalte: Und wir sind mittendrin und helfen den detektivischen Helden, den Fall zu lösen. Oder denken Sie etwa nicht alle zehn Seiten: »Jetzt habe ich die Lösung!«? Und dann fiebern wir doch bis zum Ende mit.

Das Wichtigste aber ist: Es geht eigentlich immer gut aus. Der Täter wird überführt. Und am Ende siegen die Guten – und die Gerechtigkeit. Vielleicht haben Krimis deshalb so eine große Fangemeinde.

So gesehen ist die christliche Botschaft eigentlich auch ein Krimi. Sie sagt: »Wir sehen tief in die Abgründe der menschlichen Seele, aber wir wissen: Am Ende geht es gut aus. Irgendwie bringt Gott das Ganze wieder ins Lot. Irgendwann siegt die Gerechtigkeit.«

Ist das eine billige Vertröstung aufs Jenseits? Nee. Das ist Hoffnung. Und die Ahnung, dass man zwar eifrig für die Gerechtigkeit auf Erden kämpfen soll, dass es aber endgültige Gerechtigkeit hier nicht geben wird. Und das zu wissen ist manchmal ganz entspannend und tröstlich. Insofern können sich gerade Christinnen und Christen fröhlich in ihren Lesesessel werfen und genießen: gute Krimis zum Beispiel ...

Welt-Olympiatag

Am 6. April 1896 war es so weit. Der griechische König Georg verkündete theatralisch: »Hiermit erkläre ich die ersten Olympischen Spiele in Athen für eröffnet.« Tja – und seither gibt es sie wieder, die berühmten antiken Wettkämpfe, die vorher mehr als 1500 Jahre pausiert hatten.

Der geistige Vater dieser ungewöhnlichen Auferstehung war übrigens der Baron Charles de Coubertin. Der erklärte 1894 auf einer Tagung in Paris überraschend seinen Entschluss, die große Tradition der Olympischen Spiele wiederzubeleben. Und schon zwei Jahre später war es so weit.

Die Frage ist: Warum war der Baron so erpicht auf diese Wettkämpfe? Nun: Natürlich, weil er ein Sportfan war. Vor allem aber, weil er darin eine Chance für die Völkerverständigung sah. Er sagte einmal: »Es ist keine Utopie, dass die Völker einander achten können. Um sich zu achten, muss man sich aber erst einmal kennenlernen. Das ist das echte Fundament des wahren Friedens.« Sprich: Nur wer den anderen kennt, wird ihn auch achten.

Nebenbei: Wussten Sie, wie Jesus seine ersten Anhänger aufgefordert hat, ihn kennenzulernen? Mit den einladenden Worten: »Komm und sieh! Begegne mir – denn nur dann wirst du ernsthaft herausfinden, wer ich bin.«

Natürlich kann man sich einfach alle vier Jahre über die spannenden Spiele freuen, doch der olympische Geist meint noch etwas viel Größeres: Lernt einander kennen, damit ihr einander achten könnt.

Weltgesundheitstag

Katastrophe! Ja, wie würden wir reagieren, wenn es zu einer Katastrophe käme? Einer Epidemie, einem terroristischen Angriff oder einem schrecklichen Naturphänomen? Wäre unsere Gesellschaft darauf vorbereitet, ja oder nein? Wohl eher nein. Darum geht es beim heutigen »Weltgesundheitstag« auch um »Maßnahmen des Gesundheitswesens im Katastrophenfall«.

Gott sei Dank gibt es in Deutschland viele kluge Leute, die sich darüber Gedanken machen. Die spielen alle »Großschadenslagen«, wie das heißt, mal durch. Obwohl wir uns natürlich wünschen, dass ihre ausgefeilten Pläne niemals angewendet werden müssen. Sprich: Heute geht es unter anderem um Konzepte, die notfalls greifen würden, von denen aber alle hoffen, dass wir sie nicht brauchen. Um Katastrophenschutz.

Ich meine, im Kleinen kennen wir das ja: Wir schließen Risiko-Lebensversicherungen ab und beten inbrünstig, dass sie nicht zahlen müssen. Unsere Häuser sind gegen Blitzschlag und Hochwasser versichert. Trotzdem verzichten wir gern darauf. Und wenn wir zur Krebsvorsorge gehen, dann nicht, weil wir etwas finden wollen. Wir kümmern uns prophylaktisch um mögliche Katastrophen des Alltags.

Spannend finde ich dabei: Wenn es um unseren Körper oder unseren Besitz geht, dann bereiten sich viele auf etwaige Katastrophenfälle vor. Nur bei unserer Seele, da lassen wir's meist drauf ankommen. Ich finde: Der heutige Weltgesundheitstag ist auch eine gute Gelegenheit, mal über Ideen für eine heile Seele nachzudenken.

Dietrich Bonhoeffer 2

Ziemlich üble Geschichte: Seit zwei Jahren im Gefängnis und dann am 8. April 1945 von einem SS-Standgericht zum Tode verurteilt. Nicht, weil neue Beweise aufgetaucht wären, sondern weil die amerikanischen Truppen vor der Tür stehen – und die Nazis schnell noch alle Personen verschwinden lassen wollen, die ihnen unlieb sind.

Der Verurteilte an diesem 8. April heißt Dietrich Bonhoeffer. Der Freiheitskämpfer, der für viele Menschen, nicht nur für Christen, zu einem Vorbild geworden ist. Warum? Weil er unglaubliche Zivilcourage bewiesen hat. Vor allem im Widerstand gegen Hitler.

Man muss sich das mal vorstellen: Bonhoeffer kehrt freiwillig aus England ins Nazi-Deutschland zurück und schlägt sogar einen Lehrauftrag in Amerika aus, weil er lieber im Untergrund in Deutschland theologische Seminare für die abhält, die auf Hitler nicht hereinfallen. Offensichtlich war für Bonhoeffer der Friede in der Welt wichtiger als sein persönliches Glück.

Kann man das so sagen? Nein! Da geht es um mehr: Bonhoeffer hat gespürt, dass es für ihn solange kein persönliches Glück und keinen inneren Frieden gibt, solange Barbaren das Land beherrschen. Und vielleicht ist genau das die entscheidende Grundlage von Zivilcourage: dass man daran glauben kann, dass es Dinge gibt, die wichtiger sind als vordergründiges Wohlergehen. Letztlich hat das etwas mit Größe zu tun. Auch mit der Größe des Glaubens. Und mit der Frage, wofür wir bereit sind, zu leben und zu sterben.

Deutsche Kolonialpolitik

Am 9. April 1883 ankerte die Brigg »Tilly« des Bremers Adolf Lüderitz in einer Bucht an der südwestafrikanischen Küste. Der Kaufmann wollte dort Land erwerben. Voilà: Bis heute gilt dieses Ereignis als Geburtsstunde der deutschen Kolonialpolitik. Und bei der ging es um viel mehr als um neue Handelsbeziehungen, da ging es um das Prestige unseres Landes.

Zumindest befand ein Befürworter der Kolonien lautstark: »Die deutsche Nation ist bei der Verteilung der Erde leer ausgegangen. Alle übrigen Kulturvölker besitzen auch außerhalb unseres Kontinents Land. Es gilt, dieses Versäumnis gutzumachen.« Und so brachen die Deutschen ab 1883 in Scharen auf, um die Welt zu erobern. Und das mit gewaltigem Erfolg. Bald umfasste das deutsche Kolonialreich 2,5 Millionen Quadratmeter mit etwa 15 Millionen Menschen: Deutsch-Südwestafrika, Deutsch-Ostafrika, Togo, Kamerun, Deutsch-Neuguinea und viele andere Länder.

Eine kurze Zeit fühlte sich Deutschland als Weltmacht: »Jetzt sind wir so wichtig wie die anderen.« Na, Pustekuchen. Die Kolonien wurden ein echter Fehlschlag. Sie waren wirtschaftlich und politisch eine unfassbare Belastung – von den Menschenrechtsverletzungen ganz zu schweigen. Viele Verantwortliche atmeten deshalb auf, als die Gebiete nach dem Ersten Weltkrieg wieder abgegeben werden mussten.

Tja: Der kluge Philosoph René Descartes hat einmal gesagt: »Der Vergleich ist der Anfang aller Sünde.« Und die Bibel drückt das in den Zehn Geboten so aus: »Du sollst nicht begehren deines Nächsten Eigentum.« Recht haben beide: Neid ist offensichtlich kein guter Ratgeber.

Kaffee

Klein, schwarz, stark. Viele Menschen brauchen ihn einfach, den beliebtesten Energydrink der Deutschen: Kaffee. Und wer noch alle Tassen im Schrank hat, der füllt sie mehrmals täglich mit dem heißen Glücksbringer. Sagt meine Frau.

Meine Frau liebt Kaffee nämlich über alles. Für sie ist Kaffee ein Synonym für Gemütlichkeit, Entspannung, Ruhe und Genuss. Wenn sich meine Frau einen Kaffee ansetzt, dann klinkt sie sich für ein paar Minuten aus der Wirklichkeit aus und tankt auf. Und dann sollte man ihr auch besser nicht mit irgendwelchen blöden Fragen kommen. Es ist Kaffeezeit. Heilige Zeit.

Mich interessiert Kaffee nicht die Bohne. Ich bin Tee-ist. Bevor ich mir das braune Zeug für Koffein-Drogisten reinziehe, mache ich mir lieber einen edlen Tee mit Zitrone. Außerdem habe ich dieses Aufputschmittel zum Glück nicht nötig. Ich werde auch so wach.

»Du kapierst gar nichts«, sagt meine Frau und klopft mal ordentlich auf den Rooi-Busch: »Wenn ich Kaffee trinke, dann erfülle ich Gottes Gebot der Sonntagsruhe. Und weil das mit der Ruhe eben sonntags nicht immer klappt, gönne ich mir jeden Tag ein paar Sonntags-Augenblicke mit Kaffee, in denen ich einfach nur das Dasein genieße.«

»Bäh«, kann ich da nur sagen. Jetzt rechtfertigt sie ihre Sucht schon mit frommen Sprüchen. Andererseits: Recht hat sie schon. Ehe man sich versieht, schuftet man sieben Tage die Woche durch und verpasst das Leben. Vielleicht braucht jeder seinen eigenen Trick, um zur Ruhe zu kommen. Aber doch nicht mit Kaffee …

Welt-Parkinson-Tag

1817 beschrieb der Londoner Arzt James Parkinson als Erster die Symptome einer merkwürdigen Erkrankung der Nervenwege: Er beobachtete bei seinen Patienten »unwillkürliche Zitterbewegungen bei verminderter Muskelkraft; allerdings sind dabei Sinne und Verstand unversehrt.« Später wurde diese tückische Krankheit nach ihrem Entdecker benannt – und sein heutiger Geburtstag als »Parkinson-Tag« ausgewählt.

Nun: Wer schon mal einen Parkinsonkranken gesehen hat, der weiß, welche Folgen das bekannte Zittern mit sich bringt. Die Patienten haben ihre Bewegungen (und damit die Welt) immer weniger im Griff. Sie brauchen zunehmend Unterstützung. Deshalb heißt das Motto der deutschen Veranstaltungen zum Welt-Parkinson-Tag auch: »Hinsehen – Handeln – Helfen«.

Klar: Wer die Welt nicht mehr im Griff hat, der braucht Hilfe, der braucht einen, der ihn sieht und der im Zweifelsfall auch konkret handelt. Das ist ein wahrhaft kluger Ansatz. Und zwar einer, der nicht nur für Parkinsonkranke gilt. Schließlich kennen wir alle unzählige Menschen, die auf die eine oder andere Weise das Leben nicht mehr im Griff haben. Vielleicht ist der heutige Tag eine Chance, diese Leute ganz neu in den Blick zu bekommen.

Wer das Leben nicht mehr im Griff hat, braucht Unterstützung. Christen sind übrigens der festen Überzeugung: So ganz hat niemand das Leben im Griff. Darum freuen sie sich so, dass sie Gott an ihrer Seite wissen.

Gerechtigkeit

Ahh, ich hasse nichts mehr als das Gefühl, ungerecht behandelt zu werden. Da könnte ich aus der Haut fahren. Wieso bekomme ich so oft nicht das, was ich verdient habe? Eklig, oder? Und bei einigen Volldeppen finde ich, dass sie all das, was sie haben, keineswegs verdienen. Im Gegenteil. Die Frage heißt für mich: Was findet Gott eigentlich fair?

Jesus selbst erzählt dazu eine ziemlich dreiste Geschichte. Mehrere Leute werden am gleichen Tag von einem Weinbauern eingestellt, einige um sieben, einige um zehn, einige um eins und einige erst kurz vor Feierabend. Und als dann abends der Lohn ausbezahlt wird, bekommen alle … genau das Gleiche. »Hey«, sagen die, die um sieben angefangen haben, richtig sauer: »Wir haben mehr geschuftet, wir haben auch mehr verdient.« Der Weinbauer entgegnet: »Du hast doch gutes Geld bekommen. Bist du etwa neidisch, nur weil ich zu anderen großzügig bin?«

Gerechtigkeit vor Gottes Angesicht ist nach menschlichen Maßstäben eine Unverschämtheit sondergleichen. Weil sie Gerechtigkeit ein für alle Mal abkoppelt von unseren Leistungen: »Es ist egal, was du getan hast. Das gibt dir nicht mehr Recht auf irgendetwas. Weil vor Gott alle das Gleiche verdienen. Freu dich, wenn du viel kannst. Aber dieses ewige: ›Das habe ich mir verdient, und das steht mir zu‹ macht krank. Freu dich, wenn alle genug haben. Denn erst dann zeigst du, dass du verstanden hast, was Liebe ist.«

Ich hoffe sehr, dass ich es eines Tages verstehe. Fällt mir aber nicht leicht.

Rund

Gott, was war das für ein Streit: Ist die Erde eine Scheibe oder ist sie rund? Nun, man muss zugeben: Dass die Erde rund ist, ging jahrhundertelang vielen Leuten von der Kirche einfach nicht in den Quadratschädel. Äußerst peinlich.

Aber letztlich ist das nur ein Beispiel für die immer gleiche theologische Diskussion: Wie soll man damit umgehen, dass die Bibel manche Dinge anders beschreibt als die Naturwissenschaften? Na klar: Die Bibel ist die Heilige Schrift. Aber: Die Erde ist nun mal rund. Basta.

Könnte es sein, dass all diejenigen, die die Bibel verzweifelt gegen wissenschaftliche Erkenntnisse verteidigen wollen, ihr gar keinen Gefallen tun? Weil die Wahrheit der Bibel viel größer ist und viel mehr sein will als eine akkurate Beschreibung der irdischen Verhältnisse. Wenn die Bibel von der Schöpfung der Welt spricht, dann weil sie erzählen möchte, welchen Bezug Gott zu ihr hat. Sie schwärmt davon, dass Himmel und Erde zusammengehören. Und wer solche herrlichen Texte wie eine Gebrauchsanweisung liest, hat sie nicht verstanden.

Das gilt übrigens auch für den unsinnigen Streit über den »Da Vinci-Code«. Natürlich hat der Autor Dan Brown in seinem Bestseller viel Unsinn über die Bibel und die Kirche erzählt. Aber angenommen, Jesus hätte Kinder gehabt: Warum sollte daran mein Glaube zerbrechen? Außerdem ist das für mich persönlich auch eher eine Randfrage.

Rund ist etwas, wenn es einen Mittelpunkt hat. Der Bibel geht es darum, deutlich zu machen, dass sich alles, wirklich alles um den Mittelpunkt »Gott« dreht. Wer diesen Mittelpunkt in seinem Leben findet, der hat auch kein Problem damit, fröhlich und gelassen über strittige Fragen zu diskutieren. Nur: Erschüttern können sie ihn nicht.

Extrem

Ja, das heutige Thema ist »extrem«. So heißt es und so ist es. Weil heute immer mehr extrem ist, von Extremsportlern über Extremitäten bis zu Extremisten. »Extrem«, bis an die Grenze, radikal, voll krass. Und von mir bekommen Sie meine Lieblingsextremgeschichte aus der Bibel:

Die Jünger Jesu geraten mit einem Boot in einen schweren Sturm. Völlig verzweifelt und voller Todesangst treiben sie umher. Da plötzlich kommt Jesus zu ihnen – auf dem Wasser. Macht so eine Art extreme Wildwasserwanderung. Und weil nicht sein darf, was nicht sein kann, brüllen die Schiffbrüchigen: »Ein Gespenst!«

»Nee«, sagt Jesus, »ich bin's wirklich. Habt keine Angst!« Petrus, einer der Jünger, erwidert: »Das glaube ich einfach nicht. Es sei denn, du lässt mich auch auf dem Wasser laufen.« Jesus streckt die Hand aus und sagt: »Gut, komm her!« Petrus klettert über die Reling und … und … und geht nicht unter. Bis er nicht mehr auf Jesus schaut, sondern die riesigen Wellen bemerkt. Und kaum bekommt er Angst, beginnt er zu sinken. Jesus hält ihn fest und fragt: »Warum hast du mir nicht vertraut?« Extrem, oder?

Wissen Sie, was mich interessiert: Was hätte ich gemacht? Wäre ich einfach nur ängstlich gewesen? Hätte ich auch geschrien: »Ein Gespenst!«, weil ich nicht hätte glauben wollen, dass Jesus mir helfen kann? Würde ich wie Petrus provozieren: »Los, beweise, dass du Gott bist?« Vor allem aber: Wäre ich aus dem Boot ausgestiegen? Hätte ich diesen Mumm gehabt?

Das Verrückte ist: Wer nicht aus dem Boot aussteigt, wird nie herausfinden, ob auf die Zusagen Jesu Verlass ist. Petrus hat es gewagt. Warum? Weil er wusste, dass Jesus ihn halten würde, wenn ihn der Mut verlässt? Keine Ahnung. Vielleicht war er einfach nur extrem.

Urmel aus dem Eis

Es gibt Schreie, die vergisst man nicht. So wie diesen: Urmeli! Ja, das putzige Tierchen Urmel aus dem Kinderbuch von Max Kruse hat 1969 eine steile Karriere bei der »Augsburger Puppenkiste« gemacht und seither die Herzen ganzer Generationen erobert.

Erinnern Sie sich? An der Küste der kleinen Vulkaninsel Titiwu wird ein Eisberg mit einem eingefrorenen Urzeit-Ei angeschwemmt. Daraus schlüpft Urmel und erlebt mit Professor Habakuk Tibatong, der Schweinedame Wutz, dem Pinguin Ping, dem Seelefanten und vielen anderen Freunden ein Abenteuer nach dem anderen. Vor allem, weil der böse Zoodirektor Zwengelmann und der König Pumponell sich den kleinen Dino schnappen wollen. Das alles gab es später auch noch computeranimiert und mit den Synchronstimmen bekannter deutscher Comedystars als Familienspaß.

Urmeli! Irgendwie eine starke Geschichte. Weil sie auf unterhaltsame und spielerische Weise deutlich macht, dass es sich lohnt, für die Freiheit und das Leben zu kämpfen. Und weil es guttut, wie Urmel Freunde zu haben, die füreinander einstehen. Mir fallen nur wenige Kindergeschichten ein, die mich so geprägt haben wie diese. Vielleicht noch »Robbi, Tobbi und das Fliewatüüt« oder »Frederick, die Maus«.

Und natürlich viele biblische Geschichten, die auch davon erzählen, wie ein Leben gelingen kann. Was ich von ihnen gelernt habe, trägt mich heute durchs Leben. Es gibt einfach Geschichten, die haben so viel Lebensweisheit in sich, dass sie zeitlos gut sind. Ich weiß nicht, ob »Urmel aus dem Eis« dazugehört, aber für mich war der kleine Dino ein echter Begleiter. Außerdem hat mich der Seelefant in die Literatur eingeführt: »Öch woiß nöcht, wos soll es bedoiten …«

Küsten

Gut, dass unser schönes Deutschland auch Küsten hat. Nordsee und Ostsee.

Ich weiß ja nicht, was Sie machen, aber wenn mir alles zu eng wird und ich mal eine richtig frische Brise brauche, die mir die Seele durchpustet und alle Sorgen mit sich nimmt, fahre ich (wenn's irgendwie geht) ans Meer. Am liebsten an die Nordsee. Dann sitze ich auf dem Deich, schau aufs endlose Wasser und schicke meine Gedanken einfach hinter den Horizont. Ich beobachte die Gezeiten und fühle mich den Wellen und der Schöpfung unendlich verbunden. Wow!

Vor allem hat das Meer einen seltsamen Effekt auf mich: Ich fühle mich zugleich ganz klein und ganz groß. Ganz klein, weil mein Leben vor diesen Urgewalten nicht mehr so schwerwiegend und bedeutend daherkommt – und ganz groß, weil ich mich als Teil dieser fantastischen Welt empfinde und dadurch aufhöre, nur um mich selbst zu kreisen. Ich gehöre dazu.

Ich kann gar nicht genau sagen, woher diese Gefühle stammen. Vielleicht ahne ich, dass das Leben ursprünglich aus dem Meer gekommen ist. Oder dass, wie es auf der ersten Seite der Bibel heißt, »am Anfang das Wasser war und darüber der Geist Gottes schwebte«.

Entscheidend ist: Wenn ich vom Meer zurück nach Hause komme, dann habe ich spirituell aufgetankt und meiner Seele geht es besser. Ich weiß nicht, warum Sie Urlaub machen, aber wer nicht nur das Weite, sondern vor allem die Weite sucht, dem empfehle ich die Inspirationen von Nord- und Ostsee.

Auswandern

Ganz anders könnte man leben – zum Beispiel in Neuseeland, Kalifornien, Island oder Timbuktu. Und ich frage mich: Was treibt eigentlich so viele Deutsche dazu, ihrer Heimat den Rücken zuzuwenden und das Heil in der Fremde zu suchen?

Ich meine: Seien wir doch mal ganz ehrlich! Wen hat's denn nicht schon mal gejuckt, hier alles hinter sich zu lassen und irgendwo neu anzufangen? Ganz anders könnte man leben.

Aber dann finden wir den sicheren Job, die Eigentumswohnung, den eingespielten Freundeskreis und die Stammkneipe doch so berauschend, dass wir lieber genau da bleiben, wo uns alles so vertraut vorkommt. Oft schaffen wir's ja nicht mal, von Frankfurt nach Offenbach zu ziehen – aber das ist ein anderes Thema.

Erinnern Sie sich noch an Abraham, diesen Patriarchen der biblischen Gründergenerationen? Der bekommt eines Tages von Gott die Aufforderung: »Komm, pack deine Sachen und wandere aus. Ich werde dich in ein Land führen, in dem du unendlichen Segen erfährst.«

»Ach, wo geht's denn hin?«, fragt Abraham. Und Gott antwortet: »Hey, das verrat ich dir erst unterwegs. Vertrau mir einfach!« Und das hat Abraham tatsächlich gemacht.

Seitdem gehört das Unterwegssein zu einem der faszinierendsten Wesenszüge des jüdischen und christlichen Glaubens. Weil dahinter ein wunderschöner Gedanke steckt: Heimat, das ist nicht eine Stadt, ein Land oder eine Clique, Heimat ist überall da, wo du dich bei Gott geborgen weißt. Und wer diese Sicherheit hat, der kann glücklich hierbleiben. Oder getrost auswandern. Los geht's!

Das Parfüm

Bernd Eichinger bewies, dass er den richtigen Riecher hatte, als er sich die Filmrechte an Patrick Süskinds Bestseller »Das Parfüm« sicherte. Denn der gleichnamige Film war ein echtes Kinohighlight – in dem wir hautnah miterleben konnten, wie der Held Jean-Baptiste Grenouille, der mit einem übernatürlichen Geruchssinn ausgestattet ist, auf der Suche nach dem ultimativen Parfüm zum Mörder wird.

Weil Grenouille selbst völlig geruchsfrei ist, kann ihn nämlich keiner riechen, und das stinkt ihm derart, dass er beschließt, aus den Gerüchen schöner Frauen ein so verführerisches Parfüm zu kreieren, dass er damit Macht über die Menschen bekommt. Nur: Dafür müssen diese Frauen eben alle naselang sterben.

Grenouille ist bei aller Faszination leider kein dufter Typ; was sich vor allem daran zeigt, dass er sich andauernd über sein Defizit definiert, über das, was ihm fehlt – und nicht über das, was er an großartigen Begabungen besitzt. Er kann gerade deshalb so perfekt riechen, weil er keinen Eigengeruch hat – aber er denkt immer nur an seine Schwäche. Schrecklich.

Ich meine: Hätte dem Parfümkiller mal einer deutlich gemacht, dass es kein Problem ist, Schwächen zu haben, wäre vielen appetitlichen Frauen der Exitus erspart geblieben. Und vielleicht zeigt der christliche Glaube in so einem Moment seine eigentliche Kraft: Wenn jemand weiß, dass er grundsätzlich von Gott geliebt und angenommen ist, dann wird er auch seine Schwächen akzeptieren. Und weil die dann keine Macht mehr über ihn haben, kann er in Ruhe seine Stärken entfalten.

Grenouille jedenfalls parfümiert sich am Ende zu Tode. Schauen Sie es sich an!

Goldene Palme

20 Filme werden jedes Jahr bewertet – und einer bekommt sie: die Goldene Palme der Filmfestspiele in Cannes. Und natürlich ist die Preisverleihung jedes Jahr der absolute Höhepunkt des cineastischen Vergnügens, das demnächst wieder startet.

Isabelle Huppert, die französische Schauspielerin, die vor einiger Zeit die Präsidentin der Jury war, hat damals vor der Eröffnung der Festspiele einen wunderschönen Satz über ihre Aufgabe gesagt: »Wir sind nicht hier, um über Filme zu urteilen. Wir sind hier, um Filme zu lieben.« Stark, oder? »Wir sind nicht hier, um über Filme zu urteilen. Wir sind hier, um Filme zu lieben.«

Ich meine: Sie hat doch recht. Man kann Filme endlos analysieren, zerpflücken, kategorisieren und zerreden. Oder sich von ihnen berühren lassen. Ihnen nahkommen. Schließlich hat Lieben etwas mit Leidenschaft zu tun, mit Kontakt, mit Begeisterung. Lieben meint immer: eine Beziehung eingehen. Und wenn ich etwas lieben kann, wirken alle anderen Bewertungskriterien dagegen schal.

Vielleicht finde ich den Satz von Isabelle Huppert auch deshalb so stark, weil es viele Bereiche gibt, in denen wir viel zu viel urteilen und viel zu wenig lieben. Übrigens auch beim Glauben. Es gibt Menschen, die können endlos über das Für und Wider von Religion diskutieren und streiten. Doch wer einmal gewagt hat, Gott zu lieben und sich von ihm lieben zu lassen, der fühlt sich so ... ja wie ... ja, als hätte er die Goldene Palme in Cannes gewonnen.

Inquisition

Ah. Heute ist ein ziemlich unangenehmes Jubiläum. Ja, am 20. April 1233 setzte Papst Gregor IX. offiziell die Inquisition ein. Das heißt: Er erteilte den Auftrag, alle die zu verfolgen, die anderer Meinung waren als die damalige Kirche.

Und das, was eigentlich als Schutz des Glaubens gedacht war, entwickelte sich zu einer wahrhaft gruseligen Maschinerie. Überall gab es auf einmal Spitzelei, Denunziationen, Folter und Scheiterhaufen. Denn jeder, der das System infrage stellte, wurde kurzerhand hingerichtet. Zu Recht wird die Inquisition als eine der großen Fehlentwicklungen in der Kirche betrachtet.

Die dahinterliegende Frage aber bleibt: Was macht man mit Menschen, die anderer Meinung sind als man selbst? Ich meine: Die heutigen Toleranz-Diskussionen zeigen, wie kompliziert das ist. Wie gehe ich mit denen um, die etwas anderes glauben und wollen als ich? Und da denke ich nicht nur an Anhänger anderer Religionen oder politische Gegner. Manchmal ist es schon schlimm genug, dass der Nachbar seinen Maschendrahtzaun anders haben will als ich.

Das Verrückte dabei ist: Wenn irgendwann alles Diskutieren, Überzeugen und Verhandeln nichts mehr nützt, bleibt vielleicht nur der kluge Satz Jesu: »Segnet die, die euch verfluchen.« Das mag nicht immer alle Probleme lösen, aber es wird dazu führen, dass ich nicht die gleichen Fehler mache wie die Inquisition. Hoffe ich jedenfalls.

Friedrich Fröbel

Na, was hat er erfunden, der liebe Friedrich Wilhelm August Fröbel? Das wäre eine gute Frage für »Wer wird Millionär?«. So als siebte oder achte Frage, wenn es schon richtig schwer wird. Kleiner Tipp: Es war im Jahr 1837 – und der Mann war ursprünglich Mineraloge.

Friedrich Fröbel hat den Kindergarten erfunden. 1837 eröffnete er in Bad Blankenburg den ersten Kindergarten der Welt. Und sein Ausbildungskonzept für Erzieher, die Kinderspiele, die er entwickelte, und sein pädagogischer Ansatz sorgten dafür, dass sich seine Idee durchsetzte. Und zwar weltweit. Sogar ins Englische wurde seine Wortschöpfung »Kindergarten« übernommen: »kindergarden«.

Entscheidend ist, dass Friedrich Fröbel der erste Pädagoge war, der Kinder wirklich wie Kinder behandelte. Nicht wie unvollkommene kleine Erwachsene. Das war damals eine Sensation. »Wie bitte?! Diese nervigen Wesen sollen kindgerechte Kleider tragen? Die sollen spielen? Die sollen ihre natürlichen Anlagen entwickeln? So ein neumodischer Unsinn!« Tatsächlich wurden die fröbelschen Kindergärten eine Zeit lang in Preußen sogar verboten. Doch bald war klar: Der Mann hat recht. Kinder sind keine mangelhaften Erwachsenen, sondern ... Kinder.

Wie wichtig diese Unterscheidung ist, hat Jesus schon vor 2000 Jahren betont. Als seine Anhänger einmal eine Schar übermütiger Kinder verscheuchen wollten, sagte er sehr bestimmt: »Hey, den Kindern gehört der Himmel. Und wer nicht wie ein Kind werden kann, der wird das mit Gott nie verstehen.« Kinder sind unvoreingenommen, neugierig, lebenslustig und voller Vertrauen. Wundervolle Eigenschaften. Friedrich Fröbel, der am 21. April 1782 geboren wurde, hat das erkannt.

Tag der Erde

Stellen wir uns doch mal vor, wir wären auf einer »Universumsausstellung« – so wie die Weltausstellung, nur etwas intergalaktischer. Und heute wäre der »Tag der Erde«, an dem wir die Erde möglichst gut präsentieren sollen: »Meine sehr verehrten Weibchen und Männchen, liebe Gäste! Die Erde ...«

Was würden wir wohl sagen? Mit ein paar trockenen Fakten wäre es da nicht getan: »Auf der Erde gibt es 7 Kontinente, 5 Milliarden Einwohner, 4 Jahreszeiten und 1 Spiel, das Fußball heißt ...« Ahh ...

Die Frage ist vielmehr: Worauf sind wir stolz, wenn wir an unsere Erde denken? Was begeistert uns? Was ist uns wichtig? Wovon möchten wir anderen vorschwärmen? Und nicht zu vergessen: Was verschweigen wir lieber?

Vielleicht hat sich die Menschheit zu sehr daran gewöhnt, die Erde wie einen Gebrauchsgegenstand zu behandeln, ohne zu bedenken, dass es kein Ersatzteillager gibt. Wäre die Erde für uns dagegen ein liebenswertes Lebewesen, dann würde sich sicher einiges ändern. Wir würden die Erde für ihre Schönheit feiern, ihre Schmerzen lindern und versuchen, ihr würdevoll zu begegnen. Oder?

Ganz am Anfang, als die Menschen entdeckten, dass es zwischen Himmel und Erde mehr gibt als nur Luft, war die Erde für die Völker tatsächlich eine Persönlichkeit. Judentum und Christentum drücken diese Hochachtung anders aus: Weil Gott die Erde geschaffen hat, gilt es, sie »zu bebauen und zu bewahren«.

Und nun stellen Sie sich vor, einer der außerirdischen Gäste käme zu Ihnen: »Na, wie finden Sie denn so die Erde?« Lassen Sie mal hören. Heute, am Tag der Erde.

Welttag des Buches

Heute ist der 23. April. »Welttag des Buches«. Todestag der großen Literaten Shakespeare und Cervantes. Und der Geburtstag von Halldór Laxness, dem isländischen Literaturnobelpreisträger. Doch keiner dieser großen Autoren ist für die Wahl des heutigen Datums verantwortlich. Das war ein ganz anderer, nämlich Georg, oder besser Schorsch, wie der Hesse sagt. Der heilige Schorsch. Ein christlicher Märtyrer.

Ja, wirklich. Georg, das ist der, den man auf vielen Heiligenbildern sieht, wie er einen Drachen mit einer Lanze durchbohrt. Irgendwann im 3. Jahrhundert soll das gewesen sein. Und dieser heilige Georg hat am 23. April seinen großen Namenstag.

Nun gibt es einige Regionen in der Welt, vor allem in Katalonien, da bekommen die Männer seit Jahrhunderten von ihren Frauen am St. Georgstag ein Buch geschenkt. Als Liebesbeweis. Fragen Sie mich nicht, warum, aber es ist so. Und dieser Buchschenk-Brauch des heiligen Georg wurde zum Auslöser dafür, dass heute Welttag des Buches ist.

Ob sich das der Drachentöter einst hätte träumen lassen? Na, zumindest hätte es ihn bestimmt gefreut, dass sich – in Erinnerung an ihn – Menschen 1700 Jahre später als Zeichen der Zuneigung und der Wertschätzung Bücher schenken. Denn die Liebe, die war ihm schon damals unendlich wichtig. Und vielleicht ist eine Geschichte ohnehin eines der schönsten Geschenke. Lesen Sie wohl.

Internationaler Tag des Versuchstiers

Im Jahr 2005 wurden allein in deutschen Forschungseinrichtungen fast 2,5 Millionen Tiere getötet: nicht nur Mäuse und Ratten, sondern auch Katzen, Kaninchen, Meerschweinchen, Hamster, Schweine, Schafe sowie viele weitere Arten. Zum Beispiel 4892 Hunde. Soweit die offizielle Statistik der Tierversuche.

Nur: Wo stünde die Medizin heute, wenn es keine Tierversuche gäbe? Tja, das ist wahrscheinlich das Verrückteste: Viele Ärzte sind der Meinung, dass es um die Gesundheit der Menschen im Jahr 2010 weitaus besser bestellt wäre, wenn man den gleichen Forschungsaufwand in Verfahren ohne Tierversuche und ordentliche Vorsorge-Aufklärung investiert hätte.

Also ab sofort gar keine Tierversuche mehr? Nun: Wenn eines meiner Kinder nur mit einem Medikament geheilt werden könnte, das gerade durch Tierversuche entwickelt wird, würde ich es natürlich verabreichen. Das Problem ist: Spielt man Leiden gegen Leiden aus, dann ist es schwer zu entscheiden, wie man sich richtig verhält.

Ich weiß nicht, was stimmt. Ich weiß nur, dass fanatische Fronten bestimmt nicht weiterhelfen. Wir sollten mit aller Kraft dafür kämpfen, dass Tierversuche möglichst bald überflüssig werden. Vorher aber gilt der biblische Grundsatz: »Prüft alles, und das Beste behaltet.«

Prüft jeden Tierversuch. Und wenn dadurch die Medikamentenkosten noch weiter ansteigen, ist es den Preis wert. Denn Leben ist unbezahlbar. Auch bei Tieren.

Nelkenrevolution

Es passierte am 25. April 1974. Da wurde kurz nach Mitternacht im Radio ein vom Regime eigentlich verbotenes Lied ausgestrahlt. Und diese Melodie war das verabredete Signal für – genau, für die Revolution. Innerhalb kürzester Zeit erhoben sich die Streitkräfte, und Tausende von Menschen gingen auf die Straße. 18 Stunden später war in Portugal die älteste faschistische Diktatur der Welt gestürzt. Ja, ein Tag reichte, um einen gesamten Staat umzukrempeln.

Und weil all den Soldaten, die anfangs noch gar nicht wussten, wie ihnen geschah, von den jubelnden Menschen rote Nelken in die Gewehrläufe gesteckt wurden, ging dieser Tag unter dem Namen »Nelkenrevolution« in die Geschichte ein. Eine ganz friedliche Revolution. Kein Aufstand mit grausamen Opfern und Jagd auf die Schergen des Regimes, sondern das mächtige Aufbäumen zivilisierter Kräfte gegen eine menschenverachtende Obrigkeit.

Dass das Ganze so unblutig verlief, lag vor allem daran, dass so viele Menschen gemeinsam eine Veränderung wollten. Da dachte nicht jeder nur an sich – da träumten alle gemeinsam von einer besseren Zukunft. Kein Wunder, dass die Briefeschreiber im Neuen Testament so oft zur »Einmütigkeit« aufrufen. Wenn viele Menschen einmütig, also: eines Mutes sind und miteinander für eine bessere Welt eintreten, können sie viel bewegen. Das gilt für die Kirche genauso wie für die Gesellschaft an sich.

Tschernobyl

Mann, ich hatte damals einen Freund, für den stand fest: »Ich verlasse vier Wochen lang mein Haus nicht mehr. Und ich werde zehn Jahre lang kein Wild und keine Pilze essen.« Die Reaktorkatastrophe von Tschernobyl am 26. April 1986 hatte Unmengen radioaktiver Stoffe freigesetzt, die auch in Deutschland die Luft und den Boden schwer belasteten. Und für meinen Freund war klar: »Dieser GAU ist das Schlimmste, was der Menschheit zustoßen konnte.«

Heute, über 20 Jahre später, arbeitet mein Freund bei einem großen Energiekonzern. Und wenn ich ihn an seine Todesangst und seinen Schrecken von damals erinnere – und seine grenzenlose Wut auf die Atomkraft –, lächelt er etwas verkrampft, zuckt mit den Schultern und wechselt ziemlich schnell das Thema.

Hat die Menschheit insgesamt etwas aus Tschernobyl gelernt? Nicht wirklich, oder? Zumindest nehmen wir immer noch unkalkulierbare Risiken in Kauf, damit unser Wohlstand nicht kleiner wird. Auch die Klimakatastrophe. Die Frage ist also: Welchen Preis sind wir bereit, für eine umwelttechnisch sichere Zukunft zu bezahlen?

Zu Jesus kam einmal ein wohlhabender junger Mann und fragte: »Was kann ich tun, um in den Himmel zu kommen?«

Jesus erwiderte: »Halte die Gebote.«

»Ja«, sagte der Jüngling, »das mache ich schon, aber ich bin trotzdem nicht glücklich.« Jesus sah ihn an: »Dann verschenke deinen Reichtum und komm mit mir.« Da steht dieser Mann der Quelle des Lebens gegenüber und sagt traurig: »Nein! Diesen Preis ist mir das Glück nicht wert.« Das ist eine Katastrophe.

Girls' Day

Mädchen haben im Schnitt wesentlich bessere Noten und bessere Schulabschlüsse. Trotzdem sind Sie in vielen Berufen immer noch völlig unterrepräsentiert. Zum Beispiel in den Natur- und den Ingenieurwissenschaften. Moment mal!

Das muss geändert werden. Und darum gibt es seit vielen Jahren den Girls' Day, einen bundesweiten Zukunftstag für Mädchen, einen Tag, an dem interessierte Schülerinnen einfach mal ganz frei in all die Bereiche hineinschnuppern können, die bislang noch als Männerdomänen galten.

Eigentlich ist es ja verrückt: Da sind wir im 21. Jahrhundert angekommen, und noch immer zeigen Statistiken, dass Frauen es in der Gesellschaft an vielen Stellen wesentlich schwerer haben. Woran liegt das eigentlich? Sind die Männer so schwach, dass sie einfach Angst vor starken Frauen haben? Geht es da möglicherweise nur um blödes Machtgehabe?

Die Kirchen jedenfalls haben sich, was die Rolle der Frau angeht, im Laufe der Jahrhunderte nicht gerade mit Ruhm bekleckert. Da ist so richtig viel schiefgegangen. Was vor allem deshalb verwunderlich ist, weil es in der Bibel eigentlich ganz anders steht. »In einer christlichen Gemeinschaft«, sagt da zum Beispiel der Apostel Paulus, »kann es überhaupt keine Unterschiede zwischen Frauen und Männern geben, weil vor Jesus alle gleich sind.« Das scheint mancher überlesen zu haben.

Eins ist jedenfalls klar: Da, wo Menschen aufhören, einander wegen ihres Geschlechts schief anzugucken, wird ein christliches Grundprinzip Wirklichkeit. Und vielleicht machen die Kirchen demnächst ja auch mal einen Girls' Day.

Oskar Schindler

»Wer nur ein einziges Leben rettet, der rettet die ganze Welt.« Dieser Spruch ist in den Ring eingraviert, den die überlebenden Juden dem Fabrikanten Oskar Schindler bei Kriegsende überreichten. In einem Ring aus Zahngold. Das war nämlich das Einzige, was sie noch besaßen.

Rund 1 200 Juden hat Oskar Schindler während des Naziregimes das Leben gerettet – indem er sie als unabkömmlich für seine kriegswichtige Firma ausgab. Immer wenn seinen Angestellten die Deportation in ein Vernichtungslager drohte, ließ er eine Liste schreiben, auf welche Personen er keinesfalls verzichten könne. Dabei gab er auch Kinder und Menschen mit zwei linken Händen als »hoch qualifizierte Metallarbeiter« aus. Und als seine Fabrik Ende 1944 verlegt werden musste, sorgte Schindler sogar dafür, dass die gesamte jüdische Belegschaft mit umziehen konnte. Andernfalls wäre sie nämlich ermordet worden.

Was bringt einen erfolgreichen Geschäftsmann dazu, sein Leben zu riskieren, um andere zu retten? Oskar Schindler war schließlich ein bekannter Genießer, Lebemann, Frauenheld, Kriegsgewinnler und NSDAP-Mitglied. Was hat ihn bewegt? So genau weiß das niemand. Klar ist nur, dass es ihn angewidert hat, wenn jemand Menschen nicht wie Menschen behandeln wollte.

Morgen hätte Oskar Schindler seinen Geburtstag gefeiert. Und der alte Spruch gilt noch immer: »Wer nur ein einziges Leben rettet, der rettet die ganze Welt.«

Internationaler Tag des Tanzes

Früher hieß es in manchen Kirchen: »Christen müssen artig sein, keine Party, keinen Wein. Ein Bein, das sich zum Tanze regt, wird im Himmel abgesägt.« Ähhm. Komische Zeiten. Und vor allem: ganz unbiblisch. Die schönste Tanzgeschichte, die ich kenne, steht nämlich, genau, in der Bibel.

Der israelitische König begleitet eines Tages die berühmte Bundeslade nach Jerusalem. Das ist der Kasten, in dem die Tafeln mit den Zehn Geboten aufbewahrt wurden. Und die Gegenwart Gottes begeistert David so sehr, dass er unterwegs anfängt zu tanzen. Ja, er springt und tanzt – begeistert, leidenschaftlich und hingebungsvoll. Ekstase pur.

Und seine Frau? Die sieht das Ganze von ihrem Fenster aus und ist entsetzt. Abends macht sie ihm eine Riesenszene: »Sag mal, hast du sie noch alle? Du hast dich dermaßen lächerlich gemacht. Du, der König, bist rumgehüpft wie ein Prolet. Peinlich!«

»Nein«, sagt David, »nicht peinlich. Ganz und gar nicht. Wer die Gegenwart Gottes spürt, der kann nicht anders. Der muss seine Freude einfach rauslassen. Der hat nur noch Augen für Gott, und den interessiert auch nicht, was man über ihn denkt.«

Tolle Geschichte. Eine, die deutlich macht, dass es beim Glauben eben nicht um bestimmte Umgangsformen geht, sondern darum, dass Menschen sich von Gott begeistern lassen. Und wenn das passiert, dann fängt der eine an zu singen, der andere hüpft, und der Dritte, der … äh … macht Radiobeiträge. Tanzen Sie schön!

Mittelalter

»Herzlich willkommen im Mittelalter.« Ritter, Burgen, Burgfräuleins, Troubadoure, Turniere und Tandaradei. Das Mittelalter erlebt seit Jahren einen gigantischen Boom. Aber warum nur?

Nun, irgendetwas an dieser Epoche fasziniert viele Menschen, und das sind ganz gewiss nicht Pestepidemien, Hungersnöte und die geringe Lebenserwartung. Aber was dann? Vielleicht die schlichte Tatsache, dass damals die Vernunft noch nicht über den Zauber des Lebens gesiegt hatte. Drachen, Engel, Dämonen und Gott waren genau so real wie das tägliche Brot. Man hatte schreckliche Angst vor unsichtbaren Mächten und glaubte zugleich an Wunder. Es wurde noch nicht alles erklärt; und genau das erklärt wohl die Besonderheit dieser Zeit. Aber: Wollte ich da leben?

Antwort 1: Nein! Auf keinen Fall. Denn die Ängste der Menschen – gerade vor dem Zorn Gottes – waren eine echte Seelenqual und wurden leider zu den übelsten Dingen missbraucht. Man denke nur an die Kreuzzüge oder die Hexenverbrennungen. Ich bin richtig froh, dass Europa die Aufklärung erlebt und Gott und die Welt von kritikloser, dogmatischer Vereinnahmung befreit hat. Aber es gibt auch …

Antwort 2: Ja! Ich würde bisweilen schon gern im Mittelalter leben. Weil die Aufklärung an manchen Stellen über ihr Ziel hinausgeschossen ist. In einer Moderne, in der alles Zauberhafte als Spinnerei gilt und man nicht mehr an Wunder und die Gegenwart Gottes glauben darf, wird das Leben irgendwie auch oberflächlich.

Ob Mittelaltermärkte die Antwort auf unsere Sehnsüchte sind, weiß ich nicht. Aber ein bisschen Leidenschaft für das Nicht-immer-Erklärbare tut unglaublich gut.

Muttertag 1

Mama mia. Schon wieder Muttertag vor der Tür. Also werde ich demnächst um die Ecke flitzen und ein paar Schnittblumen besorgen. Und damit zu denjenigen gehören, die den Blumenläden jährlich in der Muttertagswoche einen Umsatz von 130 Millionen Euro bescheren.

Nebenbei: Wussten Sie eigentlich, dass die Begründerin und Erfinderin des Muttertages eine fromme amerikanische Methodistin war? Ja, Anna Marie Jarvis führte am 12. Mai 1907, dem Sonntag nach dem Todestag ihrer Mutter, ein Erinnerungsfest durch. Ganz persönlich sollte das sein. Doch weil sie ihre Mutter so geliebt hatte, verteilte sie vor der Kirche 500 Nelken an andere Mütter.

Das bewegte so viele, dass die engagierte Christin beschloss, einen offiziellen Muttertag ins Leben zu rufen. Sie schrieb Briefe an Politiker, Geschäftsleute, Pfarrer und Vereine – und tatsächlich: 1914 führte der amerikanische Kongress den Mother's Day offiziell ein.

Und wie ging die Geschichte aus? Anna Marie Jarvis war über die schnelle Kommerzialisierung des Muttertages so entsetzt, dass sie sich von der Bewegung abwandte und fortan dafür kämpfte, dass dieser Tag wieder abgeschafft würde. Mit ihrer Vorstellung von einer echten Würdigung der Mütter hatte das Schnittblumen-Massaker nämlich nichts mehr zu tun.

Nee, also ich kaufe dann vielleicht doch keine Blumen. Ich lade meine Mutter lieber zum Essen ein. Und koche ihr Lieblingsessen. Oder so. Mal sehen …

Muttertag 2

Ehre, wem Ehre gebührt: Auch dieses Jahr werden in Deutschland zum Muttertag wieder rund 6 Millionen Blumensträuße verschenkt. Eine winzige Anerkennung für all die gewechselten Windeln, die durchwachten Nächte, die aufgeriebenen Nerven und die endlosen Stunden auf nasskalten Spielplätzen.

Meine Frau sagt: »Früher fand ich Muttertag immer komisch. Jetzt bin ich selbst Mutter und weiß plötzlich, was es bedeutet, wenn man seine gesamte Energie braucht, um diese kleinen Wesen großzukriegen.« Tja, wenn die Erziehung von Kindern die Anerkennung bekäme, die sie verdient, dann wäre es wahrscheinlich auch um Deutschlands Geburtenzahlen wesentlich besser bestellt.

Hey, das wäre doch überhaupt mal eine interessante Vision: Die größte gesellschaftliche Anerkennung bekommen diejenigen, die nicht zuerst nach ihrem eigenen Erfolg fragen, sondern die, die die Größe besitzen, in ihre Kinder zu investieren. Diejenigen, die anderen helfen, gesunde Persönlichkeiten zu werden.

Ist das utopisch? Nein, das ist eine urchristliche Idee. Eines Tages kommen Jesus und seine Anhänger in ein Haus – und Jesus fängt an, den anderen die Füße zu waschen. Aber die können das kaum ertragen: »Hey, du bist doch unser Lehrer, unser Meister. Du kannst doch nicht so einen Sklavendienst machen. Das gehört sich nicht, dass du unsere Käsequanten schrubbst.«

»Doch«, sagt Jesus, »das gehört sich. Wirklich groß ist derjenige, der anderen Gutes tut, der ihnen dient. Der sich nicht immer um sich dreht, sondern aus Liebe für andere da ist.« Wenn es im Himmel Blumen gibt, dann überreicht Jesus den Müttern am Muttertag bestimmt eine.

Bing Crosby

»I'm dreaming of a white Christmas ...« Ja, ja, ich weiß, ist nicht ganz die Jahreszeit. Aber der Mann, der hier schmalzig-schön von weißer Weihnacht träumt, wäre im Jahr 2004 vielleicht 100 Jahre alt geworden. Also, vielleicht! So genau weiß man das nicht, weil er wohl schon 1903 geboren wurde, auf seinem Grabstein aber 1904 steht. Egal. Sein größter Hit, »White Christmas«, ist trotzdem das meistverkaufte Lied des 20. Jahrhunderts. Bing Crosby, der Sänger, Schauspieler, Komiker und Charmeur, hatte etwas, was die Leute zum Träumen brachte.

Als Crosby 1942, in den größten Kriegswirren, davon sang, wie sehr er sich nach diesen wunderschönen, trauten Weihnachtsfesten sehnte, die er als Kind erlebt hatte, da bekamen nicht nur hartgesottene Soldaten an der Front Tränen in die Augen. Irgendwie traf und trifft dieser Song seit fast 70 Jahren eine Ursehnsucht der Menschen: Ja, es ist möglich, sich zu Hause zu fühlen, ja, es gibt einen Ort, an dem Frieden herrscht, an dem du nicht mehr unterwegs bist, sondern ankommst. Es tut so gut, wenn sich dieser Glanz in unseren Augen widerspiegelt. Früher, da hat uns das Fest verzaubert. Wie schön wäre es, wenn das wiederkäme.

Hat sich dieses Lied so oft verkauft, weil es den Wunsch nach himmlischer Geborgenheit aufnimmt? Ganz bestimmt. Verrückt ist dabei, dass wir unseren Sehnsüchten nur bei irgendwelchen großen rituellen Feiern freien Lauf lassen. Dabei wäre es doch äußerst lohnenswert, diese Geborgenheit nicht nur an Weihnachten zu erleben.

Jesus erzählt immer wieder vom »Reich Gottes«, und er meint damit auch das »Zuhause-Gefühl«, das Bing Crosby zum Klingen bringt. Da, wo das Reich Gottes anfängt, da beginnt etwas, was viele in den Weihnachtsfesten ihrer Kindheit haben aufblitzen sehen. Da vermischen sich Himmel und Erde, da gibt es Frieden unter den Menschen, und wir kommen bei einem Gott an, dessen Liebe alles andere verblassen lässt. Und irgendwie ist das auch Anfang Mai nicht schlecht!

Der alte Mann und das Meer

Kennen Sie »Der alte Mann und das Meer« von Ernest Hemingway? Tolle Geschichte. Santiago, ein alter Fischer, fährt nach fast drei Monaten ohne einen erfolgreichen Fang weit hinaus aufs Meer. Und bekommt dort endlich einen Riesenfisch an die Angel. Wahnsinn. Zwei Tage und zwei Nächte kämpft der Alte gegen den gewaltigen Marlin – und dieses Motiv steht natürlich für den ewigen Kampf des Menschen gegen die Natur und gegen die Angst.

Am Ende siegt Santiago, völlig ausgelaugt, aber erfolgreich. Fröhlich fährt er wieder nach Hause, den getöteten Marlin im Schlepptau. Doch dummerweise lockt das Blut des Fisches die Haie an. Und als der Alte am Hafen ankommt, ist von seinem Fang nur noch das Skelett übrig. Alles umsonst?

Für diese irre Geschichte bekam Hemingway am 4. Mai 1953 den Pulitzerpreis – und im Jahr darauf auch den Nobelpreis für Literatur. Weil sein Gleichnis vom Gewinnen und Verlieren existenzielle Grundfragen des Menschen aufgreift. Wie geht es uns, wenn wir den größten Fang unseres Lebens machen – und ihn wieder verlieren? Was ist wichtig? Und was bleibt?

Santiago ist am Ende nicht verzweifelt. Er legt sich in seine Hütte zum Schlafen. Es hat eben nicht sollen sein. Oder, wie es der biblische Hiob ausdrückt: »Der Herr hat's gegeben, der Herr hat's genommen – gepriesen sei der Name des Herrn.« So sehr von Erfolg und Misserfolg unabhängig zu sein: Das hat Größe.

Internationaler Hebammentag

»Hebammen unterwegs – für Frauen und Familie.« Das ist das deutsche Motto des »Internationalen Hebammentages«. Und was die etwa 17 000 organisierten Hebammen in Deutschland so alles leisten, das soll heute bedacht, gefördert und gefeiert werden.

Ja, ich meine, gerade bei der ersten Geburt – wenn man, bzw. frau, noch gar nicht so genau weiß, was da auf einen zukommt – ist die Hebamme fast wie ein Engel: Sie macht Mut, sie erklärt, sie beruhigt, sie nimmt an der Hand, und sie tut alles dafür, damit das ganze Geschehen eben keine schwere Geburt wird.

Bei der Geburt unseres ersten Kindes stand uns eine Hebamme aus Rumänien zur Seite. Wir waren tierisch aufgeregt. Schließlich mussten wir uns und unser Kind in die Hand dieser Frau legen. Es war wunderbar. Und ich hab noch heute ihre gutturale, sanfte Stimme im Ohr: »Is gut. Wird alles gut. Wird eine herrliche Kind. Und ihr werdet sein so glickliche Familie.«

Das war wirklich traumhaft. Tröstlich, freundlich und Leben stiftend. Denn plötzlich war da neues Leben in der Welt. Unser Kind. Dank dieser Frau. Ich hab damals spontan gedacht: »Erstaunlich, dass noch niemand das Bild einer Hebamme benutzt hat, um Gott zu beschreiben. Diese liebevolle Begleitung zum Leben.«

Später habe ich nachgeschaut. Und? Natürlich kam schon mal jemand auf diese glorreiche Idee. Der Prophet Jesaja. Vor 3000 Jahren. Ihn lässt Gott sagen: »Hört mir zu, ihr Menschen, ich trage euch, von Mutterleibe an. Ich hebe euch.«

Luftschiffkatastrophe

6. Mai 1937, 18:24 Uhr Ortszeit. 77 Stunden nach seinem Start in Frankfurt am Main erreicht das Luftschiff »Hindenburg« sein Ziel: Lakehurst bei New York. Majestätisch steht der Zeppelin am Himmel. Doch dann – wie aus heiterem Himmel – bricht an Bord ein Feuer aus, und innerhalb weniger Minuten verbrennt der Stolz der deutschen Nation zu Aluminium-Schrott.

35 Menschen sterben bei dem Unglück. Und zugleich die Hoffnung, endlich ein sicheres Verkehrsmittel für Transatlantikflüge gefunden zu haben. Ja, an diesem Tag gehen richtig große Ideale in Flammen auf: das Vertrauen in eine neue Technik. Der Schock ist dermaßen groß, dass die Deutschen beschließen, auch alle anderen Luftschiffe verschrotten zu lassen. Die Zeppeline sahen zwar gut aus, aber sie waren eben zu gefährlich.

Manche Kritiker fanden diesen Schritt damals voreilig. Warum? Weil es keine Technik gibt, die ohne Risiko ist. Das zeigen auch viele andere Tragödien, vom Untergang der Titanic bis zur Explosion des Spaceshuttles. Der uralte Traum, die Menschen könnten irgendwann das Leben völlig in der Hand haben, wird sich definitiv nie erfüllen. Es ist unglaublich, was Technik heute alles kann – aber sie wird uns nie die absolute Sicherheit geben.

Und deshalb feiern Christinnen und Christen bis heute, dass ihr Leben in Gottes Hand ist. Damit fühlen sie sich wesentlich sicherer.

Anti-Diät-Tag

An meiner Waage muss irgendetwas kaputt sein. Ich meine: Ich esse wie ein Vögelchen, zähle wie ein Wahnsinniger Kalorien – und Fett und Zucker ... also, so was kenn ich gar nicht mehr. Trotzdem will die Zahl auf dem Display dieser blöden Waage einfach nicht kleiner werden. Mist.

Also noch eine Diät. Und mehr Bewegung. Oder lieber gleich eine Fettabsaugung? Ich weiß es nicht. Ich weiß nur eines: Gestern war der Tag, an dem man all diese ekligen Gedanken vergessen durfte. Ja. Gestern war »Anti-Diät-Tag«. Wow! Da durfte man sich entspannt zurücklehnen und laut rufen: »Heute kriegen andere ihr Fett weg!«

Die englische Bestsellerautorin Mary Evans hat den Anti-Diät-Tag 1992 ins Leben gerufen, weil sie fand, dass auch die Dicksten der Dicken mal aus dem Diät-Sumpf herauskommen dürfen. Nur weil einer zu viel wiegt, muss man ihm doch nicht andauernd unterschieben, er sei hässlich, krank und fehl am Platz.

Der Anti-Diät-Tag – sagt Mary Evans – erinnert daran, dass Menschen wertvoll sind, ganz gleich, wie sie aussehen. Na, sieh mal an: Das ist eine urchristliche Aussage. »Jeder Mensch ist wertvoll«, steht schon in der Bibel. Gewollt und von Gott geliebt. Das gilt auch für die Speckröllchen und die Problemzonen.

Ermutigend. Finde ich. Und ab heute Abend werde ich dann wirklich abnehmen. Und diesmal schaffe ich es. Aber jetzt ... also jetzt ... jetzt ziehe ich mir erst einmal einen dicken Schokoriegel rein. Mmmh!

Weltrotkreuztag

Er ist der Gründer des Internationalen Roten Kreuzes, der allererste Friedensnobelpreisträger und er hat heute Geburtstag: Henri Dunant. Ihm zu Ehren, und um an seine zahlreichen Initiativen für den Weltfrieden zu erinnern, wird der 8. Mai als »Weltrotkreuztag« gefeiert.

Dass der Schweizer im 19. Jahrhundert ein internationales Hilfswerk ins Leben gerufen hat, ist an sich schon großartig. Da versuchen engagierte Leute, die Leiden des Krieges zu mildern. Vor allem hat Dunant aber deutlich gemacht, dass es nur zwei Motivationen für das Handeln von Menschen gibt. Entweder sie fragen bei dem, was sie tun: »Was bringt mir das?«, oder sie fragen: »Was ist notwendig?« Für Dunant war klar: Wenn jemand leidet, darf nur noch die zweite Frage gelten.

Es wäre spannend, mal zu untersuchen, wie das Verhältnis eigentlich aussieht. Wie viel geschieht in der Welt, weil es irgendjemandem etwas bringt? Und wie viel geschieht, weil es notwendig ist, also, weil es Not wendet? Na, die Statistik wäre wahrscheinlich ziemlich erschreckend.

»Was ist notwendig?« Wenn diese Frage bei allen großen und kleinen Entscheidungen wichtiger wäre als die Frage: »Was bringt mir das?«, sähe es auf der Erde wahrscheinlich deutlich besser aus. Oder?

Jesus zumindest war dieser Überzeugung. Und sein Gleichnis vom barmherzigen Samariter, der, ohne nachzudenken, einem Gewaltopfer hilft, kannte Dunant sehr gut. Vielleicht ist das Geheimnis dahinter ganz schlicht: »Was bringt mir das?« ist letztlich eine Einstellung, die Unfrieden schafft. »Was ist notwendig?« schafft Frieden.

Tag des Orgasmus

Es gibt nichts, was es nicht gibt: Heute feiert die brasilianische Kleinstadt Espertantina offiziell den »Tag des Orgasmus«. Ja, Sie haben richtig gelesen: »Orgasmus«. Felipe Santolia, der Bürgermeister, will Paaren Mut machen, ihre Beziehung zu verbessern, gibt ihnen dafür frei – und weist auf wissenschaftliche Studien hin, nach denen ein gesundes Sexualleben Auswirkungen auf alle Aspekte des Daseins hat: Partnerschaft, Arbeit, Kindererziehung, Fitness und, und, und …

Nun kann man sich darüber natürlich richtig schön lustig machen (»Tag des Orgasmus – da komm ich auch!«) oder sich entrüsten. Wäre da nicht zum Beispiel der wirklich ernst gemeinte Programmbeitrag: »Was tun bei vorzeitiger Ejakulation?« Weist so ein abstruser Feiertag vielleicht auf etwas ziemlich Ernstes hin? Dass es nämlich in brasilianischen Ehebetten nicht anders zugeht als auf bundesdeutschen Autobahnen – »überall zäh fließender Verkehr«? Na ja, und was die Erotik angeht, sind wir Deutschen nun auch nicht gerade die Weltmeister.

Wahrscheinlich ist das Problem immer das Gleiche. Alle reden über Sex, nur nicht über den eigenen. Der gehört in die Intimsphäre: »Privatsache, geht dich nichts an.« Natürlich nicht. Aber dann verwundert es auch nicht, wenn die sexuellen Fantasien der Medienwelt so wenig mit der Realität übereinstimmen.

So gesehen haben übrigens Erotik und Glaube viel gemeinsam. Man redet gern allgemein darüber, wird aber nur sehr ungern persönlich: »Ja, ich glaube schon … irgendwie. Aber das Christentum an sich …« Insofern ist die Idee der Kleinstadt Espertantina bei aller Abgedrehtheit auch inspirierend. Manchmal muss man Dinge beim Namen nennen. Nur wenn man den Mut hat, Intimes auch anzusprechen, wird das, was den Menschen zutiefst angeht, wieder leidenschaftlich und gut. Muss ja nicht vor allen Leuten sein.

Tag des freien Buches

Joseph Goebbels hielt damals seine berüchtigte »Feuerrede«: »Übergebt alles Undeutsche dem Feuer.« Gemeint waren damit vor allem kritische Gedanken. Und weil man die meist in Büchern fand, verbrannten die Nazis am 10. Mai 1933 überall in Deutschland auf großen Scheiterhaufen die Werke der Autoren, die ihnen nicht passten, darunter auch Heinrich Mann, Erich Kästner und Heinrich Heine.

Verrückt, oder? Da standen also Menschen und schmissen begierig Bücher ins Feuer, weil ihnen die Ideen der Autorinnen und Autoren gefährlich schienen. Das war nicht nur ein neckischer Studentenstreich, das war eine Kampfansage an die Freiheit. Kein Wunder, dass Diktaturen immer als Erstes das Lachen und die Fantasie verbieten.

Ob ein Staatssystem, eine Gesellschaft oder eine kirchliche Gemeinschaft auf dem richtigen Weg ist, erkennt man möglicherweise auch daran, ob sie Lust aufs Denken macht oder ob sie das Denken verbietet. Denkverbote zeigen schließlich nur, dass Institutionen ihrer Lehre selbst nicht trauen. Sonst könnten sie sich ja gut gelaunt auf kritische Diskussionen einlassen.

Der Apostel Paulus hat einmal den Christinnen und Christen geschrieben: »Zur Freiheit hat uns Christus befreit.« Das gilt auch und gerade fürs Denken.

Die Eisheiligen

Was haben ein Teenager aus Rom, ein Bischof, ein armenischer Jude und ein Reliquiensucher gemeinsam? Na? Klingt doch wie der Anfang eines richtig guten Witzes. Ist es aber nicht. Die vier, von denen ich rede, verbindet nämlich tatsächlich einiges: Sie haben zum Beispiel alle irgendwann entschieden, dass es nichts Schöneres gibt, als Christ zu werden.

Der Teenager und der Reliquiensucher sind für ihren Glauben gestorben, und die beiden anderen haben ihre Freude an Gott so leidenschaftlich vorgelebt, dass beschlossen wurde, alle vier zu Heiligen zu erklären.

Nun stelle ich mir vor, jemand hätte diesen Männern, die irgendwann zwischen dem 3. und dem 5. Jahrhundert im mollig warmen Südeuropa lebten, gesagt: »Hey, euch wird man mal die ›Eisheiligen‹ nennen!« Wie bitte? »Ja, weil eure Gedenktage in Norddeutschland jedes Jahr am 11. Mai beginnen und in die Zeit fallen, in der es dort bisweilen den letzten Bodenfrost gibt. Darum seid ihr in vielen Hundert Jahren zusammen die Eisheiligen.« Ach so!

Mamertus, Pankratius, Servatius und Bonifatius – mancherorts auch noch die Kalte Sophie – gelten als letzte Ausläufer der frostigen Jahreszeit; danach geht es wirklich auf den Sommer zu. Nun muss man mal ehrlich sagen: Irgendwie wurden unsere frühen Heiligen doch eiskalt abserviert. Zu Wetterfröschen degradiert.

Ich glaube, so haben die sich das nicht vorgestellt. Die hätten sicher gesagt: »Wenn Ihr schon an uns denkt, dann bitte, weil unser Glaube uns in harten Zeiten Trost und Kraft gegeben hat, nicht, weil euch manchmal ein winterliches Tiefdruckgebiet den Mai versaut. An unser Gottvertrauen solltet ihr euch erinnern.« Ihr lieben Heiligen, das haben wir hiermit getan.

Coca-Cola

Anfang Mai 1886: In Atlanta, Georgia, steht der Apotheker John Pemperton in seinem Hinterzimmer und versucht, eine neue Arznei zu erfinden. Gegen Kopfschmerzen soll sie helfen und gegen Schwächezustände. Und sie soll gut schmecken. Ach ja, und erfrischend soll sie sein. Pemperton mixt und mixt, ein bisschen hiervon, ein bisschen davon … mmh, schon nicht schlecht … wie wäre es mit etwas Extrakt aus der Coca-Pflanze und … ein wenig von der Cola-Nuss. Fertig ist Coca-Cola.

John Pemperton bietet die flüssige Kräutermixtur für 5 Cent in seinem Laden an. Ein mittelmäßiger Erfolg. Durchschnittlich etwa 13 Flaschen pro Woche. Also verkauft der Apotheker das Rezept für 2 300 Dollar an den cleveren Geschäftsmann Asa Candler. Und der weiß, wie man richtig wirbt. Kaum fünf Jahre später kann er stolz verkünden: »Coca-Cola wird nun in jeder Region der Vereinigten Staaten getrunken.«

Die Marketing-Abteilung des Konzerns ist so genial, dass es ihr sogar gelingt, den Nikolaus als Werbepartner zu gewinnen. Seither trägt der Alte den roten Coca-Cola-Mantel.

Was für eine Erfolgsstory! Als Kirchenmann frage ich mich jetzt natürlich: Sollte man solche Werbeprofis nicht auch mal für die Kirche engagieren? Ich meine: Warum nicht? Andererseits – Glauben vermitteln über Plakatwände? »Church – Enjoy it.« Nee! Coca-Cola schmeckt überall gleich. Glaube ist immer individuell. Wenn Menschen Gott begegnen, dann wird das hoffentlich zu einer ganz persönlichen, einzigartigen Erfahrung. Ich glaube eher, ich muss mit dem Nikolaus mal ein ernstes Wörtchen reden.

Helden

Wenn Sie wissen wollen, was starke Typen sind und wie man zu einem wird, dann sollten Sie jetzt aufmerksam weiterlesen. Denn heute geht es um Helden!

Nur: Wenn Sie meinen, Helden, das seien diese starken, kämpferischen, herrlichen, schönen, guten und fehlerfreien Siegergestalten, dann irren Sie sich gewaltig. Zumindest in der Bibel sind eigentlich alle Helden ziemlich schwache Charaktere: Mose, der große Befreier, war ein Stotterer und Feigling; König David, der ach so edle Feldherr, ein Ehebrecher und Mörder; Petrus, der Begründer der Kirche, ein Verräter und Angsthase – und selbst Jesus war sich am Kreuz gar nicht mehr sicher, ob Gott wirklich da ist.

Die »Helden« der Bibel verbindet eines: Sie sind alle fehlerhaft und äußerst menschlich. Da ist nichts beschönigt oder geglättet. Im Gegenteil: Die Schwächen der einzelnen Vorbilder werden sehr deutlich benannt.

Dahinter steckt natürlich eine starke Botschaft: Echte Helden haben ihre Kraft nicht aus sich selbst. Weil Menschen nun mal Menschen sind und es auch bleiben. Aber: Echte Helden vollbringen außergewöhnliche Dinge, wenn sie an etwas glauben. Wenn es etwas oder einen gibt, der ihnen besondere Kräfte verleiht. Und für die Bibel ist klar: Mit der Kraft Gottes können selbst scheinbar unscheinbare Menschen wirklich segensreiche Taten vollbringen. Glaube verwandelt ganz schwache Typen in Helden.

Wer über sein persönliches Heldentum nachdenkt, der ist deshalb gut beraten, wenn er nicht fragt: »Was kann ich?«, sondern »Woran glaube ich?« Denn Glaube kann bisweilen eben doch Berge versetzen.

Museumsbesuche

Wann waren Sie eigentlich das letzte Mal in einem Museum? Und: Hat es Ihnen etwas gebracht, oder sind Sie eher lustlos um die Exponate herumgeschlichen, nicht ohne dabei den Eindruck zu erwecken, als ob sie von der Botschaft des Künstlers zutiefst berührt würden – bis sie entdeckten, dass sie gerade das Pausenbrot des Wächters betrachteten?

Museum heißt eigentlich Musentempel, ist also ein Ort, an dem man sich künstlerisch begeistert und an dem einen die Muse küsst. Die Frage, ob die Ausstellung eines Museums gelungen ist, hat viel weniger mit Ästhetik oder Kultur zu tun als damit, ob sie etwas in uns auslöst, ob sie uns berührt und inspiriert. Ich war in Museen, die mich völlig kalt gelassen haben, und in anderen, aus denen ich mit dem Kopf voller Gedanken, Ideen, Träume und Pläne gekommen bin.

Wissen Sie, was das Geheimnis guter Museen ist? Die Beschriftung. Ich war mehrfach in arabischen Ländern in Museen, in denen keine deutsche oder englische Beschriftung erklärte, was an dieser bemalten Scherbe das Besondere ist. Klasse. Einmal stand nur 900 vor Christus da. Schon das hat gereicht, um etwas bei mir auszulösen. Damals konnten Menschen schon so malen. Toll.

Ich glaube, dass auch denjenigen, die mit der Bibel, der Kirche oder dem Glauben wenig anfangen können, oftmals einfach die Beschriftung fehlt. Wer die Faszination Gottes erleben will, muss sich vieles erklären lassen. Darum ist das Christentum eine Erzählreligion – weil Begeisterung Mundpropaganda braucht. Vielleicht machen es diejenigen, die im Museum lieber mit Freunden schwätzen, sogar richtig – sofern Sie über die Kunst des Lebens reden. Mal sehen, wen die Muse küsst.

Horton hört ein Hu

»Am 15. Mai, im Dschungel von Nümpels, in der Hitze des Tages, in der Kühle des Tümpels, planschte und blies sich das Nass auf die Haut, der Elefant Horton – da ertönte ein Laut ...«

So fängt eine der verrücktesten Geschichten des amerikanischen Autors Dr. Seuss an: »Horton hört ein Hu!« Und vor einiger Zeit kam das fantasievolle Abenteuer als Animationsfilm in die Kinos.

Nur, was hört denn der sympathische Dickhäuter Horton da? Ich verrate es Ihnen: ein schreiendes Staubkorn. Ja. Ein bewohntes Staubkorn. Und dieses bevölkerte Mini-Universum ist in Gefahr, wenn Horton es nicht sofort in Sicherheit bringt. Schon das ist eine ziemlich gute Story.

Aber es kommt noch besser: Weder die winzig kleinen Hus, die Bewohner des Staubkorns, noch die Dschungelbewohner wollen dem Elefanten glauben. Weil beide sich nicht vorstellen können, dass es etwas anderes gibt als ihre jeweilige Wirklichkeit. Ja, die Herrscherin des Dschungels, ein Känguru, will dem ganzen Unfug am liebsten sofort ein Ende machen und das Staubkorn einfach vernichten. Aber da passt Horton schon auf.

Die oberflächliche Botschaft der Geschichte ist schön und schlicht: Jedes noch so kleine Lebewesen ist kostbar. Dahinter aber verbirgt sich ein kluger theologischer Gedanke: Wer nicht über den jeweils eigenen Horizont hinausschaut, der verpasst möglicherweise die Fülle des Lebens – und ungeahnte Schönheiten des Daseins, wie etwa den Glauben. So etwas kann man von Horton, dem Elefanten, lernen.

New York

»I wanna be a part of it, New York, New York!« Es gibt Städte, die faszinieren einfach. Zum Beispiel: New York, die Stadt, die für viele noch immer der Inbegriff für die neue Welt ist, das Eingangstor ins Land der unbegrenzten Möglichkeiten. Hier tanzt der Bär am Broadway, hier kratzen die Häuser an den Wolken und hier joggt die Kulturelite durch den Central Park. New York eben.

Kein Wunder, schließlich gingen hier 50 Jahre lang alle Einwanderer von Bord, die glaubten, es gäbe ein besseres Leben für sie. Kreative, mutige und hoffnungsvolle Leute, die der festen Überzeugung waren: Vom Tellerwäscher zum Millionär ist es nur ein Katzensprung.

Das Verrückte ist: Einige wurden tatsächlich Millionäre. Anderen ging es nur ein bisschen besser oder genauso wie zu Hause. Leider kenne ich keine Statistik, die besagt, für wie viel Prozent der Menschen es sich gelohnt hat, in New York das Land der Träume zu betreten.

Aber eines weiß ich: Wären diese Leute nicht aufgebrochen, hätten Sie den Rest ihres Lebens da zugebracht, wo sie unzufrieden waren – und sich wahrscheinlich bis zu ihrem Tod gefragt, ob es nicht doch gut gewesen wäre, aufzubrechen.

Manchmal denke ich, mit dem Glauben ist es wie mit New York. Man muss es wagen, loszugehen, um zu wissen, ob es sich lohnt. Vielleicht erzählt die Bibel deshalb so viele Geschichten, in denen es darum geht, dass Menschen voller Vertrauen in eine ungewisse Zukunft aufbrechen. Dazu braucht es viel Mut. Allerdings wird es etwas leichter, wenn man glauben kann, dass es einen Gott gibt, der mit einem geht.

»If I can make it there, I'll make it anywhere, it's up to you, New York, New York.«

Sparen

Ich sag's ganz offen: Wenn es nach der Bibel geht, kann man sich das Thema »Sparen« sparen. Schon der steinalte Mose macht beim Auszug aus Ägypten deutlich, dass Gott kein Freund von Rücklagen ist. Er verbot ganz frech, das in der Wüste vom Himmel gefallene Manna auf Vorrat zu sammeln. In diesem Ton geht es zu Jesu Zeiten weiter: »Spare nicht Schätze auf Erden, sondern im Himmel.« – »Sorge dich nicht um morgen.« Und als das Ehepaar Hananias und Saphira vom Erlös ihres Hauses etwas auf die hohe Kante legen will, fallen beide tot um.

Was hat Gott gegen das Sparen? Nun, ihm geht's ums Prinzip: Entweder jemand vertraut auf seine eigenen Anlagen, oder er gibt sich in Gottes Hände! Das Wort »Glauben« ist im Griechischen identisch mit »Vertrauen«. Menschen sollen zeigen, dass ihr Vertrauen in die bewahrende Kraft Gottes größer ist als ihr Sicherheitsbedürfnis. Ein verrückter Gedanke. Aber wer sich um seine Zukunft sorgt, der vertraut nicht in die Gegenwart. Vielleicht steckt bei Gott auch die Erkenntnis dahinter, dass uns die besten Kontostände die Geborgenheit, nach der wir uns sehnen, nicht geben können.

Europäer lieben die Sicherheit: Sicherheitsschlösser, Sicherungskopien, Sicherheitsbeauftragte und »Sicherheit mit Dividende«. Das ist sicher alles gut und richtig, die Frage ist nur, inwieweit unser Denken von der Angst und inwieweit es von Vertrauen geprägt ist. Vertrauen darauf, dass Gott einem Leben auch dann Halt gibt, wenn alle anderen Sicherheiten zusammenbrechen.

Unter uns: Ich habe auch ein Sparkonto. Und: Gott liebt auch die Sparer, aber er wird grantig, wenn die Menschen glauben, dass Erspartes eine Glücksgarantie darstellt. Also: Anlegen – ja; mit Gott anlegen – nein. Wer in Gottes Liebe geborgen ist, für den wird das Sparkonto ohnehin ziemlich zweitrangig. Sparen Sie schön!

Nationalversammlung

Es war am 18. Mai. Und zwar 1848. Da tagte in der Frankfurter Paulskirche zum ersten Mal in Deutschland ein frei gewähltes Parlament.

Das war übrigens kein Zufall: Überall in Europa rumorte es in diesen Tagen. Der französische König hatte abgedankt, in verschiedenen Staaten war es zu Unruhen gekommen und große Teile des deutschen Volkes wollten in den 39 deutschen Einzelstaaten nicht mehr der Fürstenwillkür ausgeliefert sein. Da erlaubte der Preußenkönig Friedrich Wilhelm IV. die ersten Wahlen zu einer Volksvertretung.

Tja, und so saßen sie nun in der Paulskirche: 586 Abgeordnete, vor allem Juristen, Professoren und Industrielle, und überlegten, wie Deutschland zukünftig geführt werden sollte. Es wurde politisiert bis zum geht nicht mehr, geplant, gedacht und gestritten. Allerdings: Als der König es ablehnte, sich zum Kaiser krönen zu lassen, trat auch der Rest der geplanten Verfassung nicht in Kraft. Mist!

War das Ganze also ein Flop? Nein, denn viele der Grundideen, die damals in Frankfurt entwickelt wurden, gingen später in unser Grundgesetz ein. Sprich: Die Abgeordneten erarbeiteten etwas, das ihren Enkeln sehr zugutekam. Und das finde ich auch bedeutend. Schließlich erlebte schon der biblische Mose, der sein Volk in die Freiheit führte, dass erst die Enkel im Gelobten Land ankamen.

Deprimierend ist das nur für Leute, die nicht über den eigenen Horizont hinausdenken. Wer groß denkt, der freut sich auch, wenn er für die Zukunft Geschichte schreibt.

Blumen

Eigentlich gibt es nur zwei Alternativen. Entweder fragt man sich den ganzen Tag: »Mensch, reicht das Geld?«, »Habe ich genug zum Leben?«, »Was ziehe ich an?«, oder man fragt es sich eben nicht.

Jesus jedenfalls ist da ziemlich deutlich. Er sagt: »Es geht beim Leben doch um mehr als um Wohlstand.« Trotzdem kümmern sich die meisten Menschen vor allem um die leidige Frage, ob auch alle ihre Bedürfnisse gestillt sind. In seiner berühmtesten Predigt, der sogenannten Bergpredigt, macht Jesus deshalb deutlich: »Leben funktioniert anders. Denn: Wer sich andauernd um seinen Wohlstand kümmert, dessen Seele ›verkümmert‹. Weil er sich viel zu viele Sorgen um sich selbst macht.«

Sein Ratschlag: Stell dir vor, du investierst all die Energie, die du sonst in deine Sorgen steckst, in das Wohl deiner Seele, indem du nach Gottes Ideen und Dimensionen für den Menschen fragst. Was würde passieren? Jesus meint: »Trachte zuerst nach Gottes Reich, dann wird dir alles andere zufallen.«

Und das macht Jesus an den Blumen deutlich: »Da, guckt sie euch an, die Lilien auf dem Feld. Die sind schöner als das edelste Designerkleid. Und obwohl sie sich nicht andauernd fragen, was sie anziehen sollen, sehen sie himmlisch gut aus. Weil Gott für sie sorgt. Und wenn Gott schon die Blumen so gut versorgt, dann wird er sich auch um euch kümmern.«

Ist das einfach nur ein leicht verkitschtes Bild? Finde ich nicht. Mir jedenfalls hilft es, wenn ich meine Alltagssorgen mal hintenanstelle und gucke, was meiner Seele guttut. Und ich stelle fest: Gott tut ihr gut.

Meter

Eines der verrücktesten Dinge Ende des 18. Jahrhunderts war die Tatsache, dass jedes Land seine eigenen Größeneinheiten besaß. Ja, selbst wenn diese Einheiten den gleichen Namen trugen, waren sie unterschiedlich groß. So gab es zum Beispiel in Europa mehr als 30 verschiedene Ellen – die dann zwischen 50 und 80 Zentimeter lang waren. Ziemlich blöd, wenn man Handel treiben will: »Ich hätte gern 20 Ellen Stoff.« Ach, und welche, bitteschön?

Deshalb beschloss die französische Nationalversammlung, endlich Ordnung in das Chaos zu bringen. Und tatsächlich: Am 20. Mai 1795 einigten sich in Paris 17 Staaten auf eine gemeinsame Einheit – den Meter. Und wie lang ist der? Ganz einfach: Ein Meter ist der vierzigmillionste Teil des Meridians, der durch die Pariser Sternwarte läuft. Keine Ahnung, wie die das gemessen haben, aber es wurde ein sogenanntes Urmeter aus Platin gegossen, an dem sich fortan alle orientieren konnten.

Ein bisschen pathetisch kann man sagen, die internationale Basiseinheit »Meter« ist ein Kind der Aufklärung. Aber die Idee dahinter ist noch wichtiger: Es kommt allen zugute, wenn man mit dem gleichen Maß misst. Das gilt übrigens nicht nur für Größeneinheiten, sondern auch für ethische Werte, Ideale oder Glaubensvorstellungen. Immer da, wo jemand sich eine eigene Maßeinheit schafft, gibt es Unrecht und Gewalt. Wahrscheinlich hat die Bibel deshalb schon vor 3000 Jahren klug bemerkt: »Zweierlei Maß ist für Gott ein Gräuel.« In diesem Sinne: Messen Sie schön!

Schlankheitswahn

Das Schöne beim Radio ist: Sie wissen nicht, wie wir aussehen. Unsere Stimmen sind unser Kapital, und ob wir darüber hinaus hässlich, dick, fettig und eine ästhetische Zumutung sind, bleibt zum Glück verborgen. Menschen, die auch körpertechnisch in der Öffentlichkeit stehen, haben es da weitaus schwerer.

Und nun kam von »Stiftung Warentest« vor einiger Zeit für alle, die so gerne schlanker und schöner wären, eine echte Horrormeldung: Von 16 im Internet angebotenen Schlankheitsmitteln kann keines empfohlen werden, keines. Ja, 13 sind sogar massiv gesundheitsgefährdend. Nichts mit: »Zehn Kilo weg in zwei Tagen.« Stattdessen: »Zwei Spätfolgen in zehn Jahren.«

Dabei kann ich die Not derer, die so gerne abnehmen wollen, durchaus nachvollziehen. Besser, als Sie sich vielleicht vorstellen können. Meine Waage will auch nie so, wie ich will. Und dann kriegt man ganz schnell ein mieses Selbstwertgefühl.

Was mir hilft: dass sich einige der größten Helden der Bibel anfangs auch für nicht gut genug hielten. »Was, Gott, mit mir willst du die Welt verändern? Ach nee. Ich bin doch zu unscheinbar, zu jung, zu schüchtern, zu schlecht, zu dick ...« Gott schmunzelt dann immer und sagt: »Du bist gut so, wie du bist. Vertrau mir.« Mir tut dieser Gedanke gut.

Nebenbei: Nicht, dass Sie meinen Anfang missverstehen. Die Moderatorinnen und Moderatoren unseres Senders sind natürlich alle unglaublich attraktiv, schlank und schön – und sie könnten jederzeit auch im Fernsehen auftreten. Also, fast alle ...

Kinder sind Zukunft

Neulich sagte mir mal wieder jemand: »Kinder sind Zukunft.« Stimmt das? Und wenn ja, warum eigentlich? Ich meine: Es werden ja genug geboren – zum Beispiel in Indien.

Wenn dieser Slogan in Deutschland ertönt, dann klingt er irgendwie immer ein bisschen egozentrisch: Kinder sind Zukunft – damit unsere Renten gesichert bleiben, weil wir neue Konsumenten brauchen, damit uns die Fachkräfte nicht ausgehen und, und, und … Menschenskinder.

Das alles motiviert jedenfalls niemanden, Kinder zu kriegen. Und trotzdem lassen sich immer wieder Übermütige auf dieses herausfordernde Abenteuer ein. Warum? Also bestimmt nicht, weil sie volkswirtschaftlich denken, sondern weil darin eine tiefe menschliche Sehnsucht zum Ausdruck kommt. Der erste Freudenschrei, von dem die Bibel erzählt, ist Evas Jubel über ihr Kind: »Mit Gottes Hilfe habe ich einen Menschen geschaffen.«

Wer ein Kind bekommt, schafft Leben. Und Leben schaffen ist und bleibt das Beste, was man über das Dasein eines Menschen sagen kann. Ja, vielleicht ahnen wir sogar, dass wir dadurch auch ein bisschen Anteil an Gottes schöpferischer Größe haben. Dazu kommt: Wer Leben schafft, der gibt immer auch etwas von sich hin. Das wissen Eltern zur Genüge. Aber das macht unsere Kinder für uns nur noch wertvoller, dass etwas von uns in ihnen aufgeht.

Kinder sind toll, jedes für sich. Und sie sind Zukunft, weil sie ein Zeichen dafür setzen, dass neues Leben möglich ist – und dass es sich lohnt, sich für das Leben einzusetzen. Göttlich.

Welt-Schildkröten-Tag

Harriet liebte vor allem Hibiskusblüten. Bis zum Schluss. Bis sie 2006 starb. Mit 176 Jahren. In einem Zoo in Australien. Harriet ist eine Schildkröte. Und wer denkt, dass Schildkröten keine theologische Bedeutung haben, der wird sich am heutigen »Welt-Schildkröten-Tag« sehr wundern.

Warum? Weil Harriet eine besondere Geschichte hat. Diese Schildkröte wurde nämlich – wenn die Überlieferung stimmt – von Charles Darwin selbst im Jahr 1830 von den Galapagosinseln mitgebracht. Und sie hat ihn stark bei der Entwicklung seiner Evolutionslehre inspiriert. Wirklich! Harriet war eines seiner Studienobjekte. Auch durch sie kam Darwin auf die Idee, dass die Arten sich weiterentwickeln.

Und der theologische Streit, der seither tobt, ist unglaublich. Denn manche Anhänger Darwins glauben: »Ja, wenn die Arten sich weiterentwickeln, dann braucht es doch gar keinen Schöpfergott mehr.« Oder vielleicht doch?

Das Verrückte ist, dass einige Leute die Evolutionslehre wie eine Heilslehre betrachteten, als universales Erklärungsmodell für die Welt. Das wollte Darwin aber gar nicht. Evolution war und ist ein biologisches Geschehen. Mit dem Heil der Welt hat es überhaupt nichts zu tun. Es wird höchste Zeit, dass beide – fanatische Naturwissenschaftler und fanatische Christen – erkennen, dass man Biologie und Glaube sehr wohl nebeneinander stehen lassen kann. Weil sie völlig verschiedene Aufgaben und Ziele haben. Ja, sie ergänzen sich sogar.

Nun: Falls es einen Schildkrötenhimmel geben sollte, dann guckt Harriet jetzt ganz gemütlich herunter und lacht.

Shrek

Mensch. All die Jahre wollte ich so sein wie die herrlichen Mannsbilder in der Werbung. Schön, lässig, durchtrainiert, cool und unglaublich elegant. Und ich war auf einem guten Weg … Doch dann kam er: stinkend, furzend, hässlich, faul, ungehobelt und grün – Shrek, der Oger aus dem Sumpf. Und dieser ungehobelte Klotz bekam nicht nur die Prinzessin, sondern auch noch das ganze Königreich. Und ich frage mich: Ist das fair?

Nun behaupten bösartige Zeitgenossen, dass Shrek heute überhaupt nur deshalb zu so vielen computergenerierten Filmabenteuern aufbrechen kann, weil sich so viele Männer in ihm wiederfinden. Sind wir nicht alle ein bisschen Shrek? Oder besser gesagt: Wäre es nicht schön, wenn wir ein bisschen wie Shrek sein dürften? Scheiß auf die guten Sitten. Man kann auch lustlos, ungepflegt und eklig glücklich werden, ja, warum denn nicht …

Als ich mein Manuskript bis hierhin geschrieben hatte, kam meine Frau rein und verbot mir, auch nur einen einzigen weiteren Gedanken in diese Richtung zu verschwenden.

»Hey«, habe ich lässig erwidert, »sogar die Bibel sagt ganz klar, dass Gott nicht auf all die dummen Äußerlichkeiten achtet, die uns Menschen wichtig sind. Gott sieht das Herz an, nicht die Manieren. Und Shrek hat ein gutes Herz. Außerdem ist er ganz authentisch. Der steht zu seinen Schwächen. Ein echter Kerl.«

Da fing meine Frau an, über meine zusammengeknäulten Socken zu reden – über das Gebot der Nächstenliebe und, und, und. Egal, ich mag Shrek. Irgendwie …

Towel Day

»Ein Handtuch ist so ungefähr das Nützlichste, was ein interstellarer Anhalter besitzen kann. Er kann sich zum Wärmen darin einwickeln, wenn er über die kalten Monde von Jaglan Beta hüpft, er kann es als Segel an einem Minifloß verwenden, wenn er den Moth-Fluss hinuntersegelt – oder er bindet es sich ums Gesicht, um dem Blick des gefräßigen Plapperkäfers von Traal zu entgehen. Der ist nämlich so dämlich, dass er denkt, wenn man ihn nicht sieht, könne er einen auch nicht sehen.«

Ein kleiner Auszug aus dem Reiseführer »Per Anhalter durch die Galaxis« von Douglas Adams. Für viele ein absolutes Kultbuch. Und weil Handtücher darin eine so große Rolle spielen, haben die Anhänger des 2001 verstorbenen Autors beschlossen, den 25. Mai zum »Towel Day« zu machen, zum Handtuch-Tag.

Ja. Echte Fans tragen heute den ganzen Tag ein Handtuch mit sich herum. Irgendwie nett. Nur: Wenn Sie das Buch und diesen Kult gar nicht kennen, dann fragen Sie sich natürlich: »Äh, warum hat sich denn dieser Depp da ein riesiges Handtuch umgebunden?« Der tiefere Sinn und die eigentliche Bedeutung des Rituals eröffnen sich nur Eingeweihten. Denjenigen, die die Story dahinter kennen.

Wissen Sie was? Manchmal habe ich das Gefühl, in der Kirche ist das ganz ähnlich. Da werden bisweilen Rituale zelebriert, die sich nur Eingeweihten erschließen. Erst wenn man weiß, worum es geht, eröffnen sich einem ganz neue Welten.

Höchste Zeit, mal wieder die großen Geschichten zu erzählen. Von dem Gott, der Mensch wurde – und der dann sicher auch mal ein Handtuch benutzte.

Geschmacksfrage

Über Geschmack kann man streiten. Sowohl wenn's ums Essen als auch wenn's um Stilfragen geht. Aber Vorsicht: Die Verbreitung des Christentums wäre fast an einer Geschmacksfrage gescheitert. Wussten Sie nicht? Hier ist die Geschichte:

In der ersten Gemeinde waren sich die Christen noch unsicher, für wen Jesus nun eigentlich seine Botschaft von Liebe und Freiheit gepredigt hatte. Nur für die Juden oder für alle? Und eine große Gruppe sagte: »Ganz klar. Nur für die Juden. Schließlich essen die Heiden lauter Zeug, das nach dem Alten Testament als unrein und verboten gilt: Blutwurst, Götzenopfer, Meeresfrüchte und Schweine, igitt. Zu derart geschmacklosen Typen sind wir bestimmt nicht gesandt.«

Selbst Petrus, der bodenständige Apostel, machte klar, dass er aus geschmacklichen Gründen kein Haus betreten würde, das er als unrein empfand. Doch dann schickte Gott ihm dreimal hintereinander den gleichen Traum: Vom Himmel kam ein Tuch, das mit lauter Dingen gefüllt war, die Petrus richtig widerlich fand, und eine Stimme sagte: »Iss!«

»Niemals«, schrie der Jünger. »Doch«, sagte die Stimme Gottes, »die Menschen, die so etwas essen, sind mir genauso lieb wie du. Deshalb sollst du es ebenso halten.« Von diesem Tag an betrat Petrus auch die Häuser von Nichtjuden, und das Christentum wurde zur Weltreligion.

Eine spannende Geschichte, die vor allem eines deutlich macht: Wenn Geschmacksfragen Beziehungen verhindern, dann läuft etwas richtig schief. Über Geschmack kann man streiten, aber Grenzen sollte man mit ihm nicht ziehen. Finde ich.

Verrückte Hotels

Urlaubsplanung schon abgeschlossen? Lust auf verrückte Hotels? Möchten Sie gar einen Tipp? Kein Problem: In Südafrika, in der Nähe von Pretoria, gibt es ein Treck-Hotel, in dem man in Planwagen schlafen und sich noch einmal wie ein Pionier aus dem 19. Jahrhundert fühlen kann. Irre.

Ich meine, es gibt heute kaum noch etwas, was es nicht gibt: Hotels unter Wasser, aus Eis, auf Bäumen, in Leuchttürmen, in Bergwerken, in Filmkulissen, in Schlössern, in Pyramiden, mit künstlichem Eiffelturm und sogar im Weltraum. Da betritt man nicht nur ein fremdes Zimmer, sondern gleich eine andere Welt.

Erstaunlich finde ich: Offensichtlich ist uns unser erstes Leben manchmal nicht genug. Wir wollen noch mindestens ein zweites. Einmal ganz anders sein. Second Life live. Und da bieten verrückte Hotels natürlich wunderbare Kulissen. Hier bin ich der Prinz, der Forscher, der Held, der wilde Genießer. Darum lieben wir auch Bücher, Filme und Geschichten. Weil wir da in ein anderes Leben eintauchen können.

Großartig. Zumindest dann, wenn das zweite Leben das erste nicht ersetzt, sondern bereichert. Wenn es uns zum Beispiel gelingt, die guten Gewohnheiten solcher verrückter Auszeiten in den Alltag hinüberzuretten. Das hat etwas mit Lebenskunst zu tun. Übrigens auch mit Glauben. Da geht es ebenfalls darum, etwas von der unglaublichen Wirklichkeit Gottes in unseren Alltag hineinzubringen. Seine Gegenwart zu suchen und zu entdecken, wie das mein Leben verändert.

Traumreisen lohnen sich also. Ganz egal, ob in einem verrückten Hotel – oder auf dem Balkon in Offenbach. Und Letzteres sind schon verschärfte Bedingungen.

Adel verpflichtet

Adel. Na, viele denken ja, in der Bibel hätte man die Sache mit dem Adel ganz schnell geklärt. Da heißt es zum Beispiel: »Unter Christen darf es keinen Unterschied machen, ob einer ein Adliger oder ein Knecht ist.« Also: Alle sind irgendwie gleich, und damit ist die Diskussion erledigt, oder? Nein! Ganz im Gegenteil.

Die Bibel macht nämlich zum Beispiel Mut, sich wie ein Adeliger zu fühlen: »Hört auf, euch selbst als Knechte anzusehen. Ihr seid Kinder Gottes. Königskinder.« An Gott glauben zu können, das ist für den Apostel Paulus wie ein Ritterschlag: »Tritt selbstbewusst auf, weil Gott bei dir ist. Schluss mit den Minderwertigkeitskomplexen.«

Dieser Glaubens-Adel ist großartig, aber »Adel verpflichtet« eben auch. Und darum wäre Arroganz oder Überheblichkeit die falscheste Form, ihn auszuleben. In der Bibel heißt es: »Seines Adels erweist man sich dann als würdig, wenn man sich für andere einsetzt.«

Der Reformator Martin Luther hat diese Erkenntnis in zwei großartigen Sätzen zusammengefasst. Erstens: »Ein Christ ist ein freier Mensch und niemandem untertan.« Das war im Mittelalter die Definition für Adel: Niemandem dienen müssen. Völlig frei sein. Und der zweite Satz lautet: »Ein Christ wird freiwillig zum Knecht und macht sich allen Leuten untertan.«

Fühl dich frei wie ein Adeliger, und beweise deinen Adel dadurch, dass du anderen Menschen Gutes tust. In diesem Sinne: »Eure Hoheiten dort draußen, einen wohlgefälligen Tag.«

Spitzenleistung

Es ist richtig schlimm: Wenn ich das Wort »Rad« höre, dann denke ich seit einiger Zeit nicht mehr an klappernde Schutzbleche, Fahrradtouren oder Luftpumpen, sondern nur noch an eins – Doping. Ist doch klar: Regelmäßig gesteht ein anderer Radsportprofi, dass er gedopt ist, und die »Tour de Dope« durch Frankreich hat sich als echtes Medienfiasko entpuppt.

Na gut: Ein bisschen kann man das auch verstehen. Wer heute an der Spitze mit dabei sein will, der muss halt mehr bringen, als ein gewöhnlicher Mensch zu leisten vermag. Oder? Oder ist genau da der Wurm drin: in einem Leistungsdenken, das nicht mehr vom Menschen, sondern nur noch vom Erfolg ausgeht? Ein Denken, das andauernd unterschwellig die Botschaft vermittelt: »So, wie du bist, bist du leider nicht gut genug. Du musst mehr bringen. Verstehst du: mehr.«

Und dann fangen die einen an zu dopen, die nächsten zu trinken, und wieder andere erkranken an der neuen Volkskrankheit Nummer 1, dem Burn-out. Und das alles, weil wir vermittelt bekommen: »Du bist, was du leistest.«

Vielleicht ist es eine der großen Stärken des christlichen Glaubens, dass er dieses krank machende Denken nicht mitmacht. Dass er zwischen Person und Leistung deutlich trennt und sagt: Wenn das Selbstwertgefühl eines Menschen von seiner Leistung abhängt, dann stimmt etwas nicht. Die Bibel jedenfalls dreht den Spieß einfach um: Wenn ein Mensch erkennt, dass er wertvoll ist, weil er von Gott geliebt wird, dann kann er Großes leisten. Aber das tut er nicht als Getriebener, sondern aus Leidenschaft. So, das war mein Rat zum Rad. Fahren Sie gut weiter.

Fliegen

Fliegen. Abheben. Schweben. Finde ich traumhaft. Nebenbei: Einer der schönsten Fliegersprüche steht in der Bibel. Vielleicht kennen Sie den: »Nähme ich Flügel der Morgenröte und bliebe am äußersten Meer, so würde mich auch dort deine Hand führen und deine Rechte mich halten.«

»Nähme ich Flügel der Morgenröte und bliebe am äußersten Meer.« Klingt super, oder? Nur was sagt das eigentlich? Ich meine: Haben Sie eine Ahnung, was »Flügel der Morgenröte« sind? Schon mal welche gesehen? Oder hat da der geniale Martin Luther beim Übersetzen ausnahmsweise ein wenig zu tief in die Poesiekiste gegriffen? Nun: In dem Psalmtext geht es zwar um einen Flug ans Meer, gemeint ist aber etwas noch viel Grundsätzlicheres.

Die Morgenröte, das war damals das Äußerste, was man sich im Osten vorstellen konnte. Da, wo die Sonne aufgeht. Und das äußerste Meer? Das war das Entfernteste, was man sich im Westen vorstellen konnte. Da, wo der Atlantik zu Ende ist. Letztlich sagt dieser Spruch: »Es ist ganz gleich, an welches Ende der Welt ich fliege. Ich weiß, dass Gott immer bei mir ist. Überall.«

Der Text ist romantisch. Aber nicht nur wegen der schönen Worte, sondern weil er deutlich machen möchte, dass es keinen Ort gibt, der zu weit weg ist, kein Dunkel, das zu dunkel ist, keine Traurigkeit, die zu traurig ist. Gott ist immer da. Und vielen hilft dieses Wissen, entspannter zu leben.

Roger Willemsen

Angeblich lügt jeder Mensch pro Tag etwa 200 Mal. Uah. Böse Zungen behaupten sogar, dass eine Gesellschaft ohne Lügen gar nicht funktionieren würde, weil wir es nicht ertragen könnten, der Wahrheit ins Gesicht zu sehen. Na, wie dem auch sei, zumindest ist die Lüge ein faszinierendes Ding. Frech und philosophisch höchst interessant.

Findet jedenfalls Roger Willemsen. Deswegen hat er vor einigen Jahren eine Weltgeschichte der Lüge geschrieben, mit dem herrlichen Titel: »Ich gebe Ihnen mein Ehrenwort«. Und weil man eine solche Sammlung dreister, ungewöhnlicher und gängiger Lügen so schön vortragen kann, war der Entertainer einige Zeit mit Dieter Hildebrandt in Deutschland unterwegs – um das Publikum mit unterhaltsamen Lügen zu beglücken. Echt wahr!

Ich finde es spannend, dass sich da einer mit dem Thema »Lügen« beschäftigt. Vor allem, weil mich das Thema selbst packt. Ich meine: Wie ist das mit dem Lügen? Soll man hässlichen Menschen sagen, dass sie hässlich sind? Ja oder nein? Ist Liebe wichtiger als Wahrheit? Und: Bin ich irgendwie ein frommer Naivling, wenn ich immer noch denke, dass eine Welt, in der sich niemand hinter Lügen verstecken muss, eine bessere Welt wäre? In der Bibel steht der große Satz: »Wir haben die Lüge zu unserer Zuflucht gemacht.« Lügen haben also etwas mit Verstecken zu tun.

Ich würde mich lieber nicht verstecken müssen.

Weltmilchtag

So, so, heute ist also der »Weltmilchtag«. Und wer hat ihn ins Leben gerufen? Na, der Internationale Milchwirtschaftsverband – in Verbindung mit den Vereinten Nationen. Was es nicht alles gibt. Heute sollen alle Menschen daran erinnert werden, dass Milch ein wahrhaft natürliches und gesundes Getränk ist und müde Männer munter macht.

Allerdings: Dass Milch kostbar ist, wussten die Menschen schon vor Jahrtausenden. Erinnern Sie sich noch, mit welchen Worten sich die Israeliten bei ihrem Auszug aus Ägypten das große Ziel ausmalten, das sie erreichen wollten? Ihr Traumland, ihre Vorstellung vom Paradies? Na? Genau: Gott hatte ihnen ein Land versprochen, »in dem Milch und Honig fließen«. Offensichtlich war das damals ein Synonym für Luxus, Überfluss, Wohlstand und Genuss. »Ein Land, in dem Milch und Honig fließen.« Einfach so. Unerschöpflich.

Natürlich habe ich mich da erst mal gefragt, wie eigentlich mein Traumland aussehen müsste. Im 21. Jahrhundert. Für welche verlockenden Verheißungen würde ich mich auf einen mühseligen Weg machen? Spannende Frage, oder? Denn nur, wer sich sein persönliches »Land, in dem Milch und Honig fließen«, wirklich vorstellen kann, bricht auch auf.

Mein Tipp für heute: Gießen Sie sich jetzt mal ganz genüsslich ein Glas kalte Milch ein. Setzen Sie es an die Lippen und lassen Sie die Milch langsam die Kehle runterrinnen. Na, wird Ihnen schon ganz milchig zumute?

Verwandlung

Verwandlung. Veränderung. Metamorphose. Lebenswende. Was passiert eigentlich mit einem Menschen, der eine echte »Verwandlung« seines Daseins erlebt? Und: Gibt es so etwas überhaupt? Schließlich melden sich genügend Stimmen, die behaupten, wir seien durch unsere Sozialisation, unsere Gene oder unsere Schwiegermütter längst so festgelegt, dass es wahrhaft tief greifende Veränderungen in unserer Persönlichkeit gar nicht mehr geben könne. Also: Kann sich ein Mensch verwandeln, ja oder nein? Was meinen Sie?

Ich sage: Na klar! Er kann. Weil sonst das ganze Leben ziemlich sinn- und ziellos wäre. Darum ist es auch kein Wunder, dass die Möglichkeit zur Veränderung zum Wesen des christlichen Glaubens gehört. Die Bibel ist, was Veränderungen angeht, geradezu euphorisch. Sie schwärmt von der Möglichkeit, alte Lebensmuster abzulegen und neue zu entdecken. Allerdings lädt sie vor allem dazu ein, nicht mehr nur nach den eigenen Interessen, sondern nach Gottes Liebe zu fragen.

Der Apostel Paulus zum Beispiel, der lange Jahre ein garstiger Christenverfolger war, hatte eines Tages ein Erlebnis, das sein Dasein von Grund auf veränderte. Er begegnete Jesus während einer Reise und schrieb daraufhin: »Wenn jemand diesen Jesus Christus in sich weiß, dann ist er ein neues Wesen. Das Alte ist vergangen, und etwas Neues ist hervorgekommen.«

Menschen tun vieles, um anders zu sein. Und manche entdecken tatsächlich, dass es gar nicht so schwer ist. Schöne Verwandlung!

Eschede

Eschede. 3. Juni 1998. 10:58 Uhr. Wegen eines schadhaften Radreifens entgleist der ICE 884 »Wilhelm-Conrad-Röntgen« und prallt gegen eine Brücke. 101 Menschen verlieren ihr Leben. Ganze Familien werden zerstört. Ein nationales Trauma, das noch nach zehn Jahren manchem Bahnreisenden Angst macht.

Dort, wo damals die Katastrophe passierte, ist heute ein Hain aus Kirschbäumen. Eine blühende Gedenkstätte, an der für jeden Verstorbenen ein Baum gepflanzt wurde. Am Tor eine Inschrift: »Das Unglück hat die menschliche Zerbrechlichkeit, Vergänglichkeit und Unzulänglichkeit gezeigt.« Kluger Satz. Auch wenn das Unglück von Eschede wahrscheinlich hätte vermieden werden können. Der Satz stimmt dennoch. Weil sich die urmenschliche Hoffnung nicht erfüllen wird, dass die Welt absolut perfekt ist. Die Bibel verkündigt übrigens schon in den Psalmen: Es ist klug, sich einzugestehen, dass das Leben auf der Erde Grenzen hat.

Klugheit meint dabei ganz sicher nicht Fatalismus oder Depression. Wer sich bewusst macht, dass er vergänglich ist, lebt anders. Achtsamer. Und nicht ganz so selbstkonzentriert. Vielleicht auch hoffnungsvoller. Jedenfalls sagt die Gedenktafel inmitten des Kirschhains von Eschede: »Auf unergründliche Weise kreuzten und vollendeten sich in der Zugkatastrophe von Eschede die Schicksale von 101 Menschen. Trost ist die Hoffnung: Sie ruhen in Gottes Hand.«

Das ist tatsächlich ein Trost, mit dem man leben und sterben kann.

Internationaler Tag der Kinder, die unschuldig zu Aggressionsopfern geworden sind

1982 hat ihn die UNO eingeführt, den heutigen »Internationalen Tag der Kinder, die unschuldig zu Aggressionsopfern geworden sind«. Damals dachte man natürlich vor allem an die vielen minderjährigen Opfer in Kriegen und Unruhen – doch seit dem Bekanntwerden zahlloser Missbrauchsskandale hat dieses Thema in Deutschland ganz neue Dimensionen bekommen.

Denn natürlich ist es auch eine Form von Aggression, wenn jemand einem Kind seinen Willen aufzwingt und es verbal attackiert, es schlägt oder es gar sexuell missbraucht. Insofern sollte man heute besonders an die Kinder denken, die erleben mussten, dass sie von Erwachsenen derart schändlich behandelt wurden. Weil ein solcher Missbrauch vor allem eines ist – menschenverachtend.

Gerade Jesus hat immer wieder darauf hingewiesen, wie wertvoll Kinder sind. Als ihn die Jünger einmal fragen, wer denn im Himmel wohl der Größte sei, holt Jesus ein kleines Kind, stellt es vor sie und sagt: »Hier seht. Ihr müsst werden wie die Kinder, dann seid ihr reif für den Himmel.« Das ist wohl das, was die UNO mit dem Begriff »unschuldig« ausdrückt. Und dann schließt Jesus mit einem kurzen Hinweis: »Wer ein solches Kind in meinem Namen aufnimmt, der nimmt mich auf.«

»In Jesu Namen«, das heißt auch: voll Liebe und Achtung. Und mit dem Bewusstsein: In jedem Kind ist etwas von der Würde und Schönheit Gottes. Die gilt es zu achten.

Weltumwelttag

»Kick the habit!« Gib deinen Gewohnheiten einen Tritt! Bring neuen Schwung in dein Leben! Das war kürzlich das Motto des heutigen »Weltumwelttages«. Und natürlich dreht sich dabei alles um den Klimaschutz.

»Kick the habit!« ist ein tolles Motto. Weil es klarmacht, dass es beim Umweltschutz um mehr geht als um kluge Absichtserklärungen. Es geht darum, sich anders zu verhalten, um einen klimafreundlichen Lebensstil. Denn, seien wir doch mal ehrlich: Eigentlich haben sich die Gewohnheiten der meisten Menschen trotz der Ängste vor der Klimakatastrophe nicht wirklich geändert.

Klar. Wir trennen inzwischen den Müll. Mehr oder minder. Wir kaufen Energiesparlampen. Und wir achten beim Autokauf auf den Verbrauch. Allerdings vor allem wegen des hohen Benzinpreises. Aber unsere Gewohnheiten? Haben die sich wirklich geändert?

Im christlichen Glauben gibt es für eine Bewusstseinsveränderung einen etwas aus der Mode gekommenen Begriff. Er lautet: Bekehrung. Umkehr. Ein Mensch erkennt: Es gibt himmlische Gründe, sein Leben neu auszurichten. Weil es dann ihm und der Welt besser geht.

Nun mag man über religiöse Bekehrungen denken, was man will. Der Weltumwelttag macht deutlich, dass wir um verändertes Denken und Handeln nicht herumkommen, wenn wir die Umwelt retten wollen. Also: »Kick the habit!«

D-Day

Stolz verkündete Dwight Eisenhower, der Oberbefehlshaber der Invasionsstreitkräfte, am 6. Juni 1944: »Völker Westeuropas. Ich richte diese Botschaft an Sie alle: Die Stunde der Befreiung naht.«

Rund 6500 Schiffe hatten sich an diesem Morgen aufgemacht, um Hitlers viel gerühmten »Atlantikwall« einzunehmen. Und tatsächlich: Am Abend des ersten Invasionstages war es den Alliierten gelungen, 150000 Soldaten an Land zu setzen. Das Ufer war erobert, eine zweite Front eröffnet und Nazideutschland in der Zange. In die Geschichte ist dieser Tag, an dem die alliierten Truppen in der Normandie landeten, als D-Day eingegangen.

D-Day! Die Nachricht von dieser Invasion ließ in den kommenden Tagen Millionen von Menschen aufhorchen – und aufatmen. Moment mal. War es etwa doch möglich, der Schreckensherrschaft Hitlers noch Einhalt zu gebieten? Gab es noch Hoffnung? Ja, die gab es. Und Schritt für Schritt befreiten die Alliierten nach dem D-Day eine Region nach der anderen.

Der D-Day war das Zeichen für einen Neuanfang. Vielleicht auch deshalb, weil die Alliierten bewiesen, dass ganz gegensätzliche Nationen, ja sogar Feinde, zusammenarbeiten können, wenn sie durch ein gemeinsames Ziel vereint werden. Ich frage mich da natürlich, welches gemeinsame Ziel heutzutage die Völker besser vereinen könnte. Freiheit? Wohlstand? Oder vielleicht doch Glaube, Liebe, Hoffnung, diese drei großen Ideale des Neuen Testaments?

Europawahl

Heute hat das Europäische Parlament Geburtstag. Ja, am 7. Juni 1979 fand die allererste Europawahl statt. Also: Happy Birthday, Europa.

Und nun, mehr als 30 Jahre später, gehören zur EU 375 Millionen Bürgerinnen und Bürger aus 27 EU-Mitgliedstaaten. Damit ist die EU die zweitgrößte Demokratie der Welt. Mit der Stärke einer großen Gemeinschaft.

Was das bedeutet, habe ich mir oft gar nicht klargemacht. Bis mir neulich ein befreundeter Jurist erklärte: »Pass auf, die absolute Mehrheit der in Deutschland geltenden Gesetze wird inzwischen in Brüssel beschlossen.« Sprich: Die entscheiden da nicht nur über Gurkenkrümmung und Gen-Anbau, sondern auch über fast alle anderen Lebensbereiche. Wir sind längst EU-Bürger.

Das Verrückte dabei ist: Rechtlich fallen in Europa immer mehr Grenzen. Nur mit den Grenzen im Kopf ist es nicht immer so leicht. Merke ich jedenfalls bei mir. Wird vielleicht Zeit, mal zu fragen, was uns alle verbindet und vereint.

Als Christ werde ich da übrigens ganz schnell fündig. Schließlich heißt es in der Bibel fröhlich: »Des Herren Augen schauen alle Länder.« Und: »Alle Länder sollen seiner Ehre voll werden.« Das ist die Hoffnung darauf, dass die Mitgliedstaaten der EU nicht nur eine Organisationsgemeinschaft bleiben, sondern auch gemeinsame Werte entwickeln. Und wenn die sich immer wieder neu anregen lassen von der Liebe und der Gnade Gottes, dann bin ich guter Dinge für Europa.

Bonifatius

Irgendwie war es auch eine Midlife-Crisis. Mit 40 Jahren beschloss der bekannte Hochschullehrer, Autor und Berater politischer Gremien, dass ihm sein Erfolg, der eine glänzende Karriere verhieß, nicht genügte. Er legte alle seine Ämter nieder und zog – nur mit ein paar Büchern ausgestattet – in eine ziemlich unzivilisierte Gegend, um dort voller Leidenschaft von Gott zu erzählen.

Die Bewohner dieser unzivilisierten Landstriche waren unsere Vorfahren, Ihre und meine Ahnen. Germanen, die damals noch zu Quellgeistern und Gewittergottheiten beteten, aus Eingeweiden die Zukunft deuteten und Angst hatten, dass ihnen der Himmel auf den Kopf fällt.

Es ist jetzt mehr als 1 250 Jahre her, dass der geistliche Draufgänger Bonifatius, der später den Titel »Apostel der Deutschen« erhielt, von einer Räuberbande erschlagen wurde. Weil er die Leidenschaft für den Gott der Liebe zu uns brachte. Und weil er letztlich der Gründervater Europas ist, das erst durch seine Kirchenorganisation richtig aufblühen konnte.

Ein neues Denken, eine neue Kultur, neue Werte und ein völlig neues Weltbild: Ein Prediger verändert das Leben von Millionen Menschen. Nun mag man darüber streiten, wie viel dabei auch schiefgegangen ist, es bleibt die Tatsache, dass der christliche Glauben in das Leben der meisten eine völlig neue Lebensqualität gebracht hat.

Mich würde interessieren, wie heute eine Botschaft aussehen müsste, die eine derartige Veränderung bewirken kann. Kann es so etwas überhaupt noch mal geben? Was würde uns motivieren, ganz neue Wege zu gehen?

Die Botschaft von Bonifatius war einfach und weltbewegend zugleich: »Ihr Germanen! All eure religiösen Bemühungen sind Zeichen von Angst. Ich dagegen erzähle euch von einem Gott, dessen Liebe frei macht, weil sie die Angst überwindet; die Angst vor dem Versagen, die Angst vor der Natur, die Angst vor der Sinnlosigkeit und die Angst vor dem Tod.« Das war – und das bleibt – lebensverändernd.

Into the wild

Wer war Christopher McCandless? Ein mutiger Idealist oder ein durchgeknallter Irrer? 1990 schloss der junge Mann sein Studium mit Bestnoten ab, schenkte sein Erspartes, immerhin 24 000 Dollar, einer Hilfsorganisation und stieg aus. Aus allem: dem bisherigen Leben, seiner Familie, der Gesellschaft. Er wollte den ultimativen Trip erleben, zog durch Kalifornien, Mexiko und Washington State – und landete in Alaska, wo er 1992 in einem verlassenen Bus elendig zugrunde ging.

Der Schriftsteller Jon Krakauer versuchte, die Geschichte von Christopher McCandless zu rekonstruieren, und inzwischen war sie auch als Film im Kino. Unter dem schönen Titel: »Into the wild« – »In die Wildnis«. Wie das Buch zeigt der Film ein unglaubliches Dilemma. Da ist dieser junge, begabte Mensch, der allein in der Wildnis leben möchte und dort einen völlig unnötigen Tod stirbt. Also was war er: ein romantischer Rebell oder nur ein naiver Abenteurer?

Weder Krakauer noch der Film können die Motive des jungen Mannes wirklich verständlich machen. Wie sollten sie auch? Klar ist nur, dieser Mann läuft vor irgendetwas davon. Und da gilt von jeher die Devise: Wer vor etwas davonläuft, der kommt nicht an. McCandless weiß nicht wirklich, wo er hinwill. Und deshalb scheitert er.

Aussteiger findet man übrigens auch in der Bibel zuhauf. Da entscheiden sich Menschen, ihr altes Leben hinter sich zu lassen und neu anzufangen. Und oft wissen auch sie nicht, wo sie landen werden. Doch es gibt einen großen Unterschied: Sie fliehen nicht, sie vertrauen darauf, dass Gott sie leitet. Und kommen an.

Wasser

In diesem Text geht es feuchtfröhlich zu, denn heute dreht sich alles ums Wasser. Also um H_2O. Und das hat wunderschöne Erscheinungsformen: Regen, Meer, Flüsse, Trinkwasser, Weihwasser … Aber eben auch Waschwasser oder Abwasser. Ein Thema von Wasserholen bis Wasserlassen.

Spannend. Schließlich ist Wasser neben Luft das wichtigste Grundlebensmittel des Menschen. Wer einmal richtig Durst hatte, weiß, warum. Kein Wunder, dass Jesus die Bedeutung des Glaubens an Gott gern mit dem Trinken von Wasser vergleicht. Wer nichts zu trinken hat, dessen Körper verdurstet; wer keinen Glauben hat, dessen Seele verdurstet.

In der Bibel kommt es einmal zwischen Jesus und einer Frau an einem Brunnen zu einer richtigen Verwechslungskomödie, als die beiden sich über Wasser unterhalten und die Frau nicht gleich merkt, dass Jesus längst nicht mehr über Trinkwasser, sondern über Glauben redet. Den nennt er »lebendiges Wasser«.

»Was soll das denn sein, lebendiges Wasser?«, fragt die Frau leicht genervt. Und Jesus erklärt ihr den Unterschied: »Trinkwasser ist auch lebenswichtig. Aber es löscht den Durst nur für kurze Zeit. Das Wasser, von dem ich rede, stillt deinen Durst nicht nur dauerhaft, es ist so stark, dass du selbst zu einer Quelle wirst. Dann kannst du sogar den Durst anderer Menschen stillen.«

Die Frau versteht immer noch nicht und sagt: »Ja, super. Da muss ich nicht mehr jeden Tag zum Brunnen latschen. Her mit deinem ›lebendigen Wasser‹!« Aber am Schluss begreift sie, dass nicht nur ihr Körper Wasser braucht, sondern dass auch ihre Seele total ausgetrocknet ist und dass Jesus hier vom Glauben an Gott redet.

Fußball

Alle zwei Jahre tobt an den Bildschirmen der Bär. Dann ist Fußballweltmeisterschaft oder Europameisterschaft. Yeah!

Und dann heißt es: Ganz Deutschland fiebert. Ganz Deutschland? Nein, ein paar unbeugsame und zugleich eklig unpatriotische Leute hören nicht auf, beharrlich an unserem Erfolg zu zweifeln. Ein Freund von mir bemerkte neulich zynisch: »Ich bin ganz sicher, dass wir beim nächsten Mal unter die letzten vier kommen.« Also: unter die LETZTEN vier.

Aber dann war Schluss mit lustig. Denn dann sagte er: »Ich glaube, bei unserer Mannschaft hilft nur noch beten. Äh … darf man eigentlich für seine Mannschaft beten?« Tja, darf man das? »Gott, lass bitte die deutsche Mannschaft gewinnen?« Klingt komisch, oder?

Darf man für seine Mannschaft beten? Antwort: »Natürlich darf man.« Aber bitte nicht für den Sieg. Oder glauben Sie ernsthaft, dass es neben dem Spiel auf dem Platz parallel im Himmel eine Anzeigentafel für das Wettbeten zwischen Deutschland und Costa Rica gibt? Das Land, in dem mehr Menschen für den Sieg ihrer Mannschaft beten, gewinnt? »Es steht 4 Millionen zu 4,5 Millionen.« Unsinn!

Gott lässt sich nicht missbrauchen und vor keinen Karren spannen. Vor allem lässt er sich nicht von einem Menschen gegen einen anderen ausspielen. Er ist Fan aller Menschen. Er freut sich über gelungene Spielzüge. Und ich glaube tatsächlich, dass Gebete für Fairness und Anstand Einfluss auf das Klima und die Motivation einer Mannschaft haben. Wenn jemand aber einfach für Siege betet, reduziert er Gott, den Menschenfreund, auf einen himmlischen Kulissenschieber. Und das ist viel zu wenig.

Also: »Gott, lass die deutsche Mannschaft bitte so gut spielen, dass wir nicht für Siege beten müssen. Amen.«

Kinder an die Macht

»Kinder an die Macht.« Hat Grönemeyer schon 1986 gesungen. Klar, der kannte meine Kinder noch nicht. Würde ich denen das »Kommando« geben, dann gäbe es bei uns nur noch Gummibärchen und unser Haus wäre in – sagen wir mal – drei Wochen sanierungsbedürftig. Also nix mit: »Kinder an die Macht.«

Trotzdem ist der Gedanke irgendwie faszinierend. Und darum hat die Hessenstiftung kürzlich mal Kinder befragt, wie sie denn ihre Wohnorte einschätzen: »Kinder bewerten ihre Stadt«. Und siehe da: Mein Frankfurt-Ginnheim liegt richtig weit vorne, zumindest bei den 10- bis 11-Jährigen.

Ein bisschen schmalzig schreibt die Stiftung zu ihrer Idee: »Erwachsene können nicht wie Kinder sehen und denken. Sie sind erwachsen geworden. Nur Kinder wissen, was Kinder wissen.« Ja, und wie sehen und denken Kinder?

Nun, bestimmt nicht pauschal besser oder schlechter als ihre Eltern. Aber sie sind in vielem unbekümmerter, sie planen nicht alles durch, sie leben einfach, voller Leidenschaft – und oft aus dem Bauch heraus. Eben spielerisch und kinder-leicht. Vielleicht hat sich Jesus darum so sehr über Kinder gefreut und darauf verwiesen, dass den Kindern das Himmelreich gehört. Offensichtlich kann ein bisschen kindliches Urvertrauen beim Glauben nicht schaden.

Ich freue mich natürlich über alles, was ich im Laufe der Jahre von Gott gelernt und verstanden habe. Aber die eigentlichen Höhepunkte meines Glaubens sind die, in denen ich mich, ohne erst alles begreifen zu wollen, mit kindlichem Übermut in seine Arme werfe – und merke: Ich werde aufgefangen. Dann tut es richtig gut, mal wieder Kind sein zu dürfen.

Sharkwater

»Ich begann, diesen Film zu drehen, weil mich Haie seit meiner Kindheit faszinieren. Und weil mich stört, wie man Haie in der Öffentlichkeit sieht. Ich habe sie anders erlebt.« Sagt Rob Stewart, Fotograf, Taucher und Hai-Kenner. Vor einiger Zeit kam sein Film »Sharkwater« in die Kinos.

Eigentlich wollte Rob Stewart nur einen schönen Film über Haie drehen, doch dann geriet er in Konflikt mit den Drahtziehern der Hai-Großfischerei, wurde Opfer mehrerer Attentate – und seine nette Naturdokumentation entwickelte sich immer mehr zu einem echten Abenteuerfilm. Einem, in dem sich die Menschen als die schlimmsten Haie erweisen.

Rob Stewart ist der Überzeugung, dass Haie völlig falsch eingeschätzt werden. Er sagt: »Ich wollte einen Film drehen, der zeigt, wie Haie wirklich sind. Wunderschöne Kreaturen, die keinem Menschen etwas zuleide tun.« Und dann sagt er einen starken Satz: »Ich wollte zeigen, wie unsere Ängste uns blind gemacht haben für die Fakten.«

Also, das kenn ich. Menschen machen eine schlechte Erfahrung oder lesen davon, verallgemeinern das und lassen ihr Weltbild fortan von ihrer unbegründeten Angst bestimmen.

So nehmen auch manche die Kirche wahr. Da war ein Christ falsch, also ist der gesamte Glaube schlecht. Da gab es einen Hai-Angriff auf einen Menschen, also sind Haie Killerfische. Sprich: Wer vom Einzelnen auf das Ganze schließt, tut nicht nur Haien unrecht. Das zeigt uns »Sharkwater«.

Areopag

Es gibt eine biblische Geschichte, die mich seit Langem fasziniert. Hier schon mal die Kurzfassung: Paulus, einer der ersten christlichen Missionare, wird in Athen vor den Obersten Gerichtshof geführt, weil seine merkwürdigen Predigten von Glaube, Liebe und Hoffnung so große Aufmerksamkeit erregen. »Nun«, sagen die Richter, »dann erzähl uns doch mal, was du da genau verkündigst.«

Und Paulus erweist sich schon vor 2000 Jahren als Fachmann postmoderner Kommunikation. Er knüpft nämlich gekonnt an die Erfahrungen der Athener an und sagt: »Wisst ihr, ich bin durch eure Stadt gelaufen und habe gesehen, wie wichtig euch Glauben ist. Überall stehen Tempel herum. Für unzählige Gottheiten. Wahnsinn, was ihr alles verehrt! Doch dann habe ich einen Altar gefunden, der hatte eine eigenartige Aufschrift. Da stand: ›Dem unbekannten Gott‹. Erstaunlich, oder? Ihr habt also Angst, einen Gott zu vergessen. Und damit dieser möglicherweise vorhandene Gott euch nicht zürnt, bringt ihr ihm vorsichtshalber schon mal Opfer, obwohl ihr ihn gar nicht kennt. Offensichtlich spürt ihr, dass es im Leben mehr gibt, und wisst ihr was: Genau von diesem Gott erzähle ich. Und ich habe eine schöne Nachricht. Dieser Gott will gar keine Opfer. Der will Menschen beschenken. Ihnen unendlich guttun.« Und dann fügt Paulus frech an: »Eigentlich verehrt ihr diesen Gott ja schon. Ihr kanntet ihn nur noch nicht. Wird höchste Zeit.«

Wie ging das Ganze aus? Na, so wie immer: Einige verspotteten Paulus. Einige wollten mehr wissen. Und einige waren so überwältigt, dass sie ihr Leben veränderten. Wie bei jeder guten Predigt.

Ben Becker und die Bibel

Als der erklärte Atheist Bertold Brecht gefragt wurde, was denn sein Lieblingsbuch sei, antwortete er lässig: »Sie werden lachen: die Bibel.«

Die Bibel? Ja, warum denn das? Es stellt sich doch seit einiger Zeit heraus, dass das womöglich historisch alles gar nicht so hundertprozentig stimmt – und da stehen auch Sachen drin, die naturwissenschaftlich ziemlich gewagt sind. Oder?

»Mag sein«, würde Brecht antworten, »aber wer hat denn gesagt, dass man die Bibel wie ein Schulbuch lesen soll? Zuallererst ist sie ein poetisches Meisterwerk. Ein Buch voller herrlicher Geschichten, die einen nicht kaltlassen – und etwas in uns zum Klingen bringen.«

Stimmt. Und diese einzigartige Kraft der Bibel entdecken seit einiger Zeit viele Künstler ganz neu. Einer davon ist der Schauspieler Ben Becker. Er hat zusammen mit seiner Zero Tolerance Band, dem Filmorchester Babelsberg und einem Gospelchor kürzlich ein unglaubliches Projekt verwirklicht: »Die Bibel – eine gesprochene Symphonie«.

Ben Becker spricht Bibeltexte. Ganz einfach. Auf Musik. Und man sitzt da und staunt nur noch. Man hört die Geschichten und wird berührt. Und irgendwie wird in den wundervollen Worten etwas von der Schönheit Gottes erfahrbar.

Die Zeitschrift Vanity Fair verkündete jedenfalls begeistert: »Jesus mag Gottes Sohn sein, aber Ben Becker ist seine Stimme.« Na, ob das stimmt, das muss man wahrscheinlich selbst entscheiden.

Bloomsday

16. Juni ist »Bloomsday«! Der einzige internationale Feiertag, der nach einem Romanhelden benannt ist. Und, klingelt's? Gut: Bei mir hat es auch nicht geklingelt. Obwohl ich den Roman sogar gelesen habe. Na ja. Angelesen.

Also: Leopold Bloom ist die Hauptfigur des Romans »Ulysses« von James Joyce. Und weil dieses Buch nur einen einzigen Tag beschreibt, nämlich den 16. Juni 1904, wird das Datum von Literaturfans weltweit gefeiert. Mit lauter verrückten Ritualen, die im Buch erwähnt werden: ein Gorgonzola-Brot essen, Zitronenseife kaufen, Alkohol trinken. Ach ja: und sich am Strand mit seiner Liebsten vergnügen. Denn angeblich hat James Joyce den 16. Juni gewählt, weil er an diesem Tag zum ersten Mal mit seiner späteren Frau … Na, Sie wissen schon.

Es gibt Menschen, die finden den Roman »Ulysses« großartig. Andere dagegen fragen sich verzweifelt, wie man denn einen derartigen Wälzer über einen einzigen Tag schreiben kann. 30 Seiten darüber, wie sich einer im Bett von der linken auf die rechte Seite dreht. Oah.

Andererseits: So genau wie James Joyce hat wohl noch nie ein Literat hingeguckt. Und wer aufmerksam hinsieht, der entdeckt, dass sogar die Art, wie sich einer im Bett herumwälzt, etwas über das Leben erzählt. Aufmerksam muss man sein. Dann entdeckt man im Kleinen die großen Zusammenhänge.

So gehen übrigens auch viele Glaubende ans Leben heran. Sie sagen: »Schau ganz aufmerksam hin, dann wirst du in allem die Spuren Gottes entdecken.« Das kann man üben und lernen, vielleicht gerade heute, am »Bloomsday«.

Tag der Deutschen Einheit

Mensch, wenn es die Wiedervereinigung nicht gegeben hätte, dann hätten wir heute alle frei. Heute ist, äh, war der »Tag der Deutschen Einheit«. Dieser verrückte Tag, den die Bundesrepublik einfach frech zum Feiertag erklärte. Weil am 17. Juni 1953 im Osten Zehntausende gegen das DDR-Regime protestierten.

Leider vergeblich, denn gegen die Kampfpanzer der Roten Armee konnten sie dann doch nichts ausrichten. Es gab standesrechtliche Erschießungen, 20 000 Verhaftungen – und eine wütende Radioerklärung des DDR-Ministerrates. Und die klang so: »Die Unruhen sind ausschließlich das Werk von Provokateuren und faschistischen Agenten ausländischer Mächte.«

Aha! Schuld waren also die anderen. Wahrscheinlich auch daran, dass in der DDR die Lebensmittel immer teurer und die Menschen immer unzufriedener wurden. Schuld sind die anderen. Ein ganz übles Denkmuster, das meist dann auftritt, wenn sich jemand in die Enge getrieben fühlt. Trifft übrigens nicht nur auf politische Systeme zu. Es gibt auch Menschen, die so leben: Schuld sind immer die anderen. Nur Vorsicht! Wer mit solchen Erklärungen eigene Schwächen kaschieren will, der baut irgendwann Mauern auf und wird aggressiv. Denn: Schuld sind die anderen.

Jesus vertritt da ein völlig anderes Lebenskonzept: Wer zu seinen Schwächen stehen kann, der ist in der Lage, sich zu verändern, sich vergeben zu lassen und alle zwanghaften Strukturen abzulegen. Das gefällt mir. Das ist nämlich die Grundvoraussetzung für Freiheit. Und um die ging es am Tag der Deutschen Einheit.

Jürgen Habermas

Jürgen Habermas ist für mich einer der ganz Großen. Einer, der wirklich wissen will, »was die Welt im Innersten zusammenhält«. Und weil er zu den intellektuellen Vordenkern der 68er-Bewegung und zur »Frankfurter Schule« gehört, lautet seine Überzeugung: Wahrheit findet man nur mit »Herrschaftsfreiheit«, sprich: wenn nicht die mächtigen Leute, sondern die besseren Argumente siegen.

Sein ganzes Leben lang hat sich Habermas mit der Frage beschäftigt, wie man in einer Gesellschaft vernünftig miteinander kommunizieren kann. Und dazu gehört eben »Herrschaftsfreiheit« – und der Mut, nicht nur zu reden, sondern auch zu handeln. Weil Argumente, die keine Konsequenzen haben, irgendwie sinnlos sind. Also: ein Philosoph der Freiheit und des Tuns. Kluger Mann.

Außerdem hat Habermas 2001 bei der Verleihung des Deutschen Friedenspreises etwas gesagt, was sowohl seine Freunde als auch seine Kritiker sehr verblüfft hat. Er beschwor nämlich die »postsäkulare Gesellschaft« herauf, eine Gesellschaft, in der die Religion keineswegs tot ist, wie viele dachten, sondern in der der Glaube entscheidend zum Aufbau eines gerechten Miteinanders beiträgt. Gerade in einer aufgeklärten Gesellschaft sei es wesentlich, dass nicht nur die reine Vernunft regiere, sondern dass Glauben und Denken miteinander nach Wahrheit suchten.

»Ist der Habermas auf seine alten Tage fromm geworden?«, fragten einige. Ich weiß es nicht. Ich bin aber sicher, dass er recht hat. Wenn Denken und Glauben an einem Strang ziehen, dann wird die Welt besser. Jürgen Habermas, herzlichen Glückwunsch zum heutigen Geburtstag!

Rocky Horror Show

Neulich sagte mir jemand: »Mensch, die Welt zu verändern, das ist genauso schwer, wie einen Friedhof zu verlegen. Warum? Es mangelt an der Mitarbeit von unten.« Ja, nur wenn alle mitmachen, bewegt sich was.

Die berühmte »Rocky Horror Show« zeigt, wie es funktioniert. Nämlich so: Das verrückte Musical um ein junges Paar, das in einem Schloss auf schrille, sexbesessene Außerirdische trifft, hatte am 19. Juni 1973 Premiere. Und es war auf der Bühne und im Film auch recht erfolgreich. Doch zum Kult wurde es erst, als die Zuschauer anfingen, mitzumachen. Und zwar richtig.

Wer einmal eine echte »Rocky Horror Show«-Nacht miterlebt hat, der vergisst sie nicht. Die Fans kommen in den passenden Kostümen, tanzen alle Choreografien mit, ergänzen die Dialoge, werfen Reis umher, zünden Lichter an, klappen Zeitungen auf oder rennen zur Leinwand, um selbst Teil der Geschichte zu werden. Das ist wirklich Kult.

Die »Rocky Horror Show« kann man sich nicht einfach nur angucken. Das wäre irgendwie ... spießig. Und nicht einmal halb so lustig. Wer nur auf der Zuschauerbank sitzen bleibt, der verpasst das Eigentliche. Und ich vermute mal, so ist es in vielen Bereichen des Lebens.

Eben auch in der Kirche. Wer nicht richtig mitfeiert, der erlebt wenig. Hey, Sie könnten doch einfach mal nächsten Sonntag in den Gottesdienst gehen und ... was weiß ich ... den Pfarrer bei der Predigt begeistert anfeuern. Ich verspreche Ihnen: Es würde sich was ändern.

Gleichberechtigung

»Gesetz über die Gleichberechtigung von Mann und Frau auf dem Gebiet des bürgerlichen Rechts. Ausfertigung: 18.6.1957.« Tja, meine Damen, damit wurden Sie vor mehr als 50 Jahren in Deutschland gleichberechtigte Individuen – zumindest, was die Geschäftsfähigkeit angeht. Während die Männer vorher die alleinigen Verwalter und Nutznießer des ehelichen Besitzes waren, gab es nun gegenseitige Unterhaltspflicht. Eine Revolution.

Damals. Heute kann man allein über diese Vorstellung nur den Kopf schütteln. Meine Frau würde mir was husten, wenn ich auf die Idee käme, unseren Besitz allein verwalten zu wollen. Was – angesichts ihrer Ausgaben – nicht schlecht wäre. Aber lassen wir das.

Verrückt finde ich: In 50 Jahren hat sich die Welt von Grund auf verändert. Werte wurden auf den Kopf gestellt und Ideale umgestaltet. Natürlich gibt es immer noch einiges zu tun, aber wenn man das Frauenbild von heute mit dem der 50er-Jahre vergleicht, dann kann man wirklich von einer neuen Gesellschaft sprechen.

Vielleicht sollte man das allen Pessimisten mal groß ins Poesiealbum schreiben: »Hey, Veränderungen sind möglich.« Es lohnt sich, gegen Ungerechtigkeiten zu kämpfen. Und es lohnt sich, Missstände nicht einfach hinzunehmen, sondern sie immer wieder infrage zu stellen. Das übrigens steht schon so in der Bibel.

In 50 Jahren kann man die Welt verändern. Manchmal geht es sogar noch schneller.

Sommeranfang

»Wann wird`s mal wieder richtig Sommer?« Ganz einfach: Heute! Heute ist Sommersonnenwende, und das bedeutet: Wir haben die kürzeste Nacht und den längsten Tag vor uns. Offiziell heißt das in Mitteleuropa »Sommeranfang«, was ein bisschen absurd ist, weil die Tage ab morgen ja schon wieder kürzer werden. Mann, geht das jedes Jahr schnell.

Faszinierend ist es trotzdem. Schließlich waren die Sonnenwenden jahrtausendelang die bedeutendsten Feste aller nordischen Religionen. Da wurde gefeiert, gebetet, getanzt und verehrt. Weil die alljährlichen Umschwünge der Jahreszeiten von existenzieller Bedeutung waren. Der große Wechsel von hell und dunkel, warm und kalt, fruchtbar und unfruchtbar, satt und hungrig, Leben und Tod. Die Menschen fühlten sich zutiefst in die Kreisläufe der Natur eingebunden – und wussten, wie abhängig sie von diesen damals noch unerklärlichen Phänomenen waren.

Tja, und dann kam eine Wende, die war viel größer als die vom Winter zum Sommer. Dann sprach sich auch hierzulande herum, was für das Volk Israel schon länger galt. Da sagte man nämlich: »Natürlich kennen wir die Zyklen der Jahreszeiten und des Lebens. Aber wir kennen auch Gott. Und dieser Gott, also, unser Gott, der steht da drüber. Gott ist doch nicht abhängig von Kälte und Wärme, der ist immer da. Der geht mit uns. Ahnt ihr, was das bedeutet? Wir können mutig nach vorne denken. Und wir sind geborgen, ganz gleich, welches Wetter draußen gerade tobt. Schluss mit dieser Abhängigkeit von den Jahreszeiten.«

Der jüdisch-christliche Glaube ist ein Allwetterreifen für die Seele. Der greift. Na ja, noch ein paar warme Tage wären trotzdem nicht schlecht. Schönen Sommer!

Billy Wilder

Eines Abends klopft eine Frau an die Tür des jungen Journalisten Samuel und hat eine etwas ungewöhnliche Bitte. Ihr Freund sei so eifersüchtig und käme gerade nach Hause. Ob Samuel ihren Liebhaber bei sich verstecken könne? Wenig später steht also ein nackter Mann in seiner Wohnung. Samuel schaut dem Typen beim Anziehen zu und erkennt, dass er den Präsidenten einer großen Filmproduktionsgesellschaft vor sich hat. Und als der nun fragt, ob er einen Schuhlöffel haben könne, antwortet Samuel: »Ich habe nicht nur einen Schuhlöffel, ich habe auch ein Drehbuch.«

Falls diese Geschichte nur erfunden sein sollte, dann ist sie wirklich gut erfunden. Und Tatsache ist, dass der junge Journalist unter seinem Künstlernamen Billy Wilder einer der wichtigsten Regisseure Hollywoods wurde. Zwei Oscars für die beste Regie und drei für den besten Film konnte er für seine Werke einheimsen. Darunter so bekannte Streifen wie »Manche mögen's heiß«, »Zeugin der Anklage« oder »Das Appartement«. Und heute hätte er seinen Geburtstag gefeiert.

Die Anekdote über Billy Wilder finde ich unglaublich charmant. Da bekommt einer aus heiterem Himmel eine Chance – und nutzt sie. Da bekommt einer die Gelegenheit, sein Leben völlig neu auszurichten – und macht es. Hat den Mut, erkennt die Situation und wagt den Schritt ins Unbekannte.

Als Christ bin ich der festen Überzeugung, dass Gott bei solchen guten Gelegenheiten irgendwie seine Finger im Spiel hat. Dass da der Himmel dahintersteckt. Und ich glaube auch, dass Gott sich freut, wenn wir den Mut haben, unser Potenzial zu entfalten. Also aufgepasst! Vielleicht steht ja bald ein nackter Mann in Ihrer Wohnung …

Internationaler Tag des öffentlichen Dienstes

»Internationaler Tag des öffentlichen Dienstes.« Das gibt es tatsächlich. Wird seit 2003 jedes Jahr am 23. Juni gefeiert. Und wer hat den Tag eingeführt? Na, die Vereinten Nationen. Die sagen, man müsse sich doch wenigstens einmal im Jahr Gedanken machen, was die vielen Staatsbediensteten für großartige Leistungen für die Gesellschaft erbringen. Gut. Das werden wir heute alle leidenschaftlich tun. Danke, Ihr Beamtinnen und Beamten.

Merkwürdig ist es trotzdem. Ich meine: Internationaler Tag des öffentlichen Dienstes – das klingt doch so, als hätte der öffentliche Dienst so etwas bitter nötig. Weil von alleine keiner draufkäme. Und das könnte wiederum daran liegen, dass es überall auf der Welt die gleichen Vorurteile gegenüber Beamten gibt. Pfui.

Ich will mich nicht darüber auslassen, ob diese Vorurteile stimmen oder nicht. Das müssen Sie schon selbst herausfinden. Mich fasziniert etwas ganz anderes. Wissen Sie, Jesus ist immer zuerst zu denen hingegangen, die in der Bevölkerung den schlechtesten Ruf hatten. Mehrmals wird im Neuen Testament erzählt, dass scheinbar wohlanständige Bürger sich darüber unglaublich aufregten: »Wieso geht der denn zu so einem Typen? Muss das sein?« »Ja«, antwortet Jesus, »muss sein. Weil mich eure Vorurteile nicht interessieren. Mich interessieren Menschen.«

Nun stellen Sie sich mal vor, Jesus käme zurück auf die Erde. Und ginge als Allererstes zu … nun, zu einem, den Sie total komisch finden. Was weiß ich, sagen wir, einem Beamten. Na? Wie fänden Sie das? Darüber können Sie heute mal nachdenken. Am Internationalen Tag des öffentlichen Dienstes.

Tag des Schlafes

Öahhh. Wenn Sie das jetzt lesen, dann machen Sie schon etwas falsch. Dann haben Sie nichts gelernt. Denn vor drei Tagen war doch der »Tag des Schlafes«. Ja, wirklich. Schlafen ist angesagt.

Andererseits: Es geht beim Tag des Schlafes gar nicht ums Ausschlafen. Sondern darum, ob wir insgesamt richtig und ausreichend schlafen. Schließlich gehören »Übermüdung« und »Schlafmangel« inzwischen zu den wahren Qualitäten einer Führungspersönlichkeit. Wenn Sie heutzutage frisch und munter zu einer Sitzung kommen, nimmt sie gar keiner mehr ernst. Echte Helden bekommen immer zu wenig Schlaf. Und irgendwann eine Erschöpfungsdepression.

Deshalb sollte man am Tag des Schlafes die eigenen Schlafgewohnheiten mal kritisch durchleuchten. »Bettgeflüster« sozusagen. Sind meine Leistungen und meine tägliche Schlafration eigentlich im Gleichgewicht? Oder nicht? Schlafe ich tief und fest, oder wälze ich mich jede Nacht unruhig hin und her?

Die Schlafforscher jedenfalls sagen: Wer sich selbst durch seinen Lebensstil um den Schlaf bringt, der ist oftmals mit sich und der Welt nicht im Reinen. Sonst könnte er sich getrost auch mal Ruhezeiten gönnen. Oder andersherum: Wer innerlich ausgeglichen ist, kann meist auch gut schlafen.

Guter Schlaf hat also etwas mit Gelassenheit zu tun. Na, vielleicht heißt es darum in der Bibel auch: »Den Seinen gibt's der Herr im Schlaf.«

Turnvater Jahn

Es war im Jahr 1811. Mitte Juni. Da eröffnete Friedrich Ludwig Jahn, der berühmte Turnvater, in Berlin in der Hasenheide den ersten Turnplatz Deutschlands. Eine echte Innovation. Denn die Idee, dass Menschen sich freiwillig sportlich betätigen könnten, hatte es vorher in Europa jahrhundertelang gar nicht mehr gegeben.

Also: Ran an die Geräte! Und Jahn war von einer großen Vision getrieben. In seinem Hauptwerk »Die deutsche Turnkunst« schreibt er: »Was diesen Übungen so hohe Bedeutung verleiht, ist der dem Volkswohl förderliche Zweck und der ideale Zug, den sie verfolgen.« Sprich: Turnen war nicht nur Leibesübung, es sollte helfen, das Verantwortungsbewusstsein und den Nationalstolz zu fördern.

Darum entwickelte sich auch bald der an Jahn angelehnte Turner-Slogan: »Frisch, fromm, fröhlich, frei.« Frisch ans Werk! Fromm im Glauben an die Gemeinnützigkeit und die Wertbeständigkeit des Schaffens. Fröhlich untereinander. Und: frei und offen in allem Handeln. Das Turnen sollte nicht bessere Sportler, sondern gesündere Menschen hervorbringen.

Kein Wunder. Der Turnvater hatte schließlich Theologie studiert – und wusste, dass ein trainierter Körper auch eine heile Seele braucht. Heute sind sich viele Wissenschaftler einig, dass Jahn in seinem Streben nach einem neuen Volkswohl deutlich über das Ziel hinausgeschossen ist. Dass Körper und Seele beide gesund sein sollten, war aber zu allen Zeiten eine wichtige Erkenntnis. Den Körper kann man an den Geräten fit machen. Aber Turnübungen für die Seele sollte man mindestens genauso pflegen. Wie machen Sie das denn?

Urlaub zu Hause

Ich gehöre zu der Sorte Mensch, die in einer fremden Stadt sofort alle Sehenswürdigkeiten bestürmt. Keine historische Attraktion wird ausgelassen, kein Museum ist vor mir sicher – ich war sogar mal in einer Ausstellung für Pflüge des 18. Jahrhunderts! Nur Frankfurt, die Stadt, in der ich geboren bin, ist mir, was die Kultur anbetrifft, an vielen Stellen fremd geblieben. Im Goethehaus war ich, als ich es Besuchern zeigen wollte. Komisch! Wäre das was für mich, Urlaub zu Hause?

Die Frage kann man nur beantworten, wenn man sich überlegt, warum man Urlaub macht. Ich behaupte: Wenn Sie mit Menschen über Urlaub reden, dann erfahren Sie etwas über deren Sehnsüchte. Denn fast alle wollen im Urlaub das erleben, was ihnen im Alltag fehlt. Einer sagte mir: »Ich freue mich so darauf: Mal vier Wochen die Fresse vom Chef nicht sehen.« Und das ist gar nicht so leicht, gerade für Pfarrer.

Viele Leute nutzen ihren Urlaub, um von etwas wegzukommen, mal rauszukommen. »Urlaub« kommt von dem Wort »Erlaubnis«. Also: »Sie dürfen gehen.« Das ist sicher wichtig, aber irgendwie ein falscher Ansatz. Ich denke: Urlaub sollte kein Wegkommen, sondern ein Ankommen sein, vor allem ein Ankommen bei sich selbst. Dabei helfen natürlich eine andere Umgebung, Strand, Kultur, Erholung, Zeit zum Lesen oder die Schönheit der Natur, aber diese Rahmenbedingungen machen nicht das Eigentliche aus. Sie sollten am Ende des Urlaubs sagen können: »Ich bin mir selbst ein Stück nähergekommen!«

Erinnern Sie sich noch an die Geschichte von Jona? Der hatte so viel Angst davor, sich mit den Herausforderungen Gottes – und das heißt auch: mit sich selbst – zu beschäftigen, dass er eine Kreuzfahrt buchte. Nur weg. Klappt aber nicht. Er fällt über Bord, wird von einem Wal verschluckt und genau da an Land gerülpst, wo er sich den Fragen seines Lebens stellen muss. Urlaub heißt Ankommen. Und manchem, der weit weg fährt, fiele das vielleicht zu Hause sogar leichter. Kommen Sie gut an!

Selbst schuld

Verrückte Story. Eines Tages sehen die Jünger Jesu einen Blinden am Straßenrand und fragen: »Hey, Jesus, warum ist der Typ da krank? Hat er gesündigt oder seine Eltern?«

Nun könnte man denken: »Ja, vor 2000 Jahren, da glaubte man noch, Krankheiten hätten etwas mit sündigem Verhalten zu tun.« Stimmt. Ich behaupte aber: So ganz ist diese Vorstellung nicht ausgemerzt. Schließlich sagen viele Kranke noch heute: »Womit habe ich das verdient?« Und mancher, dem es heute schlecht geht, macht dafür weiterhin seine Vorfahren verantwortlich: »Ach, ich hatte wirklich eine schwere Kindheit.« Sie sehen: Die Vorstellung der Jünger gibt es immer noch.

Natürlich können das Verhalten unserer Eltern oder unsere Achtlosigkeiten uns krank machen – aber aus der Bibel stammt dieses Denken nicht. Und schon gar nicht vertritt sie die Vorstellung, Menschen würden für ihre Verfehlungen mit Krankheiten bestraft. Dahinter stecken heidnische Vorstellungen von Gottheiten, die dem Menschen Übles wollen.

In der Bibel steht eine ganz andere Geschichte. Und die fragt zuerst nach dem, was ein Leben gesund macht. Einer, der sich mit diesen Fragen intensiv beschäftigt, ist der Prophet Hesekiel. Und der stellt zwei Dinge ganz klar. Erstens: Jeder Mensch ist für sein Leben selbst verantwortlich. Und zweitens: Gott will, dass Leben gelingt. Die Vorstellung, Gott könne ein misslingendes Leben verursachen, findet Hesekiel absurd. Und das ist sie auch. Gott möchte das Dasein fördern. Und wenn jemand wirklich denkt, dass Gott Menschen mit »gutem Leben« belohnt und »schlechtem Leben« bestraft, dann hat er von Liebe und Gnade nicht viel verstanden.

Kein Wunder, dass Jesus seine Jünger ziemlich rüde zurechtwies: »Dieser Blinde hat nicht gesündigt. Und auch nicht seine Eltern. Aber an seinem Leben wird etwas von der Liebe Gottes deutlich werden.« Sprich: Dass eine Krankheit kommt, ist bestimmt nicht Gottes Wille. Es kann aber sein, dass eine Krankheit geht, wenn Gott eingreift.

Kirchen

Es gibt Kirchen, in denen ich mich sofort wohlfühle. Die strahlen Wärme aus, Geborgenheit, den Atem der Geschichte und für mich ganz klar die Gegenwart Gottes. Leider wird mir das Vergnügen in evangelischen Kirchen seltener zuteil, weil die meist abgeschlossen sind. Dann muss ich Gott eben anderswo suchen.

Eines ist mir allerdings in den letzten Jahren immer klarer geworden: dass das Geheimnis einer Gemeinde mit dem Raum nur ganz bedingt zu tun hat. Ich habe mich in den herrlichsten Kirchen zu Tode gelangweilt, weil ich da im Gottesdienst nichts von echter Gemeinschaft, von der Leidenschaft für diesen wundervollen Gott und der Sehnsucht nach geistlichem Wachstum gespürt habe. Und ich war in grottenhässlichen Sakralungetümen, in denen Menschen so begeistert Gottesdienst gefeiert haben, dass ich sofort erleben konnte: Hier hat Glauben wirklich Kraft, und ich bekomme Antworten, die mich in Bewegung setzen.

Mich überrascht die Heftigkeit, mit der zurzeit über den Abriss von Kirchen gestritten wird. Ich verstehe natürlich, dass Menschen eine tiefe Verbundenheit mit bestimmten Örtlichkeiten haben – so ein Verlust ist sehr schmerzhaft. Aber Jesus hat doch nicht gesagt: »An euren Kirchen wird man euch erkennen.« Er hat gesagt: »An eurer Liebe soll man euch erkennen.« Entscheidend ist bis heute, dass eine Gemeinde Liebe ausstrahlt, die Menschen fasziniert – egal, ob in einer alten Kirche oder in einer Garage.

Vielleicht ist irgendwann die Zeit eines Gebäudes, eines Baustils tatsächlich vorbei, Gottes Zeit garantiert nicht. Und es könnte ja auch sein, dass die betroffenen Gemeinden in ihren neuen Räumlichkeiten Möglichkeiten entdecken, von denen sie im Augenblick noch nicht einmal zu träumen wagen.

Urlaubsreif

Keinen Satz habe ich den letzten Wochen häufiger gehört als diesen: »Ich bin wirklich urlaubsreif!« Und meist haben die Klagenden in der Zielgeraden auf die Ferien noch einmal richtig Gas gegeben. Na klar: Man möchte nicht in die Ferien fahren und dabei die ganze Zeit daran denken müssen, dass noch einige unaufgearbeitete Vorgänge in der Ablage ruhen.

Ich frage mich, ob das wirklich gesund ist. Ob es nicht viel besser wäre, so zu leben, dass man gar nicht erst urlaubsreif wird. Oh ja, das ist sehr schwer, aber es kann doch nicht sein, dass wir das Erholsame immer auf die Ferien verschieben und dann hoffen, dass wir elf Monate überanstrengendes Leben mit vier Wochen Mallorca gutmachen können. Das geht nämlich nicht. Und ich kenne immer mehr Leute, die aus dem Urlaub zwar äußerst braun gebrannt, aber nicht wirklich erholt wiederkommen.

Ich jedenfalls hasse diese leider allzu langen Phasen im Jahr, in denen ich mich urlaubsreif fühle. Darum habe ich mir ein »Trimm-mich-fit-Programm« erstellt: Ein Abend pro Woche gehört ganz allein mir, Zeit zum Entspannen und Nachdenken. Das heißt auch: nicht schon wieder Aktion. Natürlich ist Kino erholsam, aber man kann sich die Zeit mit so viel Erholung vollstopfen, dass man dabei das Erholen ganz vergisst.

Siehe da. Es funktioniert. Jesus fasst das alles übrigens so zusammen: »Ihr sollt Leben in Fülle haben!« Und Fülle meint das Ganze, eine wohltuende Mischung aus Genuss und Herausforderung, Arbeit und Freizeit, Entspannung und Anspannung.

Wenn jemand urlaubsreif ist, dann ist das Gleichgewicht gestört. Die sogenannten Mystiker, Theologen des Mittelalters, nannten den wohltuenden Zustand, den Gott sich für die Menschen wünscht, »Gelassenheit«. Und eines ist besonders schön: Wer gelassen ist, dem fällt es auch viel leichter, Gott zu hören.

Alles ist relativ

30. Juni 1905. In der Redaktion der Zeitschrift »Annalen der Physik« geht ein Aufsatz ein. Von einem Angestellten des Patentamtes in Bern. Knappe 30 Seiten. Mit dem nüchternen Titel: »Zur Elektrodynamik bewegter Körper«.

Doch dieser kleine Aufsatz hat es in sich. Warum? Weil er die gesamte Physik umkrempelt und der menschlichen Anschauung völlig zuwiderläuft. Denn der Autor, Albert Einstein, weist darin fröhlich nach, dass weder Raum noch Zeit absolut sind. Ja, selbst die Frage, wie schnell die Zeit vergeht, hängt vom Standpunkt des Betrachters ab – ist also immer relativ. Sprich: Wenn jemand auf einem Lichtstrahl reiten könnte, dann bliebe für ihn die Zeit auf der Erde stehen.

Natürlich gab es damals einen Riesenaufschrei: »Das kann doch nicht sein! Nichts mehr absolut gültig? Alles abhängig vom Standpunkt des Betrachters?« Physiker, Philosophen, Theologen, alle waren wie vor den Kopf geschlagen. Doch Einstein hatte recht.

Außerdem betonte er immer wieder: Dass alles relativ ist, macht die Welt doch nicht beliebig. Natürlich kann ich Dinge weiterhin messen. Aber ich darf Aussagen immer nur in Bezug auf mich machen. Verallgemeinerungen sind unzulässig. Inzwischen haben viele kluge Köpfe eingesehen, dass das nicht nur für die Physik stimmt. Die Relativitätstheorie gilt sogar beim Glauben: Wie Gott ist und was er bedeutet, das kann ich letztlich nur für mich sagen. Ich behaupte: Wenn das alle Religionen kapieren würden, wäre die Welt ein friedlicherer Ort. Da bin ich sicher. Also relativ.

SOS

Dididi Da-Da-Da Dididi. Dreimal kurz, dreimal lang, dreimal kurz. S – O – S im Morsealphabet. Drei kleine Buchstaben, die in den letzten 100 Jahren eine Menge Leben gerettet haben. Wer dieses Signal irgendwo hört, der weiß nämlich, was gemeint ist: »Hilfe, rettet uns! Wir sind in Not.«

Am 1. Juli 1908 wurde SOS als Kürzel offiziell eingeführt. Und gilt seither als Synonym für jede Art von Hilferuf. Nebenbei: Die Buchstabenfolge wurde nur gewählt, weil sie leicht erkennbar ist. Dass SOS für: »save our souls« steht, also für: »Rettet unsere Seelen«, hat man später dazugedichtet.

Trotzdem interessant: »Save our souls.« Rettet unsere Seelen. Keine schlechte Übersetzung. Ich behaupte allerdings: Die Menschen rufen gar nicht dann SOS, wenn ihre Seele in Gefahr ist, sondern immer erst dann, wenn ihr Körper in Gefahr ist. Merkwürdig, oder?

Kaum jemand schreit SOS, wenn er Liebeskummer hat, arbeitslos wird, tieftraurig ist, die Hoffnung verliert, den Burn-out kommen fühlt, alles sinnlos findet oder an sich selbst zweifelt. Dabei sind das die Momente, in denen unsere Seele ernsthaft Schaden nehmen kann.

SOS rufen Menschen, deren Leben bedroht ist. Wie gesagt: der Körper. Eigentlich brauchen wir mindestens genauso dringend einen echten Seelennotruf. Die Kirche kennt übrigens einen: »Herr, erbarme dich.« Und: Der hat auch schon vielen geholfen.

Das Kartell-Gesetz

Das Kartell-Gesetz. Tja, was war das noch? Genau: Dieses Gesetz verbietet unlautere Absprachen von Firmen. Wenn es zum Beispiel in einem Land nur fünf Hersteller von – sagen wir mal – Bratpfannen gibt, dann haben die sich früher einfach gesagt: »Mensch, wir wären doch blöd, wenn wir uns Konkurrenz machen. Das drückt nur die Preise. Lasst uns heimlich für unsere Bratpfannen überhöhte Gewinne einstreichen. Die Leute müssen ja bei einem von uns kaufen.«

Klingt fies. Wird aber noch heute gern gemacht. Und vor der Verabschiedung des Kartell-Gesetzes war das sogar ganz normal. In der Weimarer Republik gab es 1 500 Kartelle, eine Kartellzeitung und regelmäßige Kartellpartys: »Hoch die Preise!«

Ludwig Erhard machte dann als Wirtschaftsminister Ende der 50er-Jahre an einem 3. Juli deutlich: Nur echter Wettbewerb sichert Freiheit. Denn Firmen, die um ihre Kunden kämpfen müssen, machen auch gute Preise und verbessern ihre Produkte. Und freie Entscheidung gibt es nur, wenn Käufer wirklich wählen können.

Insofern ist es vielleicht für die christlichen Kirchen gar nicht schlecht, dass es auf dem spirituellen Markt in Deutschland inzwischen viel Konkurrenz gibt. Dutzende von Glaubensgemeinschaften bieten sich an.

Na und? Manchem bereitet das Kopfzerbrechen. Mir nicht. Erstens motiviert die Konkurrenz die Kirchen, mal wieder etwas Produktpflege zu betreiben, und zweitens bin ich ohnehin überzeugt, dass der christliche Glaube das Beste ist, was einem Menschen widerfahren kann. Der braucht kein Kartell.

Franz Kafka

Es gibt ein paar wenige Menschen, deren Namen zu Verben, also zu Tu-Wörtern wurden. Samuel Morse zum Beispiel: »morsen«. Oder Louis Pasteur. Oder der biblische Onan. Aber das nur am Rande.

Noch weniger Menschen haben es geschafft, dass ihr Name zu einem Adjektiv, einem Eigenschaftswort, wurde. Einer davon hat heute, am 3. Juli, Geburtstag – Franz Kafka, dessen Leben und Werk vor allem eines ist: kafkaesk.

Und was heißt das nun genau, »kafkaesk«? Tja, der in Prag geborene Schriftsteller hat immer wieder Texte geschrieben, in denen Menschen wie in einem Traum mit nicht durchschaubaren Verhältnissen konfrontiert werden oder es plötzlich mit anonymen Mächten zu tun bekommen.

Zum Beispiel in der Geschichte von Gregor Samsa, der eines Morgens als Käfer aufwacht. Kafkaesk, das heißt: irgendwie nicht ganz real, mit dem Verstand nicht zu begreifen – und trotzdem faszinierend. Wenn etwas kafkaesk ist, dann ist es zudem bedrohlich, verrückt, herausfordernd und lebensverändernd. Da kommt etwas in die Welt, das die Normalität durchbricht.

Ich weiß nicht, ob Franz Kafka das so gesehen hätte, aber letztlich sind auch viele Geschichten der Bibel kafkaesk. Klar: Da werden Tote auferweckt, Kranke geheilt, Stürme gestillt, Brote vermehrt und Walfischbäuche erkundet. Etwas Übernatürliches bricht in den Alltag ein. Allerdings: Während solche surrealen Elemente bei Kafka meist Unheil bringen, stiften sie in der Bibel Heil.

Na, vielleicht ist Kafka auch deshalb noch heute ein verblüffender Schriftsteller, weil seine Geschichten eine Ahnung davon haben, dass es zwischen Himmel und Erde mehr gibt, als wir gemeinhin denken.

Begeisterung

4. Juli. Hey, das war 1954 der Tag des Wunders von Bern. Deutschland wurde Fußballweltmeister, und das Land fiel in einen gigantischen Freudentaumel. Ja! Jubelnde Menschenmassen überall. Stolz, Selbstbewusstsein und Begeisterung pur. Da wehte ein richtig frischer Wind durchs Land.

Tja, und nun … Nun hoffen wir bei jeder Meisterschaft, dass es wieder so wird. Und fangen schon mal prophylaktisch damit an. Die Deutschlandfähnchen flattern fröhlich umher, und auch die Begeisterung ist wieder da. Plötzlich liegen sich Fremde in den Armen, erleben ein fantastisches Wirgefühl und fangen an, gemeinsam zu bangen, zu singen, zu tanzen und zu feiern. Und mancher sieht aus, als wäre er ein bisschen glücklicher als sonst.

Eines ist jedenfalls klar: Wer begeistert ist, der lebt anders. Intensiver. Leidenschaftlicher. Und motivierter. Begeisterung sorgt für echte Lebensqualität. Und sofort kommen natürlich die ersten Pessimisten und fragen: »Mensch, was ist nach der Meisterschaft? Werden wir dann wieder so miesepetrig wie vorher? Wovon lassen wir uns dann begeistern?« Herausfordernde Frage, oder?

Christinnen und Christen haben darauf eine alte, aber äußerst bewährte Antwort: »Davon, dass es einen Gott gibt, der uns Menschen unendlich liebt. Davon sind wir begeistert.« Und diese Begeisterung hat eine ganz besondere Stärke: Sie ist nämlich nicht davon abhängig, ob ich oder mein Land gerade Erfolg haben.

Vielleicht ist das ja das Geheimnis echter Begeisterung: sich freuen zu können, auch wenn es gerade mal nicht so gut läuft.

Urlaubsreisen

5. Juli 1841: 570 Menschen drängen sich auf dem Bahnsteig des mittelenglischen Städtchens Leicester. Um was zu tun? Na, um an der ersten Pauschalreise der Weltgeschichte teilzunehmen! Für 1 Schilling bekam man an diesem Tag nämlich nicht nur eine herrliche Bahnfahrt zu einem schönen Dörfchen, sondern auch ein Schinkenbrot, eine Tasse Tee und ordentlich Blasmusik.

Der Veranstalter dieser ungewöhnlichen Versuchsreise war der Verleger und Laienprediger Thomas Cook, der damit unerwartet die Tourismus-Bewegung ins Leben rief und zum Stammvater aller Reisebüros wurde.

Natürlich waren Menschen auch vorher schon unterwegs gewesen. Aber eben nicht zum Vergnügen. Nur als Geschäftsleute, Händler oder Forscher. Dass Reisen Spaß machen kann, wäre damals niemandem in den Sinn gekommen. Bis Thomas Cook loslegte. Und der verfolgte mit seinen Reiseangeboten vor allem geistliche Ziele: Er wollte »Menschen mit Menschen und Menschen mit Gott verbinden«. Das heißt: Die Teilnehmer der Reisen sollten endlich mal Zeit finden, sich in aller Ruhe als Gemeinschaft zu erleben und Gott näher zu kommen. Deshalb setzte er sich auch für das Recht der Arbeiter auf Freizeit ein.

Um es mal frech zusammenzufassen: Ohne den christlichen Glauben gäbe es gar keine Ferien. Das hätten Sie nicht gedacht, oder? Für Thomas Cook war jedenfalls klar: Urlaub ist die beste Zeit, um Gott zu begegnen. In diesem Sinne: Gute Reise!

Tag des Kusses

Küsschen, Küsschen. Ja, heute ist der Tag der Lippenbekenntnisse. Also: Ich liebe es zu küssen. Und am heutigen »Internationalen Tag des Kusses« sollte man das Küssen besonders zelebrieren. Mba.

Übrigens nicht nur, weil es Spaß macht. Küssen sorgt für den Ausstoß von Adrenalin, baut das Stresshormon Kortisol ab, trainiert die Lunge, beseitigt Falten (kein Scherz), stärkt durch den Speichelaustausch das Immunsystem und kräftigt den Zahnschmelz. Wow, oder? Also, nichts wie ran. Das lohnt sich.

Das Allerwichtigste am Küssen sind aber nicht die kleinen medizinischen Nebeneffekte, sondern dass jemand Nähe zulassen kann. Wer küsst, kommt dem anderen nah. Und das ist manchmal schwerer, als man denkt.

Kein Wunder, dass auch das Verhältnis von Gott und Mensch immer wieder mit Küssen verglichen wird. Das berühmte Hohelied Salomos in der Bibel zum Beispiel. Das beginnt mit den poetischen Worten: »Er küsse mich mit dem Kuss seines Mundes; denn die Liebe ist süßer als Wein.« Und ein kluger Mann hat mal gesagt: »Segen – das ist wie ein Kuss Gottes.«

Ich freue mich heute natürlich vor allem darauf, meine Frau zu küssen. Und meine Kinder in den Arm zu nehmen. Aber so ein Internationaler Tag des Kusses könnte auch eine Chance sein, sich mal von Gott küssen zu lassen. Nähe zu wagen, da, wo wir es nicht gewohnt sind. Ja, das geht! Einfach mal probieren. Die Seele spitzen und: Mba, mba …

Bikini

»Es war der Itsy Bitsy Teenie Weenie Honolulu Strandbikini ...« Voilà: Anfang Juli, Mitte der 50er-Jahre, erblickte der Bikini das Licht der Welt. Und weil damals kein seriöses Mannequin bereit war, den kurvigen Blickfänger zu präsentieren, schickte man kurzerhand eine Nackttänzerin auf den Laufsteg.

Der Modeschöpfer Louis Reard betonte zwar mehrfach, er habe bei dem Namen nicht an die Atomwaffentests der USA im Bikini-Atoll gedacht, sondern nur an die Romantik im Pazifik. Trotzdem schlug das Teil ein wie zwei Atombomben und versetzte Strände und Moralisten in hellen Aufruhr.

Alle starrten auf die Dinger, also auf die winzigen Stoffdreiecke, und schrien: »Skandal, Skandal!« Mancher allerdings schaute lieber genauer hin.

Hey, das ist erst rund 60 Jahre her. Wie sehr haben sich die Einstellungen der Menschen in so kurzer Zeit verändert! Heute regt sich doch in Europa keiner mehr über einen Bikini auf. Ist das nun Abstumpfung oder Klugheit? Geht es mit der Moral den Bach runter, oder ahnen wir, dass es im schnellen Wandel der Zeiten letztlich nicht auf solche Äußerlichkeiten ankommt?

Im 5. Jahrhundert hat der Kirchenvater Augustinus einen Satz gesagt, der für mich bis heute alle heiligen und scheinheiligen Diskussionen über kulturelle Veränderungen wunderbar relativiert: »Liebe – und dann tu, was du willst.« Wer liebt, der denkt über die Folgen seines Handelns nach. Und das ist besser als alle Moral. Und zutiefst christlich ist es auch. So jemand kann nämlich selbst entscheiden, ob und wann Bikinis gefährlich sind – und er zwingt sie auch niemandem auf, dem sie fremd sind.

Wenn ich einmal groß bin …

»Wenn ich einmal groß bin, dann werde ich ganz bestimmt … Feuerwehrmann.« Hat Adrian gesagt. Jonas will Moderator werden, Camilla Basketballerin und Frederik, tja, Frederik, der will Pilot werden. Kürzlich gab es im Radio eine Aktion, bei der ganz viele kleine große Träumer Gelegenheit bekamen, mal einen Tag in ihren Traumberuf reinzuschnuppern. Wenn ich einmal groß bin …

Und wenn man dann mal groß ist, dann hat sich's bei vielen ausgeträumt. Feuerwehrmann, Basketballerin, Pilot – da hat man als Berufseinsteiger mit 40 eher schlechte Karten. Na gut, Radiomoderator, das geht noch. Aber es gibt eben Träume, die haben ihre Zeit. Und wenn man nicht rechtzeitig die Weichen stellt, ist der Zug abgefahren. Vor allem für die, die Lokführer werden wollten.

Nur: Die Zeit, Träume zu erfüllen, ist doch nicht vorbei, nur weil die Kindheit vorbei ist. Was für eine schreckliche Vorstellung! Möglicherweise besteht die Kunst des Lebens gerade darin, herauszufinden, welche Lebensträume jetzt dran sind. Und sie dann beherzt anzugehen.

Einer der bewährtesten Ratgeber für Träumer ist übrigens die Bibel. Sie wimmelt nur so von Menschen, die entdecken: »Hey, es gibt noch einiges, was mich herausfordert.« Meistens sind die keine 20 mehr. Aber sie krempeln ihr ganzes Leben um oder wagen einen Schritt ins Unbekannte. Mit Gottvertrauen geht das offenbar.

Wer weiß, vielleicht wird Camilla wirklich Basketball-Profi, Adrian lässt nichts anbrennen und Frederik steuert Großraumflugzeuge nach Oslo oder Dubai. Aber wenn nicht, dann gilt vor allem eines: das Träumen nicht verlernen. Wenn ich einmal groß bin …

Mallorca

Mallorca. Tja, was soll ich dazu sagen? Ich weiß ja nicht, ob Sie zu den Mallorca-Fans oder zu den Mallorca-Hassern gehören. Irgendwie scheidet diese Insel die Geister.

Aber ganz egal, was Sie von Mallorca halten, einen Mann sollten sie auf jeden Fall kennen: Ramon Lull. Kennen Sie nicht? Ging mir bis vor Kurzem auch so. Dabei begegnet man dem Nationalhelden der Insel dort auf Schritt und Tritt.

1232 wurde Ramon Lull in Palma de Mallorca geboren und machte als Page bei Hof ganz groß Karriere. Weil er wohl sehr gut aussah, war er bald der bekannteste Playboy der Insel, um den sich ein Skandal nach dem anderen rankte. »Saufen, Frauen, Spaß und Party«, das war seine Devise.

Und dann hatte der Partyhengst 1263 eine Vision. Er sah Jesus vor sich. Mehrmals. Und zwar so intensiv, dass er beschloss, ein ganz neues Leben anzufangen. Als Erstes plante er ein Buch – und zwar »das beste der ganzen Welt«. Eines, das jüdische, christliche und muslimische Traditionen verbindet und es möglich macht, dass Moslems und Christen liebevoll ins Gespräch kommen. Und während er schrieb und schrieb, wurde er zugleich der Begründer der katalanischen Literatur und der ersten Missionsschule, in der auch orientalische Sprachen unterrichtet wurden.

Der kluge Poet, der christlichen Glauben, Menschenfreundlichkeit und Leidenschaft miteinander verband, lebte nicht nur die meiste Zeit auf Mallorca, er wurde auch in Palma begraben. Ist doch interessant, dass gerade der Nationalheld Mallorcas vom mittelalterlichen »Ballermann« zu einem Vorreiter der Völkerverständigung wurde. Schönen Urlaub!

In der Wettkampfbahn

Es gibt ein paar Gerüchte über fromme Leute, die sich hartnäckig halten. Zum Beispiel, dass Christen bisweilen etwas antriebslos wären, weil sich bei ihnen alles um den Himmel dreht. »Och, die sind immer so lieb.« Nichts mit Ehrgeiz, Power oder vollem Einsatz. Also eigentlich auch keine Kandidaten für sportliche Wettkämpfe.

Wo diese Vorstellung wohl herkommt? In der Bibel steht jedenfalls etwas ganz anderes. Paulus, einer der ersten Christen, sagt da energisch: »Hey, an jedem Wettlauf nehmen viele Leute teil. Aber nur einer bekommt die Medaille. Darum lauft gefälligst so, dass ihr gewinnt. Ich jedenfalls laufe wie einer, der gewinnen will. Und wenn ich boxe, dann will ich auch treffen.«

Natürlich sollen Glaubende leidenschaftlich versuchen zu gewinnen. Warum denn auch nicht? Christlicher Glaube hat doch nichts mit Laschheit zu tun. Die Frage ist nur: Was wollen wir gewinnen? Und da wird Paulus sehr deutlich: »Passt auf, dass ihr um die richtigen Preise kämpft. Um das, was im Leben wirklich zählt.« Das heißt für ihn: »Versucht nicht, die Welt zu gewinnen, sondern den Himmel. Und zwar mit aller Kraft und Leidenschaft.«

Der Unterschied zwischen Christen und Nichtchristen besteht für Paulus also nicht im Kämpfen. Das müssen wir alle. Jeder kämpft den Kampf seines Lebens. Entscheidend ist, welchen Preis er anstrebt. Damit er am Ende nicht feststellt, dass seine ganze Kraft für etwas Unbedeutendes draufgegangen ist. Also: Geben wir unser Bestes.

Ice Age

»Ice Age« ist für mich Kult. Denn die Helden aus der Vergangenheit sind die Stars meiner Kinder – na, und natürlich auch meine: Manni, das stoische Mammut, Diego, der softe Säbelzahntiger, und Sid, das unendlich redefreudige Faultier, drei vorzeitliche Viecher aus einer Zeit vor unserer Zeit, die zusammen herausfordernde Aufgaben erledigen müssen.

Aber der heimliche Held von »Ice Age« ist und bleibt natürlich ... Scrat. Das unermüdliche Urhörnchen, das es sich zur Lebensaufgabe gemacht hat, eine Nuss zu bekommen – und daran seit Ewigkeiten scheitert. Es gibt Leute, die gucken sich die »Ice-Age«-Filme nur wegen Scrat an. Wirklich!

Zu sehen, wie Scrat inbrünstig der Nuss nachjagt, das lässt uns mit ihm bibbern und hoffen. Wie er alles in Kauf nimmt, um sie zu bekommen, immer wieder das Nachsehen hat und trotzdem weitermacht, das ist unglaublich sympathisch. Und von einer unfassbaren Größe.

Ich behaupte: Manni, Diego und Sid finden wir klasse, aber Scrat berührt die Herzen. Weil er ein Ziel hat, das ihm Energie gibt und ihn ständig motiviert, nicht aufzugeben. Und irgendwie – auch wenn es hier nur um eine dumme Nuss geht – kommt da natürlich die Frage auf, was eigentlich uns die Kraft gibt, immer weiterzumachen. Nicht aufzugeben. Tja, vielleicht ist das die Nuss, die wir knacken müssen.

Von Splittern und Balken

Heute geht es um einen berühmten Satz Jesu: »Wieso siehst du den Splitter im Auge des anderen, bemerkst aber nicht den Balken in deinem eigenen Auge?«

Hä? Balken, Splitter? Klar, wir schauen bei anderen genau hin – und da entdecken wir eben auch ab und an irgendwelche störenden Fremdkörper. Und lieben es natürlich, den anderen offensiv darauf hinzuweisen: »Hey, du hast da was! Bei dir stimmt was nicht. Da ist ein Splitterchen.«

»Das wäre ja gar nicht so schlimm«, sagt Jesus, »würden wir nicht andauernd übersehen, dass wir selbst viel größere Probleme haben.« Die symbolisiert der Balken im eigenen Auge. Also: Bei anderen fällt uns sofort auf, wenn in ihrem Leben etwas falsch läuft, aber bei uns übersehen wir sogar die dicksten Fehler. Erstaunlich, oder?

Jesus jedenfalls bündelt diese Erfahrung in dem schönen Satz: »Richtet nicht, damit ihr nicht gerichtet werdet.« Sprich: Nörgelt nicht an den anderen rum, weil die oftmals viel mehr Grund hätten, an euch etwas auszusetzen. Statt gegenseitigem Zurechtweisen bräuchten wir vielmehr eine Kultur der Selbstkritik – und die Kraft, unser Gegenüber zu ermutigen.

Und vielleicht würden wir dann auch lernen, dem anderen beim Beseitigen des Splitters einfach zu helfen. Also: So versteh ich das mit den Splittern und den Balken.

Urlaub im Kopf

Meine Lieblings-Urlaubsgeschichte aus der Bibel spielt vor mehr als 3000 Jahren. Da schickt nämlich der Urvater Abraham seinen Knecht Elieser auf eine große Reise. Elieser soll einmal quer durch die syrische Wüste ziehen, in die Stadt Haran. Und wenn er schon mal da ist, soll er gleich nach einer Frau für den Sohn Abrahams suchen. Interessantes Reiseziel! Oder? Also: Los geht's!

Nach 30 Tagen kommt Elieser völlig abgeschafft in Haran an und denkt: »Oje, wie soll ich bloß herausfinden, welche Frau hier die richtige ist?« Doch dann hat er eine clevere Idee: »Pass auf, Gott. Ich gehe zum Brunnen, an dem die ganzen jungen Frauen Wasser holen, und bitte sie um etwas zu trinken. Und diejenige, die nicht nur mir, sondern auch meinen Kamelen Wasser anbietet, die ist die Richtige. Gott, es wäre schön, wenn du meinen Plan segnen würdest.«

Und siehe da, wenig später kommt die schöne Rebekka, bietet erst Elieser was zu trinken an – und dann auch noch den Kamelen. Die Braut ist gefunden.

Ich finde die Geschichte klasse. Weil Elieser so ein Schlitzohr ist. Einerseits hat er den Plan mit den Kamelen selbst entwickelt. Andererseits legt er die Entscheidung in Gottes Hand: »Gott, es wäre schön, wenn du meinen Plan segnen würdest.« Das ist doch wirklich weise: Aktiv leben und zugleich darauf vertrauen, dass Gott die richtigen Zeichen setzt; eine gute Kombination. Beides zusammen macht wirklich stark.

Telefonbuch

Am 14. Juli 1881 erschien zum ersten Mal in Deutschland ein Telefonbuch. In Berlin. Es hieß allerdings noch nicht »Telefonbuch«, sondern »Verzeichnis der bei der Fernsprecheinrichtung Beteiligten«. Nun, von denen gab es in Berlin damals … na … 94. Und die mussten so manchen Spott über sich ergehen lassen. Die Zeitungen sprachen nämlich höhnisch vom »Buch der 94 Narren« und mokierten sich leidenschaftlich über den »Schwindel aus Amerika«: »Hey, wir haben ein hervorragendes Botensystem, wozu brauchen wir Fernsprecher?«

Hätte man diesen Kritikern was von Handys, SMS, Bluetooth, Internet und iPhone erzählt, sie wären wahrscheinlich in Ohnmacht gefallen. Oder hätten einfach weitergeunkt: »Alles Quatsch, braucht kein Mensch.« Nur stellte etwa der Berliner Hofkonditor Kranzler fest, dass sich sein Umsatz durch den Fernsprecher fast verdoppelte. Und immer mehr Leute gingen dem »Schwindel aus Amerika« auf den Leim. Das Telefonbuch erschien bald monatlich – und das Telefon wurde zu einem echten Schlager. Bis heute.

Interessant finde ich dabei, dass es offensichtlich ein Grundzug des Menschen ist, Innovationen erst einmal kritisch gegenüberzustehen: »Neumodischen Kram brauchen wir nicht.« Das trifft auf die Gesellschaft genauso zu wie auf die Kirchen. Ich meine: Natürlich ist es klug, nicht jeden Trend mitzumachen. Aber man darf auch nicht vor lauter Angst wichtige Neuerungen blockieren. Von Gott heißt es jedenfalls in der Bibel: »Siehe, ich mache alles neu!« Also: Stehen Sie nicht auf der Leitung.

Easy Rider

Zwei junge Typen sind mit dem Motorrad unterwegs. Von Los Angeles nach New Orleans. Billy und Wyatt heißen die beiden – und sie verkörpern alles, was einem konservativen Amerikaner der späten 60er-Jahre so richtig zuwider war. Und tatsächlich: Wegen ihrer langen Haare werden Billy und Wyatt im Restaurant nicht bedient, sie bekommen kein Motelzimmer – und am Ende knallt ein Lkw-Fahrer sie brutal ab.

Der Kultfilm »Easy Rider«, der im Juli 1969 in die Kinos kam, erzählt die Geschichte der beiden Flower-Power-Männer mit starker Rockmusik und faszinierenden Landschaftsbildern. Und Jack Nicholson spielt einen Anwalt, der die Botschaft des Films auf den Punkt bringt: »Wyatt und Billy stehen für die Freiheit. Also müssen sie vernichtet werden.«

Warum? Ganz einfach: Weil viele Menschen Angst vor der Freiheit haben. Weil Freiheit irgendwie unkontrollierbar ist. So wie die Liebe. Die meisten halten sich bis heute lieber an kontrollierbare Regeln als an unkontrollierbare Freiheit. Kein Wunder, dass damals in vielen Kinos Menschen applaudierten, als Billy und Wyatt von ihren Motorrädern geschossen wurden. Freiheit ist bedrohlich.

Das hat es übrigens schon mal gegeben. Als Jesus vor 2000 Jahren auf die Welt kam, war er auf seine Weise auch ein »Easy Rider«. Und es gab auch den gleichen Showdown. Die Menschen hatten so viel Angst vor der Freiheit, die Jesus vorlebte, dass sie ihn lieber umbrachten.

Allerdings: Die Christen sind sicher, dass er wiederauferstand. Weil die Freiheit Gottes größer ist als die menschliche Angst. Und hätte es damals schon Motorräder gegeben, vielleicht wäre Jesus mit einer Harley in den Himmel gefahren.

Disneyland

Mann, ich liebe Freizeitparks. Das Eintauchen in bunte Fantasiewelten. Verrückte Shows. Kreative Unterhaltung. Und wilde Wasserbahnen. Einfach mal für einen Tag aus der Realität aussteigen. Klasse!

Im Jahr 1955 war übrigens ganz Amerika so aufgeregt wie ich. Denn da fieberten am 16. Juli alle der Eröffnung von Disneyland entgegen, der Mutter aller Freizeitparks in Florida. Wie würde es aussehen, das Magic Kingdom? Das zauberhafte Königreich? Nun, die Erwartungen wurden weit übertroffen.

Bis heute strömen jedes Jahr 15 Millionen Menschen nach Disneyland, und die Soziologen sind sich einig: Mit dieser Fantasiewelt hat der Erfinder Walt Disney nicht nur das Reisen verändert – »Los, wir fahren in den Freizeitpark« –, sondern einen Ort geschaffen, an dem die ganze Familie miteinander träumen kann.

Ja, ich weiß: Es gibt nicht nur Freizeitpark-Fans wie mich, es gibt auch Freizeitparkhasser. Meine Frau zum Beispiel. Die findet das alles zu kommerziell und muss in der Achterbahn immer kotzen. In Ordnung. Doch wenn ich meine Kinder anschaue, sehe ich: Die haben da ein herrliches Glitzern in den Augen und lassen sich tatsächlich in die fremde Welt entführen.

Und das ist etwas, was ich auf keinen Fall verlernen möchte: von anderen Formen des Lebens zu träumen. Weil das hilft, neugierig zu bleiben. Aufmerksam. Verantwortungsvoll. Manche nutzen dazu Freizeitparks, andere wissen, dass das mit der Kraft des Glaubens noch viel besser geht. Disney selbst sagte jedenfalls: »Disneyland ist niemals fertig. Es wird wachsen, solange Menschen Träume haben.«

Angela Merkel

»... Happy Birthday to you, Happy Birthday, liebe Angela, Happy Birthday to you.« Ja,

Angela Merkel, unser aller Kanzlerin, hat heute Geburtstag. Und für eine Staatsoberhäuptin war sie von Anfang an ziemlich jung. (Unter uns: Jahrgang 54.)

Natürlich kann man über die Politik von Frau Merkel streiten, aber am Geburtstag soll man nur Gutes sagen. Deswegen: »Angela. Herzlichen Glückwunsch. Du bist irgendwie eine spektakulär unspektakuläre Politikerin. Und das macht dich sympathisch. Du wirkst integer. Du schnürst, so scheint mir, keine Lügenpakete, und ich habe das Gefühl: Wo Angela Merkel draufsteht, da ist auch Angela Merkel drin. Gut, manchmal könnte ein bisschen klarer draufstehen, was du eigentlich willst. Und natürlich freue ich mich als Pfarrer besonders, dass du offen zu deinem christlichen Glauben stehst. So sehr, dass du in der Ex-DDR keine Lehrerin werden durftest, obwohl du dir das sehr gewünscht hattest. Und dein Leitbild aus der Antrittsrede könnte von Jesus selbst stammen: ›Ich kenne viele Menschen, die dem Land, anderen Menschen und der Gemeinschaft dienen – selbstlos und ohne dass davon groß Notiz genommen wird. Diese Menschen müssen unser Vorbild, das Vorbild für diese Bundesregierung sein.‹ Soll ich dir was sagen, Angela: Ich nehme es dir ab.«

So. Und weil man zum Geburtstag auch noch was wünschen soll, wünsche ich Angela Merkel viel Segen – und allen, die in Deutschland Politik machen. Jemand hat mal gesagt: Segen zeigt, dass wir es nicht alleine schaffen müssen. Dieses Wissen sollte auch in der Politik nicht schaden. Liebe Angela, feiere schön.

Einschulung

Irgendwann werden die kleinen 6-Jährigen den Tag ihrer Einschulung möglicherweise verfluchen. Wenn sie endlos über Hausaufgaben brüten, die nächste eklige Klassenarbeit ansteht oder sich die 45 Minuten der Physikstunde anfühlen wie 2000 oder mehr. Irgendwann …

Aber am Einschulungstag stehen sie stolz wie Oskar mit leuchtenden Augen und strahlenden Gesichtern mit ihren Eltern vor dem Schultor und sind vor Freude ganz kribbelig. Denn es ist Einschulung. An diesem Tag sind sie die Größten. Und vielleicht ahnen sie etwas, was ihnen hoffentlich nie mehr verloren geht: dass es ein Geschenk ist, lernen zu dürfen. Für diese Kinder ist die Welt eine gigantische Schatzkiste, die es zu erforschen gilt. Und jetzt können sie endlich richtig loslegen. Toll!

Tja, und weil man in solchen Übergangssituationen gut versorgt sein muss, bekommen Kinder nach altem Brauch eine Schultüte, mit Wegzehrung für den neuen Lebensabschnitt. Klar, ist nur ein Symbol. Aber ein starkes.

Manchen Eltern sieht man übrigens deutlich an, dass sie auch gerne noch einmal so unbeschwert das Leben erobern würden. Und dass sie auch gerne mal wieder eine Schultüte hätten. Wegzehrung für ihren nächsten Lebensabschnitt. Nur, was könnte da wohl drin sein? Was braucht man, um als Erwachsener neue Wege mutig gehen zu können?

Vielleicht nicht viel mehr als das, was in vielen, vielen Schulanfängergottesdiensten mit klaren und einfachen Worten gesagt wird: »Ganz egal, was in der nächsten Phase deines Lebens passiert – du bist nicht allein. Gott ist bei dir!« Das ist sozusagen die Grundnahrung, die Grundausrüstung, die man braucht.

Urlaubslektüre

»Ha!«, werden Sie jetzt sagen. »Der Mann ist doch Pfarrer. Der empfiehlt uns als Urlaubslektüre bestimmt die Bibel. Ganz originell.« Nee, mache ich nicht. Also: Natürlich bin ich der Letzte, der Sie davon abhalten würde, im Urlaub die Bibel zu lesen. Aber ich gebe zu: Wenn man eine altertümliche Übersetzung erwischt, ist es doch bisweilen ein wenig mühsam.

Dabei sind die Geschichten der Bibel unglaublich spannend. Vielleicht, weil sie irgendwie immer mit uns zu tun haben. Und eine, die das klar erkannt hat, war die bekannte schwedische Schriftstellerin Marianne Fredriksson, die vor Kurzem gestorben ist.

In Deutschland ist Marianne Fredriksson vor allem durch ihre Romane »Hannahs Töchter« und »Simon« bekannt geworden. Und als sie dann plötzlich als Bestsellerautorin galt, hat der Verlag es auch gewagt, ihre wesentlich älteren Nacherzählungen biblischer Geschichten zu veröffentlichen. Und die sind richtig gut.

Mit psychologischem Feingefühl und erzählerischer Leidenschaft versucht Marianne Fredriksson, die biblischen Figuren zu verstehen – und denkt sich dafür tief in sie hinein: in »Eva«, in »Abels Bruder«, in die Familie Noah bei der »Sintflut« oder in »Maria Magdalena«. Das ist nicht nur ein echtes Lesevergnügen, man begreift auch, warum diese Geschichten seit Jahrtausenden Menschen berühren.

Das ist mein Tipp für eine inspirierende Urlaubslektüre. Gesegnete Reise!

Weltraumforschungstag

1969 betrat am 20. Juli zum ersten Mal ein Mensch den Mond. Und 1976 landete die amerikanische Marssonde »Viking 1« am 20. Juli auf der Marsoberfläche. Wow. Also hat man den 20. Juli zum »Weltraumforschungstag« ernannt.

Erinnern Sie sich noch an die Mondlandung? Ich war damals, 1969, zwei Jahre alt – und behaupte bis heute, dass die nächtliche Übertragung dieses Ereignisses meine erste bewusste Erinnerung ist. Weil alle um mich herum so aufgeregt waren.

Neil Armstrong kam nach der Landung aus der Kapsel, und bevor er den Fuß auf den Mond setzte, sagte er die berühmt gewordenen Worte: »Ein kleiner Schritt für mich. Ein großer Schritt für die Menschheit.« Toller Satz, oder?

Andererseits: Dieses erste fröhliche Hüpfen auf dem Mond war ganz sicher ein Riesenschritt für die Technik und auch für viele Wissenschaftler. Aber ob es die Menschheit so viel weitergebracht hat? Ich weiß nicht. Was denken Sie?

Was ließe die Menschheit einen großen Schritt nach vorne machen? Beziehungsweise: Was hat die Menschheit nach vorne gebracht? Die Abschaffung der Sklaverei? Die Demokratie? Die Gleichberechtigung? Der Frieden? Die Globalisierung? Schwer zu sagen.

Ich glaube, dass die Menschheit immer dann einen großen Schritt macht, wenn sie Werte entdeckt, die größer sind als die egoistischen Motive Einzelner. Um so über sich hinausschauen zu können, braucht es aber vor allem eines: Glauben. Glauben an einen Gott, der die Welt – und auch den Weltraum – geschaffen hat.

Francesco Petrarca

»Gepriesen sei die erste süße Qual / der Strahlen ihres Blicks, die mich bezwangen, / die Pfeile Amors, die mein Herz durchdrangen, / die Herzenswunden tief und ohne Zahl.«

Mann, der war vielleicht verliebt. Sieht im Gottesdienst eine schöne Frau und kann fortan an nichts anderes mehr denken als an dieses wundervolle Geschöpf, hingerissen, brennend und dabei unendlich traurig. Denn leider ist die Gute verheiratet. Was den jungen Mann nicht davon abhält, ihr im Laufe der folgenden Jahre immer neue Liebesgedichte zu schreiben, 366, um genau zu sein.

Nun: Die Beziehungsgeschichte hat kein Happy End. Laura, so heißt die Angebetete, stirbt zwei Jahrzehnte nach ihrer ersten Begegnung an der Pest, Francesco Petrarca aber, der verzweifelt begehrende Dichter, eröffnet mit seinen berühmten Liebes-Sonetten die Literaturgeschichte der Neuzeit – mit sehnsuchtsvollen Texten voller Hingabe, die durch den Schmerz der Unerfüllbarkeit eine besondere Kraft bekommen.

Gestern vor etwas mehr als 700 Jahren wurde Petrarca, der Schriftsteller, Philosoph, Humanist und Lebenskünstler, in Arezzo geboren. Und er ist bei aller Verliebtheit irgendwie auch ein Schlitzohr. Selbst in die schwelgerischsten Liebesverse lässt er kluge Gedanken über seinen Gemütszustand oder die politische Lage einfließen. So sehr, dass Kritiker schon vermutet haben, die schöne Laura sei vielleicht nur eine Erfindung.

Petrarca wusste eben, dass es das Leben eines Menschen verändert, wenn er an etwas glauben kann. Und für ihn als Menschen des 14. Jahrhunderts waren Leidenschaft und Hingabe natürlich auch mit dem christlichen Glauben verbunden. Darum schwang in seiner großen Liebe zu Laura immer die Liebe zu Gott mit.

Sein Rat an die Menschen von heute wäre sicher ganz schlicht: »Verliebt euch mal wieder richtig! In einen Menschen, in Gott, in das Leben.« Das gehört nämlich alles zusammen.

Reisesegen

Früher war Reisen richtig gefährlich. Klar, schließlich lauerten unterwegs überall Gefahren: Seuchen, Wegelagerer, Raubtiere, reißende Flüsse oder Ungeziefer in den Herbergen. Wer sich auf den Weg machen musste, der überlegte sich das lieber zweimal – und war heilfroh, wenn er wieder gesund und munter zurückgekehrt war. Tatsache ist nämlich: Es blieben viele Leute einfach auf der Strecke.

Kein Wunder, dass man sich jahrhundertelang für die Reise segnete. In Irland entstand daraus sogar eine eigene Literaturgattung, der Reisesegen. Menschen bekamen den Beistand Gottes für ihre Fahrten zugesagt. Und gingen daraufhin zuversichtlicher und unbeschwerter los. Das klang zum Beispiel so: »Möge Gott dich führen und leiten, auch wenn du durch tiefe Täler und dunkle Schluchten wandern musst.« Die Reisenden wussten dann: Wir haben einen himmlischen Reiseleiter bei uns. Wie gut.

Ob gesegneten Menschen statistisch weniger zustößt als nicht gesegneten Menschen, weiß ich nicht. Aber ich bin trotzdem sicher, dass gesegnete Menschen anders reisen. Sie fühlen sich getragen, geborgen, begleitet. Sie vertrauen. Und das gibt Zuversicht und Kraft.

Übrigens gab es solche Reisesegen schon vor 3000 Jahren. In der Bibel heißt es: »Du zeigst den Menschen den unbekannten Weg und lässt die Sonne sie nicht versehren auf der herrlichen Reise.« Nebenbei: So einen Brauch kann man auch wieder aufleben lassen. Schließlich ist es jedem erlaubt, seine Kinder, Eltern, Freunde oder Bekannten für die Reise zu segnen. Ich glaube, dass es wirkt.

Südafrika 1

Südafrika. Steht bei mir ganz oben auf der Reise-Wunschliste. Vielleicht, weil alle Freunde, die von dort zurückkommen, ein besonderes Glitzern in den Augen haben. Die schwärmen von Löwen und Gnu-Herden, vom Tafelberg und dem Sternenhimmel, vom guten Wein, dem Meer und den Menschen. Und ich werde äußerst sehnsüchtig.

Würde ich aber in einem Quiz gefragt, was mir als Erstes zu Südafrika einfällt, käme als Antwort immer: »Nelson Mandela«. Der große Held Südafrikas, der durch seinen unermüdlichen Einsatz gegen die Apartheid entscheidend zur Aufhebung der Rassentrennung beitragen konnte.

Nelson Mandela hat mal gesagt: »Der Kampf ist mein Leben.« Und das stimmt: Er hat seinen Traum von einem neuen Südafrika, in dem die Schwarzen nicht mehr unterdrückt werden, über alles gestellt. Über sein Privatleben, über seine Gesundheit und über seine Familie. Selbst unter den übelsten Haftbedingungen hat er weitergekämpft, indem er eine Art »Gefangenen-Universität« gründete, in der sein Traum wachsen konnte. Und seine Ausdauer hat sich gelohnt. 1994 wurde er zum ersten schwarzen Präsidenten Südafrikas.

Was bringt einen Mann dazu, fast 30 Jahre für seine Ideale im Gefängnis zu verbringen, obwohl man ihm mehrfach die Freiheit angeboten hat, wenn er nur aufhört zu kämpfen? Warum opfert jemand sein Leben für andere? War sein Traum einfach größer als sein Ego? Ich weiß es nicht.

Aber eines weiß ich: Wenn ich an Nelson Mandelas heroischen Einsatz denke, dann ahne ich auch, warum jemand wie Jesus bereit war, sein Leben für andere zu lassen. Aus Liebe zu den Menschen und zu seinen Idealen. Einer trägt die Last für andere. Dass Jesus am Kreuz die Schuld der Welt auf sich nimmt, das ist für mich befreiend. Dass Nelson Mandela im Gefängnis für die Freiheit gekämpft hat: Das ist für mich Südafrika.

Südafrika 2

Ab ans Kap! Wilde Tiere, aufregende Savanne, subtropisches Klima und ein Rendezvous mit Jessica, einer 900 Kilo schweren Nilpferddame. All so etwas kann man in Südafrika erleben. Wie gesagt, da wollte ich unbedingt mal hin.

Ab ans Kap! Unter uns: Ich finde da ja den Tafelberg am faszinierendsten. Diesen 1 087 Meter hohen Ausblick über das Kap der Guten Hoffnung. Ein Freund von mir hat sich von den Erzählungen über den Tafelberg so begeistern lassen, dass er schon mehrfach oben war, zweimal mit der Seilbahn und einmal zu Fuß.

»Und«, habe ich ihn gefragt, »was war am Schönsten: vom Tafelberg erzählt zu bekommen, mit der Seilbahn hochzufahren oder zu laufen?« Da hat er laut gelacht. »Natürlich das Hochlaufen. Das dauert drei Stunden, während man mit der Seilbahn in fünf Minuten oben ist. Und die Erzählungen waren ohnehin nur ein Vorgeschmack. Weißt du, wenn man hochgewandert ist, dann steht man oben anders da. Dann ist der Ausblick irgendwie viel kostbarer und erfüllender.«

»Tja«, hab ich gedacht, »das ist eigentlich wie beim Glauben: Einige lassen sich davon vorschwärmen und finden Glauben grundsätzlich gut, und andere machen sich auf den Weg. Und wieder andere hoffen ein Leben lang auf die Seilbahn, die sie nach oben bringt.« Wahrscheinlich gibt es tatsächlich verschiedene Zugänge zum Glauben, aber es selbst zu wagen ist allemal der schönste.

Louis Blériot

Tausend Pfund hatte die Londoner Zeitung »Daily Mail« ausgeschrieben. Das war im Jahr 1909 richtig viel Geld. Diesen Preis sollte derjenige bekommen, der es als Erster schaffte, den 33 Kilometer breiten Ärmelkanal zwischen England und Frankreich mit einem Flugzeug zu überqueren.

Und am 25. Juli war es so weit: Der Franzose Louis Blériot stieg morgens um 4:35 Uhr in sein selbst gebasteltes 25-PS-Flugzeug, flog los und … kam an.

Ich finde das faszinierend. Vor allem, weil der Kerl so einen unglaublichen Mut hatte. Das Flugzeug, mit dem er startete, war nämlich schon sein elftes – alle anderen waren abgestürzt. Kein Wunder, dass er gern verspottet wurde: »Fliegen? So ein Quatsch. Menschen können nicht fliegen. Das hat es ja noch nie gegeben.«

Blériot sah das anders: Nur weil manche Leute nicht glauben können, dass es zwischen Himmel und Erde mehr gibt, als unsere momentane Vorstellungskraft erfasst, heißt das noch lange nicht, dass es nicht entdeckt werden kann. Und er blieb dran, trotz aller Blessuren und Niederlagen. Er glaubte an seinen Traum. Und deshalb stieg er auch in den Himmel auf.

Blériot brauchte für seinen Rekordflug ungefähr eine halbe Stunde. Heute fliegt ein Jumbo die Strecke in gerade mal 2 Minuten. Na und? Der Franzose hat gezeigt, dass Glaube nicht nur Berge versetzen, sondern auch Meere überqueren kann.

Südafrika 3

Irgendwie stimmt hier gar nichts: Die Sonne steht hoch im Norden, das Wasser im Abfluss dreht sich falsch herum – und ich, ich hänge mit dem Kopf nach unten. Oder wie? Ich meine, das ist doch absurd: Mitte Mai ist hier gerade die Weinlese vorüber, der Winter ist im Sommer – oder ist es umgekehrt? Und wenn ein Feiertag auf einen Sonntag fällt, wird er automatisch am Montag nachgeholt. Wirklich eine andere Welt.

Und doch leben allein in Pretoria in Südafrika, wo ich zu Gast war, mehr als 30 000 Deutsche. Als Farmer, als Geschäftsleute, als Diplomaten, als Nachfahren der Goldsucher, die hier die größte Ader der Welt ausbeuteten, oder als Missionare. Es ist seltsam: In ganz Südafrika leben mehr Deutsche als Isländer auf Island.

Und ich habe hier unter Jacaranda-Bäumen gesessen und mich darüber gewundert, wie unterschiedlich Deutsche ihr Dasein gestalten können. Als ich Luise, meine Gastgeberin, gefragt habe, ob es sie nicht nervt, dass an Weihnachten an den Tannenbäumen die Kerzen bei 40 Grad schmelzen und dass Frauen hier nachts über rote Ampeln fahren sollen, damit sie nicht überfallen werden, hat sie nur gelacht.

»Wieso sollte mich das nerven? Ich kenne es ja nicht anders. Ich bin hier geboren. Ich habe noch nie Schnee gesehen – und lebe trotzdem zufrieden. Ich liebe Südafrika.« Und dann hat sie fröhlich hinzugefügt: »Vielleicht steht die Welt in deinen Augen hier Kopf – aber Gott … Gott ist der Gleiche. Und wenn ich das weiß, ist es ganz egal, wo die Sonne entlangläuft.« Eine kluge Einstellung. Finde ich. In diesem Sinne: Schöne Grüße aus Südafrika.

Südafrika 4

Südafrika. Tolles Land. Wissen Sie, was mir besonders gefallen hat? Die Sundowner. Wenn es langsam dunkel wird, dann sucht man sich in Südafrika einen schönen Ort und ein paar nette Leute, beobachtet den Sonnenuntergang und trinkt etwas Leckeres. Eben einen Sundowner. Einen »Sonnenuntergangler«.

Meinen schönsten Sundowner habe ich in einem Tierpark genossen, im Angesicht einer großen Gnu-Herde, die mich genauso neugierig beäugte wie ich sie. Es mag ein bisschen pathetisch klingen, aber wenn man dann so der Sonne nachschaut, empfindet man plötzlich einen tiefen Frieden. Also: ich jedenfalls. Das Tagwerk ist vollbracht – und es wird Zeit, zur Ruhe zu kommen. Feierabend. Ein uriges Ritual, das einfach guttut, ein bewusster Schnitt zwischen Arbeit und Freizeit.

In Deutschland vergisst man oft, diesen Übergang zu feiern, und ich bin mir dann manchmal nicht sicher, ob ich nicht in Gedanken einfach weiterarbeite. Schade. Denn die Trennung von Arbeit und Freizeit ist ein urbiblischer Wert. Sozusagen eine Erfindung Gottes. Feiere den Unterschied zwischen Alltag und Sonntag.

Nun: In Deutschland geht die Sonne leider nicht so konstant am frühen Abend unter wie in Südafrika. Egal. Ich zelebriere jetzt trotzdem zuweilen ein Arbeitstag-zu-Ende-Ritual. Und dann fühle ich mich ein bisschen wie in Südafrika. Ein Glas Wein, ein schöner Ort, nette Menschen. Feierabend. Probieren Sie's heute Abend mal aus!

Fingerabdruck

Am 28. Juli 1858 hatte Sir William Herschel in Kalkutta genug von dem ganzen Lug und Trug: Jede Woche kassierten mehr Leute von ihm Lohn, als überhaupt bei ihm arbeiteten. Warum? Na, weil für ihn die indischen Angestellten alle gleich aussahen. Die erschienen halt mehrfach an der Kasse. Doch das sollte anders werden – und Herschel wusste auch schon, wie: Jeder, der Lohn bekommt, muss einen Fingerabdruck hinterlassen.

Eigentlich hätte das Einfärben der Finger zum Erkennen schon gereicht. Doch Herschel stellte bald erstaunt fest, dass jeder Fingerabdruck anders war. Einzigartig. Persönlich. Ja, die sahen wirklich alle unterschiedlich aus. Eine kluge Beobachtung, die bis heute nicht widerlegt werden konnte. Die Fingerspitzen sind ein verräterischer Ausdruck absoluter Individualität.

Allerdings kann dieser unverwechselbare Fingerabdruck auch zum Verhängnis werden. 1903 übernahm nämlich die Polizei in Deutschland die »Daktyloskopie«, wie der von Herschel entdeckte Vergleich von Fingerabdrücken wissenschaftlich heißt – und seither hat sie geholfen, unzählige Verbrechen aufzudecken.

Nun, einem Kriminalbeamten kann ein Fingerabdruck den Täter verraten. Für mich hat er noch eine ganz andere Bedeutung. Er zeigt mit seinen geschwungenen Linien, dass jeder Mensch einmalig ist, unverwechselbar, besonders. Die Bibel drückt das übrigens so aus: Gott nimmt jeden Menschen so persönlich wahr, dass er sogar weiß, wie viele Haare jeder Einzelne auf dem Kopf hat. Und dazu braucht es wahrlich Fingerspitzengefühl.

Quantenmechanik

Am 29. Juli 1925 präsentierte der deutsche Physiker Werner Heisenberg eine bahnbrechende Theorie: die Quantenmechanik. Und die stellt das ganze menschliche Denken auf den Kopf. Warum?

»Tja«, sagt Heisenberg, »wenn man im Mikrokosmos, also im Bereich der Atome, forscht, dann entdeckt man bald: Irgendetwas stimmt hier nicht. Hier gelten die physikalischen Gesetze gar nicht mehr. Zum Beispiel das Gesetz von Ursache und Wirkung. Oder die Schwerkraft. Das heißt: Man kann ein Atom mit den Prinzipien der klassischen Physik nicht beschreiben.«

So entwickelte Heisenberg mit mehreren Kollegen die Quantenmechanik, mit deren Hilfe man heute die physikalischen Eigenschaften von Atomen sehr genau beschreiben kann. Aber nur, weil in dieser Theorie viele angebliche »Naturgesetze« eben nicht mehr gelten. Die Wissenschaftler mussten völlig neue Erkenntnisstrukturen finden, um ein Atom beschreiben zu können.

Verrückt, oder? Wir haben inzwischen verstanden, dass man Atome nicht mit dem herkömmlichen Denken erklären kann – und versuchen gleichzeitig immer noch, Gott oder die Liebe mit dem herkömmlichen Denken zu verstehen. Aber Gott lässt sich doch genauso wenig wie ein Atom mit klassischen physikalischen Formeln beschreiben. Auch wenn wir das bisweilen gerne hätten.

Eigentlich bräuchten wir für den Glauben auch ein Denken, das die klassische Beziehung von Ursache und Wirkung überwindet. Eine Erkenntnistheorie, in der es weniger um Verstehen als um Vertrauen geht. Das wäre wirklich ein Quantensprung.

Israel

Jedes Jahr wird im Hochsommer in Deutschland ein »Israelsonntag« gefeiert. Ein Sonntag, an dem die evangelische Kirche besonders daran denkt, dass die Wurzeln des christlichen Glaubens für alle Zeiten in Israel liegen. Dort hat sich Gott zum ersten Mal offenbart, mit diesem Volk hat er zuerst Kontakt aufgenommen – und in Bethlehem ist er in der Person von Jesus Christus selbst auf die Welt gekommen. Außerdem liegt auf der Stadt Jerusalem weiterhin eine der bedeutendsten biblischen Prophezeiungen: »Von dort soll Heil ausgehen.«

Und genau das macht es jedes Jahr so unglaublich kompliziert, diesen Tag zu feiern. Ich meine: Wenn ich die ewig aktuelle Krisensituation in Israel sehe, nehme ich vor allem Unfrieden und Verzweiflung wahr, wenig Heil und Segen. Das finde ich erst einmal schmerzhaft.

Aber zum Glück geht es bei solchen Verheißungen um mehr als um eine politische Situation. Die großen Verheißungen behalten ihre Gültigkeit, auch wenn wir als Menschen manchmal weit dahinter zurückbleiben. Das gilt übrigens für alle Religionen. Man darf die Krise in Israel nicht nur als Krise des Glaubens betrachten, so wie man auch nicht von Terrorzellen auf den ganzen Islam oder von christlichen Kriegstreibern auf das Christentum schließen kann.

Zum Glück sind Verheißungen größer als Menschen. Ich glaube und bete, dass das eines Tages dauerhaft wahr wird: »Von Jerusalem geht Heil aus.«

Der kleine Prinz

Mann, mit dem »Kleinen Prinzen« bin ich groß geworden. Ich kann noch immer einige Teile dieses Meisterwerks von Saint-Exupéry auswendig. So oft habe ich die Geschichte gehört.

Vor allem aber habe ich vom »Kleinen Prinzen« gelernt, was Freundschaft ist. Ja, dieser Prinz reist doch von dem winzigen Asteroiden, auf dem er wohnt, auf verschiedene Planeten und landet schließlich auf der Erde, wo er nicht nur mit einem abgestürzten Piloten, sondern auch mit einem Fuchs Freundschaft schließt.

Dieser Fuchs ist anfangs sehr scheu. Darum werden die beiden auch nur ganz langsam miteinander vertraut. »Du musst mich zähmen!«, sagt der Fuchs. Und beide wissen, dass das ein komplizierter, geheimnisvoller Prozess ist. Weil es herausfordert, gezähmt zu werden. Weil wir uns dann von jemandem abhängig machen und auf ihn angewiesen sind. Und weil wir Angst haben, enttäuscht zu werden. Was ist, wenn unser Vertrauen missbraucht wird? Der kleine Prinz und der Fuchs wagen es. Sie zähmen einander. Herrlich.

Seit einiger Zeit wird gerade in Europa der Wert der Freiheit unendlich hochgehalten. Zu Recht. Freiheit ist großartig. Wenn aber Menschen vor lauter Freiheitsbedürfnis Angst haben, sich zu binden, dann kann Freiheit auch einsam machen. Freundschaft heißt: sich in Freiheit binden. Ganz gleich ob an einen Menschen oder an Gott. Freiwillig eingestehen, dass wir auf Beziehungen angewiesen sind. Auch wenn wir uns dafür zähmen lassen müssen.

Das habe ich vom »Kleinen Prinzen« gelernt. Und dass sein Schöpfer, Saint-Exupéry, am 31. Juli 1944 verschollen ist, lässt mich umso mehr an ihn denken.

Rechtschreibreform

Am 1. August 2006 ist sie endgültig in Kraft getreten: die Rechtschreibreform. Also: die Reform der Reform der Reform der Reform der neuen Rechtschreibung. Von diesem Tag an müssen wir jetzt alle ... äh, wie müssen wir jetzt eigentlich schreiben?

Ich hab den Überblick ein bisschen verloren: scharfes »s« oder zwei »s«, groß oder klein, getrennt oder zusammen? »Komma oder nicht Komma, das ist hier die Frage.« Und: Darf man jetzt »st« im Wort »Wurst« trennen oder nicht? Alle Klarheiten beseitigt, oder? Dabei sind die Sprachwissenschaftler mit einem großartigen Vorsatz angetreten: »Wir wollen das Schreiben einfacher machen! Logischer und konsequenter. Verwirrende Regeln und Formen sollen abgeschafft werden. Kurzum: Wir entwickeln ein Gesetz, das den Menschen hilft.« Das finde ich richtig lobenswert.

Jesus ist unter anderem dadurch aufgefallen, dass er gerne geschriebene und ungeschriebene Gesetze missachtete. Und er hat dazu einen sehr klugen Satz gesagt: »Die Menschen sind nicht für die Gesetze da, die Gesetze sind für die Menschen da.« Wenn ein Gesetz eine hilfreiche Ordnung schafft und Leben fördert, ist es gut. Und wenn es nicht hilft, muss man es überdenken.

Das gilt selbst für die Zehn Gebote, die nie eine Sammlung von Einschränkungen sein sollten, sondern wertvolle Hinweise darauf, wie man in einer Gemeinschaft sinnvoll zusammenleben kann. Sie wollen den Menschen das Leben erleichtern.

Ob nun die neue Rechtschreibung tatsächlich ein Gesetz ist, das für uns da ist, wird sich in den nächsten Jahren zeigen. Ich hoffe sehr, dass die neue Rechtschreibung sich als menschenfreundlich erweist ... mmh, »menschenfreundlich«, schreibt man das jetzt getrennt oder zusammen?

Peanuts

Am 2. August 1984 wurde ein verrückter Rekord gebrochen. Zum ersten Mal in der Geschichte der Menschheit erschien ein Comicstrip gleichzeitig in 2000 Zeitungen. Und zwar die Peanuts. 1950 hatte der Zeichner Charles Schulz erstmals ein Abenteuer von Charlie Brown und seinen Freunden veröffentlicht – und jetzt hatten die kleinen Leute die Welt erobert.

Dabei sind die Helden eigentlich alle Verlierer. Erstaunlich, oder? Vor allem Charlie Brown ist eine tragikomische Figur im Kampf gegen die Windmühlen unserer Zeit. Warum begeistert er trotzdem so viele Menschen? Darüber forschen Comicologen jetzt schon seit über 50 Jahren. Und sie haben eine Antwort gefunden.

Ganz einfach: Die Peanuts zeigen uns, wie das Leben wirklich ist. Die scheitern zwar immer wieder – aber sie nehmen dieses Scheitern liebevoll und ohne Verbissenheit an. Das Verrückte dabei ist: Dass aus verbitterten Verlierern fröhliche Weitermacher werden, ist eigentlich das Geheimnis des Glaubens. Darum hat man auch vom »Evangelium nach den Peanuts« gesprochen.

Was nicht verwunderlich ist. Charles Schulz, ihr Schöpfer, war nämlich sehr religiös und engagierter Prediger in einer Freikirche. Er hat mit Charlie Brown, Snoopy und Linus gezeigt, dass Gelingen, Schönheit und Wärme etwas mit einem entspannten, heiteren Umgang mit dem Leben zu tun haben. Und dass man nicht immer gewinnen muss, um glücklich zu sein. Manchmal kann uns ein Comicstrip das leichter sagen als eine Predigt.

Hör-Spiele

Es war im Jahr 1922. Am 3. August. Da kam »Der Wolf«. Im Radio. Das erste Hörspiel der Weltgeschichte. Spannend. Und weil Tonaufzeichnungen damals noch sehr kompliziert waren, saßen die Schauspieler live im Studio. Angeblich sogar in Kostümen, weil sie als Theaterleute das neue Medium noch nicht recht einordnen konnten.

Mit der Übertragung von »Der Wolf« begann eine große Zeit. Fast alle Familien saßen fortan regelmäßig am Radio, um sich gemeinsam von Hörspielen den Horizont erweitern zu lassen und mit den Helden der Geschichten mitzufiebern. Bis in die 60er-Jahre war das Hörspiel die bedeutendste Form der Massenunterhaltung.

Und dann eroberte der Fernseher die Wohnzimmer. Die Menschen wollten das, was sie bislang immer nur gehört hatten, auch sehen. Es kam die visuelle Gesellschaft – und die Hörspiele waren abgemeldet.

Oder auch nicht. Schließlich entdecken jetzt immer mehr Menschen das Hörbuch für sich. Vielleicht, weil es inspirierender ist, sich beim Hören eigene Vorstellungen zu machen, als fertige Bilder geliefert zu bekommen. Das Schönste ist, was im Kopf passiert. Allerdings: Während die Menschen in der Frühzeit des Radios die Hörspiele in der Regel gemeinsam feierten, sind heutige Hörbuch-Hörer meist allein.

Wer weiß, vielleicht wächst ja irgendwann auch wieder die Lust am persönlichen Geschichtenerzählen. Weil nichts die Gemeinschaft mehr fördert. Wer Geschichten von Gott und der Welt hört, blüht auf. Dann wird aus einem Hör-Spiel ein echter Hör-Genuss. Wie sagt Jesus so treffend: »Wer Ohren hat zu hören, der höre.«

Ventilator

Ich habe mir vor drei Wochen einen Ventilator bestellt. Im Internet. Ziemlich teures Teil. Ich bekam sofort eine Mail: »Wir freuen uns, dass Sie einen Ventilator bei uns bestellt haben. Innerhalb von zwei Arbeitstagen wird Ihre Bestellung ausgeliefert.« Jetzt warte ich schon drei Wochen auf das Mistding. Ich kann Ihnen sagen, ich habe dermaßen geschwitzt – in meinem Arbeitszimmer unterm Dach, nicht isoliert. Ab und zu wäre ich zum Abkühlen am liebsten in die Sauna gegangen. An den schlimmsten Tagen habe ich nur in Unterhose gearbeitet. Zum Glück kam kein Besuch.

Was ich einfach nicht begreife: Wieso sind diese blöden Hersteller von Ventilatoren denn nicht auf eine solche Hitzewelle vorbereitet? Wieso haben die Lieferschwierigkeiten? Man kann doch überall seit Jahren lesen, dass es mit dem Klima immer schlimmer wird: heiße Sommer, schrumpfende Gletscher, Hochwasserkatastrophen, Stürme und fruchtbare Äcker, die sich in Wüsten verwandeln. Innerhalb der letzten 50 Jahre hat sich die Temperatur der Atmosphäre merklich erhöht und die Zahl der auffälligen Wetterereignisse vervierfacht. Und dass Holland in absehbarer Zeit durch schmelzende Polkappen überflutet wird, stand auch irgendwo.

Als es noch heiß war, habe ich manchmal Angst bekommen, wie das wohl wird in der Zukunft, ohne Ventilator. Aber jetzt, wo die Temperaturen nachgelassen haben und ich mich wieder besser fühle, ist das vorbei. Dabei weisen die Klimaforscher weiter darauf hin, dass zwei Drittel der Erderwärmung von Menschen gemacht sind und die Treibhausgase dringend reduziert werden sollten.

Wie groß müsste eine Hitze-Katastrophe eigentlich sein, damit die Ventilatoren-Industrie endlich mal vorausschauend plant? Immerhin: Seit den Überschwemmungen im Osten denkt man ja intensiver über Hochwasserschutz nach. Aber ansonsten gilt: Aus den Augen, aus dem Sinn. Wenn das nicht mal die Hersteller von Ventilatoren hinkriegen, wer denn dann?

Frau am Steuer

Eines Tages, an einem 5. August, schnappte sich die resolute Frau heimlich das geliebte Auto ihres Gatten, packte die Kinder ein und fuhr los. Der Albtraum eines jeden Mannes. Weil diese Geschichte aber im Jahr 1888 spielt, hat sie eine besondere Pointe: Es ging um das erste Auto der Weltgeschichte. Und Berta Benz, die Frau des Erfinders Karl Benz, nahm ihrem Mann durch diese erste »Überlandfahrt« für alle Zeiten den Ruhm, den Autoreiseverkehr begründet zu haben.

Also, Männer, haltet euch fest: Die erste Person, die wirklich Auto fuhr, war eine Frau! Ahhh. Und die hieß auch noch Berta. Böse Zungen behaupten ja, dass dieser traumatische Zwischenfall bis heute für alle Vorurteile verantwortlich ist.

Außerdem: Berta hatte »natürlich« nicht vorausgedacht, sodass ihr zwischendurch der Treibstoff ausging. Also musste sie zwischen Mannheim und Pforzheim in einer Apotheke – Tankstellen gab es ja noch nicht – eine Art Petroleum kaufen, um überhaupt weiterzukommen.

Und die »Moral von der Auto-Geschicht«? 1.: Ruhm kommt oft unverhofft. 2.: Männer, passt auf eure Autos auf! Und 3.: Wer in Bewegung und nicht auf der Strecke bleiben will, muss zwischendurch immer wieder mal auftanken. In diesem Sinne: Einen erholsamen Tag!

Südafrika 5

Südafrika. Wer von da zurückkommt, bringt viele verrückte Erfahrungen mit. Zum Beispiel die, dass der bei uns so knuddelig beliebte Elefant in Südafrika als rüsseliger Großschädling gilt, der Felder platt macht und Nashörner tötet. »Törö? Nö!«, sagen die Südafrikaner.

Das ist doch wohl das Spannende am Verreisen, dass man vieles aus einer neuen Perspektive betrachtet. Als meine Frau vor einigen Jahren in Südafrika war, kam sie zutiefst verändert zurück. Vor allem, weil sie die Kalahari besucht hatte, eines der größten Wildschutzgebiete Afrikas, in dem es weite Steppen und schier endlose rote Sanddünen gibt.

»Dort in der Wüste«, sagt meine Frau, »bin ich den eigentlichen Fragen meines Lebens begegnet. Vielleicht, weil sonst nichts und niemand da war, der mich hätte ablenken können. Völlig auf mich geworfen, konnte ich nicht mehr ausweichen. Und das war gut.«

Kein Wunder, dass die Bibel voll ist mit Geschichten von Menschen, die sich vor großen Entscheidungen lange in die Wüste zurückziehen. Da, wo nichts ist, muss man sich mit dem eigenen Dasein auseinandersetzen. Selbst Jesus macht eine 40-tägige Wüstentour, bevor er anfängt, öffentlich von Gott zu schwärmen.

Tja, nun kann sich jeder selbst überlegen, ob und wo er sich mal eine Wüstenzeit gönnt. Das ist im normalen Alltag nicht leicht. Aber schaden kann es bestimmt nicht. Denn mancher ist genau da – mitten in der wüstesten Auszeit – Gott begegnet.

Wenn Sie nun wissen wollen, was meine Frau in Südafrika erlebt hat: Verrate ich nicht. Aber kurz nach ihrer Rückkehr, da kam sie mit diesem unglaublich sympathischen Radiopfarrer zusammen … Sie ahnen es schon: mit mir.

Weltwasserwoche

Zurzeit leben 2,6 Milliarden Menschen ohne ausreichende Wasserversorgung. Und das hat grausame Folgen: 1,5 Millionen Menschen sterben jedes Jahr an den Folgen von verschmutztem Wasser, fehlender Hygiene und nicht entsorgten Fäkalien. Natürlich vor allem in den Entwicklungsländern.

Damit muss Schluss sein. Finden verantwortliche Wissenschaftler und Politiker und treffen sich seit einigen Jahren immer im Sommer zur »Weltwasserwoche«. Um gemeinsam zu überlegen, wie man der Dritten Welt bei einer vorausschauenden Wasserpolitik und einem verantwortungsvollen Umgang mit den Wasserressourcen helfen kann. Weil Wasser nun mal die Quelle für alles ist: Gesundheit, Hygiene und damit auch für Wirtschaftswachstum. Deutschland etwa unterstützt diese Arbeit jedes Jahr mit rund 350 Millionen Euro.

Für uns Mitteleuropäer, die wir immer noch recht verschwenderisch mit Wasser umgehen, einfach lässig den Hahn aufdrehen und unseren Durst stillen, ist es schwer, uns vorzustellen, was es bedeutet, jeden Tag 30 Kilometer zu laufen, um für die Familie ein paar Liter Wasser zu organisieren. Doch für viele Menschen in Entwicklungsländern ist das normal. Sie bekommen am eigenen Leib zu spüren, wie überlebenswichtig Wasser ist.

Vielleicht vergleicht die Bibel deshalb den Glauben an Gott auch so gern mit Wasser. Sie weiß, welchen Wert Wasser hat, und sagt schon im ersten Psalm: »Wer mit Gott zu tun bekommt, dem geht es wie einem Baum, der an Wasserbächen gepflanzt ist. Er bringt reiche Frucht.« Klingt gut.

Schnapszahl

8.8.08. Hey, was war das für ein schickes Datum! Dreimal die Acht. Das war natürlich ein Tag, an dem überall wie wild geheiratet wurde. Klar, damit vergessliche Ehemänner sich noch in 50 Jahren garantiert an den schönsten Tag des Lebens erinnern. Genauso schick sind natürlich der 9.9.09, der 10.10.10 oder der 11.11.11.

Aber nicht nur das: Schnapszahlen haben einfach was. Ich zum Beispiel gucke fasziniert auf den Kilometerzähler, wenn er – na, sagen wir – auf 55555 springt. Das ist dann ein ganz besonderer Kilometer für mich. Und meine Frau hat natürlich ihren 33. auch extra groß gefeiert.

Irgendwie liegt ein Zauber auf solchen Zahlen. Oder reden wir uns das einfach nur ein? Ist so ein Schnapszahltag nun ein besonderer Tag oder nicht? Das buddhistische Standesamt, Quatsch, das Statistische Bundesamt sagt: »Ja! Es ist einer.« Ehen, die an solchen Schnapszahltagen geschlossen werden, werden wesentlich häufiger geschieden als andere.

Das dürfte aber vor allem daran liegen, dass sich viele von den Zahlen etwas erhoffen, was die weder leisten wollen noch können: nämlich eine segensgleiche Glücksgarantie. Ein spezielles Datum soll ein Ereignis aufwerten, es zu etwas ganz Besonderem machen. Die Zahlen bringen scheinbar ein Stück Magie mit in das Ganze, eine Anbindung an höhere Mächte. Nur: Wer sich darauf verlässt, wird eben oft feststellen, dass er verlassen ist. Weil Zahlensysteme willkürliche und von Menschen erfundene Strukturen sind.

Die Sehnsucht nach der Anbindung an höhere Mächte kann ich gut verstehen. Die kenne ich auch. Und wie! Aber: Statt an nüchterne Schnapszahlen halte ich mich dann doch lieber an Gott. Egal, an welchem Datum.

Olympische Spiele

Vom Philosophen Platon ist der Ausspruch überliefert: »Die Götter sind Freunde der Kampfspiele.« Tja, und genau darum traten im Altertum die besten Sportler gegeneinander an: weil sie den Göttern eine Freude machen wollten. Die Menschen veranstalteten heilige Spiele für die heiligen Bewohner des Olymps.

Wirklich. Die Olympischen Spiele waren jahrhundertelang vor allem eines: ein riesiges religiöses Fest. Bei dem eben auch Wettkämpfe ausgetragen wurden. Zur Ehre der Götter. Dabei galt übrigens absolute Waffenruhe. Weil es hier nicht um menschliche Zwistigkeiten, sondern um die Freude des obersten Gottes Zeus und seiner himmlischen Familie ging. Ein sportlicher Gottesdienst, könnte man sagen.

Nun ist das Erstaunliche: Wenn heutzutage der sogenannte »olympische Geist« beschworen wird, dann versuchen meist irgendwelche Interessengruppen, ihre Meinung zu bekräftigen: »Die Spiele müssen den Frieden fördern.« – »Nein, sie sind viel zu politisch.« – »Es sollte vor allem um Fairness gehen.« – »Ich finde, es geht um die Ehre.« – »Und um dopingfreie Leistung.« Und, und, und. Und dann kommt immer dieser Satz: »Das ist doch der olympische Geist.«

Nein. Das alles sind höchstens Auswirkungen des olympischen Geistes. Der eigentliche olympische Geist hat mit Glauben zu tun. Mit dem Glauben, dass der Mensch Zeiten braucht, in denen er sich ganz auf das Göttliche konzentriert. Und dann wird plötzlich jeder Sprint zu einem Gebet.

Mehr Zeit zum Leben

»Mehr Zeit zum Leben – Chancen einer alternden Gesellschaft.« Unter diesem Motto hat sich die ARD vor einiger Zeit intensiv mit den demografischen Veränderungen in Deutschland beschäftigt. Welche Folgen hat es eigentlich, dass die Menschen immer älter werden? Entwickelt sich unser Land zu einer Gemeinschaft unternehmungslustiger Senioren oder zu einem Klub dementer Greise? Was bedeutet es, dass viele Frauen und Männer inzwischen wesentlich »mehr Zeit zum Leben« haben?

Eine der großen Chancen der alternden Gesellschaft ist tatsächlich, dass Menschen nach ihrem Berufsleben noch viel Kraft und Zeit besitzen, um sich Träume zu erfüllen. Einige studieren erneut oder zum ersten Mal, andere engagieren sich ehrenamtlich, wieder andere machen große Reisen oder kümmern sich intensiver um ihre Enkel, als sie sich jemals um ihre Kinder kümmern konnten. Und mancher entdeckt seine Hobbys ganz neu. Toll.

Nebenbei: In der Bibel erleben viele rüstige Greise etwas ganz anderes. Dass sie nämlich im hohen Alter noch einmal von Gott herausgefordert werden. Denken Sie zum Beispiel mal an den 80-jährigen Mose, der nach einem turbulenten Leben den Auftrag erhält, das Volk Israel aus der Sklaverei in Ägypten zu befreien. »Nichts mit Ruhestand. Los geht's, die Welt retten.«

Das hätte sich der Alte sicher nicht träumen lassen. Die entscheidende Aufgabe seines Lebens lag noch vor ihm. Wer weiß, vielleicht hören ja einige von denen, die jetzt »mehr Zeit zum Leben« haben, auch noch mal einen Ruf. Das soll es geben.

Internationaler Tag der Jugend

1999 haben die Vereinten Nationen den morgigen 12. August zum »Internationalen Tag der Jugend« ernannt. Das ist zwar ein etwas blöder Termin, weil die Jugend da fast immer im Urlaub ist. Aber egal.

Worum geht es bei diesem Tag? Darum, dass Jugendliche sich ihrer Verantwortung für Gesellschaft und Politik bewusst werden. Mehr noch aber darum, dass Politikerinnen und Politiker sich Gedanken machen, welche Auswirkungen ihre Entscheidungen eigentlich auf die Jugend haben.

Und da sind wir mitten in einem brandheißen Thema: Wie sieht es aus mit der Verantwortung der Entscheidungsträger für die kommenden Generationen? Etwa dann, wenn die Alten Schulden machen, deren Belastungen die Kinder tragen müssen. Oder wenn wir heute fröhlich das Öl verbrauchen, das möglicherweise in 50 Jahren fehlen wird. Sprich: Viele Entscheidungen im Jahr 2010 haben Konsequenzen für die Welt von morgen. Daran will der Internationale Tag der Jugend erinnern.

Solche Zusammenhänge kannte man übrigens schon vor Jahrtausenden. Die Bibel jedenfalls bemerkt sehr markant: »Für die Sünden von heute werden die Menschen noch in drei Generationen bezahlen müssen.« Wenn man das Wort »Sünde« mal etwas moderner mit »Fehler« übersetzt, dann wird auch deutlich, warum Jugendliche sich schon früh einmischen sollten. Sie müssen dereinst für die Fehler und die Egoismen der heutigen Gesellschaft büßen.

Wirklich erstaunlich, dass so ein wichtiger Tag wie der Internationale Tag der Jugend in vielen Bundesländern mitten in den Ferien liegt.

Tin Lizzy

Süß sah sie damals aus. Die Lizzy. Ganz in Schwarz. Mit großen Stielaugen. Wie sie da so aus der Montagehalle kam. Ein toller Anblick.

Ja, am 12. August 1908 rollte der erste Ford T vom Band. Kurz »Tin Lizzy« – »Blechliesl« genannt. Das erste am Fließband produzierte Auto zum damals sagenhaft günstigen Preis von 850 Dollar. Ein höher gelegtes Allroundtalent, das für Langstreckenfahrten genauso geeignet war wie für die Feldarbeit – und der Welt die Massenmobilität brachte. Mit 15 Millionen verkauften Exemplaren.

Von Henry Ford, dem Erfinder der »Tin Lizzy«, ist übrigens der berühmte Ausspruch überliefert: »Dieses Auto ist in jeder Farbe erhältlich, solange sie schwarz ist.« Klar, der Ford T war so günstig, weil am Fließband eben genau ein Modell hergestellt wurde. In Schwarz. 20 Jahre lang.

Dummerweise wurde gerade das der Lizzy zum Verhängnis. Denn die Konkurrenz konterte, indem sie bald jedes Jahr neue Modelle auf den Markt brachte. Natürlich in verschiedenen Farben. Und so dankbar die Menschen anfangs für den Ford T waren, sie wollten auf Dauer doch lieber ein individuelles Auto fahren. Sodass Ford Ende der 20er-Jahre nach dem großen Anfangserfolg ein Fiasko erlebte.

Tja, vielleicht wird vor allem diese Erfahrung von der »Blechliesl« bleiben: Nur wer die Buntheit der Menschen ernst nimmt, kann sie dauerhaft gewinnen. Und das gilt wahrscheinlich überall, für politische Systeme, soziale Strukturen und natürlich auch für die Kirche. Mancher denkt sich vielleicht: »Hey, bei den Talaren der Pfarrerinnen und Pfarrer, da gilt doch auch: Die gibt es in jeder Farbe, solange sie schwarz ist.« Stimmt. Aber die Buntheit Gottes überstrahlt alles.

Alfred Hitchcock

»Die Vögel«, »Psycho«, »Bei Anruf Mord«, »Über den Dächern von Nizza« oder »Rebecca«: Sir Alfred Hitchcock wusste, wie man Spannung erzeugt. In fast jedem seiner 53 Spielfilme sorgte der umjubelte Filmregisseur für Gänsehaut, Dramatik, Gruseln und atemloses Mitfiebern. Und viele seiner Werke sind Klassiker. Echte Hitchcocks eben.

Er selbst sagte: »Filme zu drehen bedeutet für mich vor allem, eine Geschichte zu erzählen. Sie darf unwahrscheinlich, aber nie banal sein. Das Drama ist ein Leben, aus dem man die langweiligen Momente herausgeschnitten hat.« Zitat Ende.

Und dafür entwickelte Hitchcock eine Erzähltechnik, die »Suspense« genannt wird. Suspense bezeichnet eine Spannung, die meist dadurch erzeugt wird, dass die Zuschauer wichtige Informationen haben, die den Filmhelden fehlen. Das bedeutet, dass man den Leuten in den Geschichten am liebsten helfen möchte, aber nicht kann. Dadurch fühlt man umso mehr mit ihnen – und erlebt Dramatik pur.

»Suspense«: Ich weiß etwas, von dem ich denke, dass der andere es auch wissen sollte. Doch ich kann es ihm nicht einfach erklären. Hey, vielleicht haben deswegen auch viele Glaubende das Gefühl, ihr Leben sei bisweilen ein wenig wie ein Thriller. Sie spüren, dass Gottvertrauen das Dasein verändert. Können davon aber nicht so einfach erzählen.

Viele Medienwissenschaftler sind sich jedenfalls einig, dass Hitchcocks Gefühl für Spannung auch damit zusammenhängt, dass er sich immer wieder mit Glaubensfragen beschäftigt hat. Na, wie dem auch sei: Herzlichen Glückwunsch zu deinem heutigen Geburtstag, Alfred!

Südafrika 6

Wenn man durch Pretoria, Südafrikas Hauptstadt, fährt, sieht man Multikulti pur: Menschen verschiedenster ethnischer Herkunft, Schwarze, Weiße, Braune, Braungebrannte – und Rote. Das sind die mit Sonnenbrand. Und alle sprechen anders. Offiziell gibt es in Südafrika elf Landessprachen. Wow.

Wie kompliziert das mit den richtigen Worten ist, merkt Pretoria seit einiger Zeit sehr intensiv. Im April 2005 erhielt die Metropole nämlich offiziell einen neuen Namen: Tshwane. Das bedeutet in der Sprache des Sotho-Stammes: »Wir sind gleich«! Dabei geht es um mehr als um einen Namen, das ist Geschichte pur. Warum? Weil Pretoria während des Apartheidregimes für die schwarze Bevölkerung zu einem Symbol des Hasses wurde. Hier war der Gerichtshof, hier stand das Hauptgefängnis, und hier wurden die Gesetze verabschiedet, die den Schwarzen die Grundrechte verweigerten.

Jetzt heißt die Stadt, die ursprünglich nach einem Burenführer benannt wurde und für Unterdrückung stand, Tshwane. Wir sind gleich. Noch wird ordentlich gestritten, vor Gericht, in den Familien und an den Stammtischen: Soll Pretoria wirklich »Wir sind gleich« heißen? Ich war dort nur Gast, ich weiß es nicht.

Aber eines weiß ich: Wenn in der Bibel Menschen einen Neuanfang machen, dann erhalten sie ganz oft von Gott einen neuen Namen. Jakob wird zu Israel, Simon zu Petrus und Saulus zu Paulus. Eine neue Zeit bricht an, und eine neue Identität braucht vielleicht auch einen unbelasteten Namen. Wenn ich heute einen Sundowner trinke, überlege ich mal, wie ich gerne heißen würde.

Carepakete

»Im Hafen von New York werden Pakete mit Lebensmitteln für Europa an Bord genommen.« Das war damals eine richtig große Schlagzeile. Und morgen vor mehr als 60 Jahren sind sie erstmals in See gestochen: die berühmten Carepakete, von denen dann im Laufe der Jahre 9 Millionen Stück von Amerika über den Atlantik in das verwüstete Nachkriegsdeutschland gebracht wurden.

9 Millionen Pakete, die jeweils 15 Dollar kosteten und das enthielten, was eine Person braucht, um drei bis vier Wochen lang zu überleben: »Fleisch, Fett, Mehl, Zucker, Honig, Rosinen, Kaffee, Milchpulver, Schokolade – und manchmal auch Zigaretten.«

Ich frage mich immer: Was hat die Amerikaner damals eigentlich getrieben, den Deutschen zu helfen, diesen Deutschen, gegen die sie gerade jahrelang im Krieg gekämpft hatten und auf deren Schlachtfeldern sie ihre Männer und Söhne verloren hatten?

Eines ist jedenfalls klar: Sie haben etwas von dem begriffen, was Jesus die höchste Form der Liebe nennt – die Größe, auch seine Feinde zu lieben. Einen Freund zu lieben und jemandem etwas Gutes zu tun, den man mag, das ist nun wirklich nicht besonders schwer. Aber in einem Feind nicht nur den Gegner, sondern einen achtenswerten Menschen zu sehen, das ist die hohe Kunst der Liebe. Und es ist auch der einzige Weg, auf Dauer Feindschaften zu überwinden.

Konrad Adenauer hat da jedenfalls einen Zusammenhang gesehen und gesagt: »Jedes Carepaket ist ein greifbarer Beweis, dass der Geist christlicher Barmherzigkeit lebendig ist.«

Elvis Presley

Eines Tages standen bei einem Konzert von Elvis Presley etwa 20 junge Mädchen in einer Reihe auf und hielten ein riesiges Transparent hoch: »Elvis ist der Größte.« Da brach der King of Rock 'n' Roll das Lied ab und sagte leise: »Das stimmt nicht. Ich bin nicht der Größte. Jesus ist der Größte.« Und dann spielte er weiter.

Am 16. August 1977 ist Elvis in seinem Anwesen Graceland in Memphis gestorben. Doch seine vor Leidenschaft vibrierende Stimme berührt Menschen noch immer. Tja, und echte Kenner sagen: »Das liegt vor allem an seinem Glauben.« Elvis war ein richtig frommer Mensch. Und wenn die Konzerte vorbei waren, dann versammelte er jeden Abend seine Musiker in der Hotelsuite ums Klavier und spielte mit ihnen weiter.

Nee, nicht noch mehr Elvis-Songs, auch keine Hits der 60er. Immer nur Gospels. Und das die ganze Nacht. Seine Bühnenkollegen erzählen, dass Elvis eigentlich täglich Gottesdienst feierte.

Darum hat er auch selbst vier große Gospelalben veröffentlicht, übrigens gegen den Rat seiner Plattenfirmen. Zum Beispiel »His hand in mine« oder »He touched me«. Letztlich war Gospel die Musik, in der er sich am meisten zu Hause fühlte. Und er sagte einmal ganz überzeugt: »Ohne Gott wäre ich niemals so weit gekommen.«

Mit 21 Nummer-1-Hits ist und bleibt Elvis der erfolgreichste Musiker unserer Zeit. Trotzdem entglitt ihm am Ende das Leben. Na, wenn's im Himmel Rock 'n' Roll gibt, dann spielt er bis in alle Ewigkeit.

Superman

Nicht alles, was nach Bibel klingt, ist wirklich Bibel. Zum Beispiel das hier: »Obwohl du wie ein Mensch aufgezogen worden bist, bist du keiner von ihnen. Sie könnten ein großes Volk sein, sie wünschen es sich. Es fehlt nur das Licht, das ihnen den Weg weist. Aus diesem Grund habe ich ihnen dich geschickt, meinen einzigen Sohn.«

Klingt doch wie aus der Bibel. Hier spricht aber nicht Gott zu Jesus, sondern Jor-El zu seinem Sohn Superman. Und der kehrte im August 2006 zurück: »Superman Returns«. 200 Millionen Dollar hatte die filmische Wiederbelebung des Superhelden gekostet, der ganz schnell beweist, dass die Welt ihn immer noch braucht.

Kevin Spacey hat in »Superman Returns« als Oberschurke nämlich eine vernichtende Katastrophe vorbereitet, und Superman muss sich, um sie zu verhindern, in den Tiefen des Ozeans genauso bewähren wie in den Weiten des Weltalls.

»Ich habe ihnen dich geschickt, meinen einzigen Sohn.« Irgendwie spannend, dass die alte Jesusgeschichte nicht totzukriegen ist. Offensichtlich lebt die Sehnsucht nach einem göttlichen Retter in uns weiter. Auch wenn wir das ungern zugeben. Darum erfährt Superman wie Jesus, dass die Gesellschaft eigentlich lieber ohne ihn auskommen möchte.

Aber manche Menschen entdecken in der Begegnung mit ihm tatsächlich, dass ihnen ein Licht aufgeht, das den Weg weist. Also mit Superman, nee … mit Jesus … wer denn nun? Man kommt ja ganz durcheinander.

Statistiken

Es gibt ja die verrücktesten Statistiken. In den 90er-Jahren haben Wissenschaftler einer Universität in Colorado in Langzeitstudien nachgewiesen, dass man länger lebt, wenn man regelmäßig in die Kirche geht. Angeblich ganze sieben Jahre. Nicht schlecht, oder?

Andere Studien belegen, dass Gottesdienstbesucher gesünder sind, also weniger depressiv, dass sie einen niedrigeren Blutdruck haben und dass ihr Risiko, an Krankheiten der Herzkranzgefäße zu sterben, um die Hälfte sinkt. Zudem behauptet eine weitere Untersuchung, dass gläubige Frauen signifikant häufiger zum Orgasmus kommen als andere. Na bitte!

Nebenbei: Dies alles gilt nicht nur für das Christentum, sondern auch für viele andere Religionen. Eine Studie aus Israel kommt, was den Besuch der Synagoge angeht, zu ähnlichen Ergebnissen – und das buddhistische Meditationen die Gesundheit fördern, ist ebenfalls vielfach belegt. Offensichtlich gilt: Ein gesunder Glaube ist gut fürs Leben.

Aber warum? Liegt es daran, dass Menschen, die an einen Gott glauben, sich grundsätzlich geborgen fühlen und auch dann einen Halt finden, wenn alles drunter und drüber geht? Oder sind es eher die praktischen Dinge: der Austausch mit anderen, das Singen und die Offenheit, sich mindestens einmal in der Woche mit dem eigenen Leben auseinanderzusetzen?

Ein deutscher Psychiater, der sich ebenfalls statistisch mit diesem Thema beschäftigt, hat herausgefunden, dass die gesunden Nebenwirkungen nur dann eintreten, wenn man Glauben auch praktiziert. Wer ausschließlich im stillen Kämmerlein betet, schneidet deutlich schlechter ab als diejenigen, die in der Gemeinde aktiv sind.

Die Frage ist: Was macht man mit solchen Statistiken? Es wäre schließlich seltsam, nur in den Gottesdienst zu gehen, um sieben Jahre länger zu leben. Würde wohl auch nicht funktionieren. Für mich sind Statistiken wie Werbung. Sie verlocken mich, so oder so zu leben – und manchmal gaukeln sie mir gewaltig was vor. Letztlich hilft nur eines: ausprobieren!

Goldrausch

Es war der 19. August – wie heute. Ein Tag, der das Leben Hunderttausender veränderte. Der Scharen von Männern dazu brachte, Hals über Kopf ihren Frauen, ihren Familien, ihren Häusern und ihren Heimatstädten Lebewohl zu sagen und sich auf eine unglaublich gefährliche und herausfordernde Reise zu begeben. Plötzlich war nur noch eines wichtig: »Es könnte sein, dass am Ziel dieser Reise alle meine Träume wahr werden. Endlich!«

Am 19. August 1848 erschien die Meldung im »New York Herald«: »Gold! Es wurde Gold gefunden am Sacramento River in Kalifornien.« Gold! Wie im Rausch stürmten die Menschen los. »Damit mache ich meine Träume wahr!« Pustekuchen. Die meisten Träume zerplatzten wie Seifenblasen, denn das Gold war bald abgetragen. Ganz wenige wurden reich, viele starben – und unzählige Firmen im ganzen Land machten Bankrott, weil ihnen die Arbeiter weggelaufen waren. Wie fast jeder Rausch endete auch dieser mit einem großen Kater.

Irgendetwas stimmt nicht im Leben von Menschen, die tatsächlich glauben, mit den Taschen voller Gold würden Träume wahr. Doch wenn ich die Werbesprüche der Lottogesellschaft sehe, weiß ich: Diese Verlockungen funktionieren immer noch. Und manchmal ertappe ich mich selbst dabei, dass ich vom Wunsch nach schnellem Reichtum überwältigt werde. Aber der ist immer eine Mogelpackung. »Wer mit wenig Geld nicht glücklich sein kann, kann es meist auch nicht mit viel Geld.«

Jesus hat niemandem Reichtum versprochen, auch nicht Ruhm oder Macht. Und doch spürten die Leute, dass sie der Erfüllung ihrer Träume in Gegenwart dieses ungewöhnlichen Mannes näher waren als je zuvor. Warum? Vielleicht, weil er ihnen zeigte, wie sie sich von den leeren Versprechungen eines Goldrausches unabhängig machen konnten. Das gefällt mir.

Superstar

Wären Sie gerne mal Kandidat bei »Deutschland sucht den Superstar«? Es ist doch irre, wie viele Leute sich von Dieter Bohlen ins Gesicht sagen lassen: »Ey, du siehst Scheiße aus und singst wie 'ne verpilzte Melkmaschine.« Ich weiß: Das sagt man nicht. Aber vielleicht gucken ja gerade deswegen so viele Leute zu. Weil andere so schön öffentlich gedemütigt werden.

Stellen wir uns doch mal vor, Gott säße in der Jury von »Deutschland sucht den Superstar«. O.k., würde er wahrscheinlich nicht machen. Aber man kann es sich ja mal vorstellen. Was würde er den Kandidaten wohl sagen? Na? »Hey. Da klingt ja jeder Engel in der Mauser besser als du?« Nein, das würde er natürlich nicht sagen.

Ich fürchte sogar, er wäre überhaupt nicht geeignet für diesen Job, denn er würde sich nach jedem Vortrag freuen: »Du, es ist für mich gar nicht wichtig, ob du singen kannst oder nicht. Für mich bist du ein Superstar. Schon lange. Muss vielleicht nicht auf der Bühne sein – aber es ist richtig gut, dass es dich gibt.«

Wäre das eine gute Sendung? Ich glaube: Ja. Denn bei Bohlen bekommt von den Tausenden von Kandidaten nur einer am Schluss die Anerkennung, nach der er sich sehnt und die er braucht. Und das ist eigentlich ein bisschen wenig.

Die Bibel beschreibt, wie liebevoll und positiv Gott die Menschen einschätzt – so, dass man richtig neugierig auf sich selbst werden kann. Und das ist gut.

Internationales Polarjahr 2008

Irgendwie hängt alles mit allem zusammen. Wenn die Erde sich weiter erwärmt und das Eis an den Polkappen schmilzt, dann steigt der Meeresspiegel, große Küstengebiete werden unbewohnbar und es werden riesige Mengen an Methangas freigesetzt, die das Weltklima noch mehr beeinflussen.

Darum gab es 2008 nach 1882 und 1932 zum dritten Mal ein »Internationales Polarjahr«. Ein Jahr lang versuchten Forscher aus über 60 Nationen gemeinsam, die Polargebiete zu erforschen und besser zu verstehen – solange sie noch da sind.

Allerdings: Diese ganze Klimadebatte polarisiert die Menschheit ohnehin schon. Jeder sagt: »Genau! Es muss endlich was getan werden. Am besten fangen wir ... bei den anderen an! Bei uns ist es aus wirtschaftlichen Gründen gerade nicht so gut. Deutschland ist zum Beispiel gegen zu strenge Abgasnormen. Unsere Autoindustrie könnte leiden. Da ist es besser, wenn die Polargebiete leiden. Da wohnen nicht so viele!«

Tja, und genau da ist der Denkfehler. Es hängt eben alles mit allem zusammen. Und erst wenn das alle kapieren, wird auch wirklich was passieren. Einer der klügsten Sätze der Bibel lautet: »Kümmert euch zuerst um das Reich Gottes, dann werdet ihr alles bekommen, was ihr als Menschen braucht.« Und damit ist auch diese Welt gemeint. Wenn alle das große Ganze sehen, dann geht es allen gut. Wenn jeder nur an sich denkt, dann ist eben nicht an alle gedacht – dann nimmt das große Ganze so viel Schaden, dass irgendwann alle darunter leiden werden.

Ein gutes Ergebnis des Internationalen Polarjahrs wäre gewesen, dass die egoistischen Polarisierungen endlich aufhören und alle an einem Strang ziehen. Denn nur wenn der Klimaschutz nicht mehr auf Eis liegt, kann man das Eis retten.

Bildung

Schon der alte Sokrates hat gesagt: »Ich weiß, dass ich nichts weiß.« Und gerade weil der Philosoph sich nicht für klug hielt, sondern seine Bildungslücken eingestehen konnte, gilt er als einer der weisesten Männer der Geschichte. Dumm sind offensichtlich die, die denken, sie wüssten schon alles. Denn sie hören auf zu lernen.

Spätestens seit den erschreckenden PISA-Studien überlegen alle, wie man etwas für mehr Bildung tun kann, also für ein lebenslanges Lernen vom Kindergarten bis zum Studium des dritten Lebensalters.

Und dabei zeigt sich unter anderem, dass Bildung längst viel mehr meint als die Vermittlung von Wissen. Letztlich geht es um die Frage, was einen Menschen lebensfähig macht. Was braucht jemand, um eine gesunde Identität zu entwickeln? Um dieses oft so komplizierte Leben zu bewältigen? Tja, was?

Emotionale Intelligenz? Beziehungsfähigkeit? Ehrgeiz? Selbstvertrauen? Lateinkenntnisse? Algebra? Nur eines scheint klar: Man braucht auf jeden Fall Antworten auf die klassischen Lebensfragen. »Wer bin ich? Wo komme ich her? Wo gehe ich hin? Und wozu bin ich da?« Wer sich darüber keine Gedanken macht, der wird auch mit viel Wissen wenig verstehen. Vielleicht ist darum ein gesunder Glaube so wichtig. Weil er sich mit den Grundfragen auseinandersetzt.

Wer glauben kann, dass hinter dieser Welt ein leidenschaftlicher Gott steckt, der sieht sie nicht nur mit anderen Augen, er hat auch Lust, immer mehr darüber zu lernen. Und er wird trotzdem weiter sagen: »Ich weiß, dass ich nichts weiß.«

Der Herr der Ringe

Vor einiger Zeit gab es im Filmpark Babelsberg eine gigantische Ausstellung zu Peter Jacksons Filmtrilogie »Der Herr der Ringe«. Über 500 Originalrequisiten, Kostüme, Modelle und Spezialeffekte entführten die Besucher in der Caligari-Halle in die Welt der Hobbits, Zauberer, Elben, Zwerge und Orks – und machten Lust aufs Träumen.

Und das war nicht nur für die Fans der Filme ein Genuss, weil die Geschichte vom kleinen Hobbit Frodo es wirklich in sich hat. Frodo kann seine Welt nämlich nur retten, wenn er seinen verfluchten »Ring der Macht« vernichtet. Der Autor Tolkien, übrigens ein überzeugter Christ, zeigt, dass die schwerste Aufgabe eines Lebens darin besteht, den Verlockungen der Macht nicht zu erliegen. Zum Glück hat Frodo gute Freunde, die ihn vor sich selbst schützen, als er der Versuchung kaum noch widerstehen kann.

Vielleicht liegt darin das Geheimnis dieser faszinierenden Geschichte: dass eine Gruppe zusammenwächst und es schafft, das Böse aufzuhal-ten. Und da schimmert natürlich der Glaube des Autors durch. Wenn man weiß, woran man glaubt, kann man die Welt gemeinsam verändern. Dann fragt man nämlich nicht nur nach seinem eigenen Glück, sondern erkennt, dass ein Leben erst richtig sinnvoll wird, wenn es die Welt voranbringt.

Darum sagt der große Gandalf sehr weise: »Wir können nicht entscheiden, in welchen Zeiten wir uns befinden. Aber wir können entscheiden, was wir mit der Zeit, die uns gegeben ist, anfangen.«

Eltern-Kind-Beziehung

Meist ist das mit den Eltern-Kind-Beziehungen gar nicht so einfach. Jedenfalls kenne ich genügend Menschen, die mit Skepsis, Widerwillen oder Angst auf ihre Kindheit zurückschauen und zu ihren Eltern ein eher schwieriges Verhältnis haben.

Trotzdem nutzt die Bibel die Eltern-Kind-Verbindung immer wieder, um die Beziehung zwischen Gott und den Menschen zu beschreiben: »Gott ist wie ein Vater … Gott ist wie eine Mutter … Gott ist wie einer, der seine Kinder liebt …«

Ist das ein gutes Bild? Hilft uns das? »Ja«, sagt Jesus, »denn Gott ist ein liebender Vater. Stellt euch den besten Vater der Welt vor, einen, der alles für seine Kinder tun würde. Dann habt ihr eine ungefähre Vorstellung davon, wie Gott ist.«

Und dann macht Jesus etwas Verblüffendes, etwas, das damals wie heute Menschen total verwirrt. Er nennt Gott »Abba«. Ein zärtliches Kosewort, das man am besten mit »Papi« übersetzt. Für die Frommen aller Zeiten war das eine unglaubliche Anfechtung: Man kann den Schöpfer des Himmels und der Erde, den Weltenrichter und allmächtigen Gott doch nicht einfach »Papi« nennen! Das geht nicht.

»Doch«, würde Jesus erwidern. »Man kann Gott ›Papi‹ nennen.« Vielleicht steckt darin sogar etwas von der eigentlichen Qualität des Christentums. Während sich die meisten Gottheiten der Völker durch Macht und Größe auszeichnen, glauben Christinnen und Christen an einen Gott, der ganz nah ist. Ganz Papa. Ganz Mama. Und auch wenn die Menschen sich Gott gegenüber bisweilen ein wenig pubertär verhalten, kann das seine Liebe nicht erschüttern.

Farbfernsehen

Was für ein Tag! Der 25. August 1967. An diesem Tag erblickte das Farbfernsehen in Deutschland das Licht der Welt – begleitet vom Tanzorchester Max Greger. Verrückt, oder? Bis dahin konnte man in der Flimmerkiste die Welt immer nur in Schwarz-Weiß genießen. Und jetzt auf einmal Farbe im Leben.

Wer damals zugeschaut hat, erinnert sich bestimmt noch, dass es dabei eine unfassbar peinliche Panne gab: Außenminister Willy Brandt sollte auf der Internationalen Funkausstellung effektvoll auf einen großen Knopf drücken und damit das neue Fernsehzeitalter anschalten. Doch dummerweise wurde das Bild schon sieben Sekunden zu früh bunt – und alle merkten, dass der Knopf vor Willi eine hohle Attrappe war. Insofern war der erste farbige Beitrag im deutschen Fernsehen die Übertragung eines dramaturgischen Fiaskos.

Spannend finde ich dabei vor allem eines: Offensichtlich kann man die Welt auf zwei Arten sehen. Schwarz-weiß oder bunt. Und damit meine ich nicht nur Fernsehbilder. Schließlich gibt es Schwarzseher und Schwarzmaler. Und es gibt genügend Zeiten, in denen einem alles grau erscheint.

Kein Wunder, dass Lebenskünstler, aber auch Glaubende eines immer wieder betonen: Glücklich sind die Menschen, die die Buntheit der Welt in ihrer ganzen Fülle wahrnehmen und genießen. Menschen, die innerlich von schwarz-weiß auf farbig umschalten. Und das kann einem kein Fernseher abnehmen.

Das Lied der Deutschen

26. August 1841 auf der Insel Helgoland. Ein Mann sitzt in seinem Kämmerchen und schreibt einen Liedtext. Über Deutschland. Und über seine große Hoffnung, dass aus den vielen kleinen verfeindeten Fürstentümern im Land endlich ein Staat wird.

Zwei Tage später kommt sein Verleger mit dem Schiff zu Besuch. Beim Strandspaziergang erzählt ihm der Dichter: »Du, ich hab ein neues Lied geschrieben, das kostet aber 4 Goldstücke.« Die beiden gehen hoch ins Haus. Und noch bevor der Autor mit dem Vorlesen fertig ist, knallt der Verleger das Geld auf den Tisch. Begeistert. 4 Goldstücke für drei Strophen.

Der Dichter heißt August Heinrich Hoffmann von Fallersleben – und sein leidenschaftliches Lied über Deutschland wird 1922 zur Nationalhymne erklärt. Leider bilden sich die Nazis wenig später ein, die erste Strophe »Deutschland, Deutschland über alles« meine die Weltherrschaft. So ein Quatsch. Diese Zeile wollte den Deutschen einfach Mut machen, ihr Land über die vielen regionalen Interessen zu stellen.

Heute wird nur noch die dritte Strophe gesungen: »Einigkeit und Recht und Freiheit …« Diese drei Dinge braucht ein Volk, um stark sein zu können: Einigkeit, Recht und Freiheit. Stimmt. Inspiriert wurde Hoffmann von Fallersleben zu diesem Gedanken übrigens von der Bibel. Die wusste nämlich schon vor 3 000 Jahren, dass Gerechtigkeit eine Gemeinschaft trägt. Und sie stellt eine kluge Frage: Woher bekommt ein Volk Einigkeit und Recht und Freiheit? Ihre Antwort: von Gott.

Mutter Teresa

Sie hat den Friedensnobelpreis erhalten, sie ist schon kurz nach ihrem Tod seliggesprochen worden und sie wird bis heute weltweit geachtet: Mutter Teresa. Die bescheidene Ordensschwester, die in den Slums von Kalkutta jahrzehntelang dafür sorgte, dass die Ärmsten der Armen würdevoll sterben konnten, die Leprakranken, die Krüppel und die Ausgestoßenen.

Viele Menschen, die Mutter Teresa begegnet sind, waren fasziniert von ihrer tiefen Spiritualität, ihrer Hingabe und von ihrer festen Überzeugung, von Gott genau zu dieser Aufgabe berufen worden zu sein. Sie fühlte sich am richtigen Platz. Und wenn die Herausforderungen schwer wurden, dann setzte sie ein trotziges »Trotzdem« dagegen. »Ich mache das trotzdem.«

Was sie damit gemeint hat, hat sie einmal sehr schön formuliert: »Die Menschen sind unvernünftig und selbstbezogen. Liebe sie trotzdem. Wenn du Gutes tust, wird man dir Hintergedanken vorwerfen. Tu trotzdem Gutes. Wenn du ehrlich bist, machst du dich angreifbar. Sei trotzdem ehrlich. Wenn du dein Bestes gibst, werden sie dir vielleicht die Zähne einschlagen. Gib trotzdem dein Bestes.« Und das Ganze mündet in einen richtig starken Satz: »Selbst wenn alles um dich einstürzt, höre nicht auf zu bauen. Bau trotzdem.«

Nun: In die Slums von Kalkutta werden die wenigsten von uns gehen. Aber dieses »Trotzdem«, das kann man auch hier und heute umsetzen. Und Mutter Teresa? Die feiert heute im Himmel ihren Geburtstag.

Das Mädchen Rosemarie

Die aus ärmlichen Verhältnissen stammende Rosemarie Nitribitt wohnt in einer Souterrain-Wohnung in Frankfurt. Und arbeitet nachts als Edel-Prostituierte. Offenbar erfolgreich, denn bald hat sie nur noch Großindustrielle und Politiker als Kunden. Und einen Industriespion, der sie bittet, die einflussreichen Männer bei den geheimen Treffen auszuhorchen. Das tut sie auch. Und dann, eines Tages, wird sie in ihrer Wohnung tot aufgefunden. Ermordet. Der Fall konnte nie aufgeklärt werden.

So zumindest erzählt der Skandalfilm »Das Mädchen Rosemarie« die Geschichte von »der Nitribitt«. Der schicken Prostituierten, die einen schwarzen Benz mit roten Ledersitzen fuhr. Allerdings regten sich die Leute, die den Film anschauten, vor allem darüber auf, dass die scheinbar ach so feine Geschäftswelt Frankfurts als ein Haufen lasterhafter, unmoralischer und skrupelloser Gauner dargestellt wurde.

Am 28. August 1958 hatte der Film Premiere, und bis heute fragen Historiker, wer diese Rosemarie Nitribitt wirklich war. Eine hessische Mata Hari, wie der Film suggeriert? Oder einfach das schon mit elf Jahren vergewaltigte Heimkind, das verzweifelt nach Anerkennung suchte? In einem jedoch sind sich die Forscher einig: Rosemarie ist gestorben, weil ihr nie die Würde zuteilwurde, nach der sie sich gesehnt hat. Trotz der vielen Kurse für »Gutes Benehmen«, die sie belegt hatte.

Merkwürdig: Die Frage, wie wir Menschen begegnen, entscheidet manchmal über Leben und Tod. Und ich stelle verblüfft fest, dass möglicherweise genau darin das Geheimnis von Jesus liegt. Der ist nämlich allen Menschen mit Würde, Hochachtung und Liebe begegnet. Auch Prostituierten.

Sommermärchen

Haben Sie »Deutschland. Ein Sommermärchen« gesehen? Den Film von Sönke Wortmann über die Fußball-WM 2006? Unser Land im Freudentaumel – und dazu intime Einblicke in die Vorbereitung der Mannschaft auf dem Weg zum 3. Platz. Motivation und Begeisterung pur. Kein Wunder, dass dieser Film, als er in die Kinos kam, auf Anhieb Platz 1 in den deutschen Kinocharts eroberte.

Spannend finde ich dabei vor allem, dass »Deutschland. Ein Sommermärchen« nicht nur von Freudentaumel berichtet, sondern vor allem selbst für Freudentaumel sorgt. Zum Beispiel bei den Kindern in den sechs neuen SOS-Kinderdörfern, die mithilfe der Filmeinnahmen finanziert wurden, in Brasilien, Mexiko, Nigeria, Südafrika, der Ukraine und in Vietnam. Dort werden zukünftig elternlose Kinder wie in Familien miteinander leben und aufwachsen können.

Sönke Wortmann, der für die Aktion auf sein Honorar verzichtet hat, kommt selbst aus einfachen Verhältnissen und sagt: »Das Problem der Menschen ist meistens nicht die finanzielle, sondern die emotionale Armut.« Darum legen die SOS-Kinderdörfer so viel Wert darauf, dass Kinder ein echtes Zuhause bekommen.

Die Fußball-WM war ein riesiger Freudentaumel. Und das ist gut so. Wenn aber neben all der ausgelassenen Fröhlichkeit des Augenblicks etwas Dauerhaftes bleibt, dann ist das noch viel besser. Demnächst wird es Leute geben, die sagen: Ich bin in behüteten Verhältnissen aufgewachsen, weil ein visionärer Filmemacher aus Deutschland einen guten Film über Fußball-Begeisterung gedreht hat. Das ist dann ein echtes Sommermärchen.

Peter Maffay

»Es war Sommer. Zum ersten Mal im Leben …« Was für eine starke Schnulze. Mit einem der wunderbarsten deutschen Schlagersätze überhaupt: »Und von Liebe wusste ich nicht viel. Sie wusste alles …« Ich sag Ihnen: Dieser Satz regt die Fantasie von Männern wirklich an. Was genau wusste diese scharfe Frau am Strand? Was alles? Mann …

Also: Es gibt Leute, die lieben Peter Maffay und seine Lieder. Und es gibt Leute, die … ja, die finden ihn nicht so toll. Die fragen sich immer noch: Ist er nun ein Schlagersänger, ein Tabaluga-Kinderliedermacher oder ein Rockstar? Dieser Mann mit dem rollenden »r«?

Na, erst einmal ist er ein Vollblutmusiker. Einer, der sich in der Friedensbewegung engagiert und über seine politischen Ansichten auch singt. Und einer, der mit seinen Stiftungen viele Projekte für traumatisierte Kinder unterstützt. Deshalb wurde er 1996 auch mit dem Bundesverdienstkreuz ausgezeichnet.

Natürlich kann man über Musikgeschmack herrlich streiten. Aber dieser kleine, feine, zarte, harte Peter erzählt von einer Welt, in der es sinnvoll ist, an etwas zu glauben. Und konkret etwas zu tun. Selbst wenn man dafür über sieben Brücken gehen muss.

Einmal singt Peter Maffay: »Wenn das Schweigen mich umgibt, wird ein Lied zum Gebet.« Sprich: Kraft, um die Welt zu verändern, die kriegt man nicht aus sich selbst, die kommt von Gott. Heute hat der markante Sänger Geburtstag. Da kann man nur sagen: »So bist du …«

Lady Di

31. August 1997. 3:57 Uhr. Der Arzt eines Pariser Krankenhauses verkündet den Tod von Prinzessin Diana, der »Königin der Herzen«. Gestorben an den Folgen eines grässlichen Autounfalls.

Und irgendwie bewegt Lady Di die Welt bis heute. Zumindest gibt es Dutzende von Büchern über sie. Nur: Wie sie wirklich war, das scheint weiterhin umstritten zu sein. Wobei sich die mehr oder weniger diskreten Biografen zumindest in einem einig sind: Diana wollte gern Prinzessin werden. Unbedingt. Sie hat wie so viele Mädchen den großen »Prinzessinnentraum« geträumt: »Eines Tages kommt ein Prinz. In einem weißen Auto. Und dann greif ich zu – auch wenn er riesige Ohren hat.«

Leider erlebte Diana, dass Prinzessinsein doch kein Kinderspiel ist. Dass Prinzen Geliebte, Königinnen Allüren und Presseleute bisweilen kein Mitleid haben. Der ganze Prinzessinnentraum erwies sich jedenfalls als ziemlicher Flop.

Ohne dass ich damit das Ansehen Dianas irgendwie schmälern wollte, behaupte ich mal: Irgendwann hat sich die junge Frau bei dem Versuch, Prinzessin zu sein, selbst verloren.

Letztlich muss man sich bei allen Träumen fragen: Ist die Rolle, in die ich da hineinschlüpfe, vereinbar mit dem, was ich eigentlich bin? Kann ich mir dabei treu bleiben? Und: Wie viel Traumwelt kann ich mir leisten, ohne dabei in einem Albtraum zu landen? Spannende Frage.

Dreigroschenoper

»Und der Haifisch, der hat Zähne ...« Gestern war ein interessantes Jubiläum. Ja, denn am 31. August 1928 öffnete sich zum ersten Mal der Vorhang für den Gentleman-Verbrecher Mackie Messer und seine Bande: Bühne frei für die »Dreigroschenoper«! Die als Kriminalkomödie getarnte Sozialkritik erzählt von Liebe, von Armut, von der Sehnsucht nach Wohlstand und vom erbarmungslosen Kampf zweier Milieugrößen. Eine tolle Geschichte.

Und der Autor und Theaterdichter Bertolt Brecht gibt von Anfang an zu verstehen, dass seine »Dreigroschenoper« mehr sein will als Unterhaltung: nämlich ein Theaterstück, das aufweckt, nachdenklich macht, in Bewegung bringt und etwas in der Welt verändert. »Ich meine«, sagt Brecht, »wir haben zu viel Bildungstheater. Was wir brauchen, ist ein Umbildungstheater. Stücke, die den Menschen helfen, ihr Leben besser zu meistern.«

Hey, da werde ich als Pfarrer ganz hellhörig. Was wir brauchen, ist Um-Bildung. Damit hat Brecht recht. Finde ich. Und fasse mir an die eigene Nase. Vieles von dem, was ich tue, ist sicher klug und richtig. Aber verändert es auch etwas? Hilft es anderen Menschen, ihr Leben besser zu meistern? Sehr herausfordernd. Schließlich ist Jesus genau mit diesem Anspruch aufgetreten.

Also, wenn die »Dreigroschenoper« das nächste Mal in der Nähe gespielt wird, lasse ich mich inspirieren. »Und der Haifisch, der hat Zähne ...«

Einmalig gut

Der achte Psalm stellt eine spannende Frage: »Was ist der Mensch?« Tja, was? Ich meine: Wir werden täglich mit Dutzenden Antworten konfrontiert, die irgendwie alle nicht befriedigen. Die Werbung sagt: »Der Mensch ist schön und gesund.« Doch wir wissen, das stimmt nicht immer. Die Sportsendungen eröffnen: »Der Mensch ist stark.« Und wir sehen unsere Speckröllchen. Die Denker betonen: »Der Mensch ist weise.« Und wir ahnen, dass das nicht so ganz zutrifft. Außerdem gibt es auch ganz andere Antworten. Die Gefängnisse verkünden: »Der Mensch ist böse.« Und die Krankenhäuser zeigen: »Der Mensch leidet.« Was aber auch nur ein Teil der Wahrheit ist. Ja, was denn nun?

Letztlich kann man diese Frage nur beantworten, wenn man klärt, was der Maßstab sein soll. König David, der Autor des achten Psalms, geht da einen interessanten Weg. Er schaut erst mal in den Himmel: »Wenn ich mir das Universum anschaue, dann frage ich mich: Was ist der Mensch?« Der erste mögliche Maßstab ist also das Universum. Aber David merkt sofort: Das geht nicht. Wer das Universum zum Maßstab nimmt, fühlt sich sehr klein.

Zweiter Versuch! David hält die Messlatte jetzt nach unten. Und das sieht schon besser aus: »Der Mensch darf über die Schöpfung herrschen.« Der Mensch als mächtiges Wesen. Nun ist das nicht nur angesichts von Klimakatastrophen und Umweltzerstörung recht fragwürdig geworden. Der Mensch das Maß aller Dinge?

Was nun? Was ist ein gutes Kriterium für Menschsein? Und dann schaut David plötzlich auf Gott: »Wie kommt es eigentlich, dass du, Gott, den Menschen so ins Herz geschlossen hast? Warum kümmerst du dich so um ihn?« Und da hat der König plötzlich den Maßstab, den er so lange gesucht hat. Wie wertvoll muss ein Mensch sein, wenn sich sogar Gott Gedanken über ihn macht? Wenn der Schöpfer des Himmels und der Erde sich seiner annimmt?

Musikgeschichten

»Musikgeschichten« erzählen von allem, was mit der Kunst der Töne zu tun hat. Vom Schrecken des Übens über die Musiktherapie bis zum Applaus im Rampenlicht. Musikgeschichten eben.

Meine schönste Musikgeschichte ist ganz kurz. Nach dem Auftritt eines berühmten Künstlers sagte einmal jemand: »Nachdem ich diese Musik gehört habe, weiß ich, dass es Gott gibt.« Wahrscheinlich das größte Kompliment, das jemals einem Musiker gemacht wurde.

Musik hat eine tolle Eigenschaft: Sie weist über den Menschen hinaus, weil sie in der Lage ist, Unsagbares auszudrücken. Kein Wunder, dass Musik in allen Religionen eine tragende Rolle spielt. Sie kann manchmal besser von Gott erzählen als alle Worte. Und im Gegenzug gilt: Wenn Kunstliebhaber von Musik sprechen, dann nutzen sie ganz oft religiöse Begriffe. »Das war göttlich! Erhaben. Beseelend.«

Schon in der 3000 Jahre alten Geschichte des israelitischen Königs Saul wird erzählt, dass es nur eines gab, was diesen Herrscher von seinen Depressionen heilen konnte: das kunstvolle Harfenspiel eines Mannes namens David. Als Saul diese Musik hörte, konnte er wieder glauben, dass Gott es gut mit ihm meint.

Musik zeigt vielen Menschen, dass das Leben aus mehr besteht als aus Logik, Alltag und Materie. Und damit ist sie ganz nah am Glauben: »Seit ich diese Musik gehört habe, weiß ich, dass es Gott gibt.« Man fragt sich ja immer, was man mal auf seinem Grabstein stehen haben möchte. Das wäre kein schlechter Satz, oder? Ganz gleich, ob es dabei um Musik oder um die nicht weniger große Kunst des Lebens geht: »Als ich ihm begegnet bin, wusste ich, dass es Gott gibt.«

Weltklima

Viele Menschen sind der Überzeugung: »Letztlich setzt sich der Stärkere durch. So war es schon immer, und so wird es immer sein.« Die anderen halten dagegen: »Das ist doch Unsinn. Ein vernünftiges Miteinander täte allen besser.« Nun, noch gilt in der Weltpolitik meist das erste Prinzip: »Hauptsache, unserem Land geht es gut. Koste es, wen es wolle.«

Und jetzt kommt da diese dumme Sache mit dem Klimawandel. Die Erde wird immer wärmer. Und wer sich etwa mal in Kenia umschaut, kann sich direkt vor Ort überzeugen: Da ist nämlich nix mehr mit »Schnee am Kilimandscharo«!

Die Industriestaaten sind für den Klimawandel verantwortlich, und Afrika verwüstet. Aber keine Sorge: Das Klima schlägt zurück. Man denke nur an die Überflutung von New Orleans, die Tsunamis oder die wachsende Zahl von Wirbelstürmen in Deutschland. Irgendwann erwischt es uns alle. Das Klima.

Experten haben doch längst ausgerechnet, dass es auf Dauer 20-mal teurer ist, nichts zu tun, als in Klimaschutz zu investieren. Aber zu viele Staaten sagen sich weiterhin: »Klar, Klimaschutz ist gut. Aber unsere Wirtschaft darf dadurch nicht geschwächt werden.« Das ist ein bisschen egoistisch – und ziemlich dumm. Wer jetzt politisch den Starken spielt, wird letztlich verlieren, mit den anderen.

Bei den Klimakonferenzen kommt es darauf an, dass alle einsehen: Es geht nur miteinander. Erfolg gibt es nur, wenn das Wohl der Gemeinschaft im Mittelpunkt steht. Übrigens ein urchristlicher Gedanke. »Eine Gemeinschaft ist wie ein Körper. Und wenn ein Körperteil leidet, dann leiden alle.« Hoffen wir auf ein gutes Klima – für die Zukunft.

James Blond

»Mein Name ist Vogt, Pfarrer Vogt.« Ich weiß: Das klingt gruselig, aber damit sind wir mitten im Thema. Ich warte schon wieder begierig auf den neuen Bond. James Bond, der Doppelnullagent mit dem diffizilen Auftrag, die Welt zu retten, die Männer neidisch und die Frauen glücklich zu machen.

Nur: Dem letzten Darsteller, Daniel Craig, haben das viele gar nicht zugetraut. Denn er ist blond. Böse Zungen haben ihn als den »besten Blondinenwitz aller Zeiten« bezeichnet, und im Internet wurde nicht nur zum Boykott seiner Filme aufgerufen, sondern die Filmgesellschaft auch ultimativ aufgefordert, die Rolle neu zu besetzen. Allen war klar: Dieses englische Weichei, dieser James Blond, hat es einfach nicht drauf. Wer so aussieht, der kann vielleicht einen Softie bei Rosamunde Pilcher spielen, aber doch nicht den besten Agenten der Welt.

Dann war der erste Film mit Craig da, und alle waren baff. Die Kritiker überschlugen sich vor Begeisterung, und einige redeten schon davon, dass Daniel Craig möglicherweise der beste Bond aller Zeiten sein könnte. Na, wir werden sehen.

Eines ist jedenfalls klar: Wäre es den Nörglern gelungen, sich durchzusetzen, hätten wir wahrscheinlich etwas Fantastisches versäumt. Nur weil sie andere Vorstellungen von ihrem Bond hatten. Und das gilt leider überall. Wer sich von seinen Vorurteilen leiten lässt, verpasst im Leben richtig viel. Weil er sich die Chance nimmt, sich positiv überraschen zu lassen.

Da sieht man, wie wichtig es ist, dass es jemanden gibt, der an einen glaubt, ohne Vorurteile. Und das ist nun mal ein uraltes, christliches Ideal. Also: Wenn Sie sich den Film ansehen, dann seien Sie bitte gerührt, nicht geschüttelt.

Hände

Wahrscheinlich ist keines unserer Körperteile so sehr in Bewegung wie die Hände. Von Handarbeit über Händeklatschen bis Handgreiflichkeiten, na, das können Sie sich an fünf Fingern abzählen.

Nun können Hände bekanntermaßen allerhand Gutes anstellen, aber eben auch allerhand Schlechtes. Das Allerschönste, was sie – meiner Meinung nach – tun können, ist segnen. Was kann es denn Besseres geben als die Zusage: »Gott will mit dir sein«?

Da hebt einer die Hände zum Segen. Und schon weiß jeder, dass es jetzt um den Kontakt zu etwas geht, über das Menschen nicht verfügen können, das Gott aber jederzeit schenken will: das Vertrauen darauf, dass seine Hand uns hält. Umfragen haben übrigens ergeben, dass der Segen für Kirchgänger das mit Abstand wichtigste Element im ganzen Gottesdienst ist. »Hallo, ich will gesegnet nach Hause gehen.«

Heute werden die Hände meistens nur noch symbolisch über die ganze Gemeinde ausgestreckt. Früher war es ganz selbstverständlich, Menschen die Hände persönlich aufzulegen, um ihnen damit deutlich zu machen, dass Segen körperlich erfahren werden kann.

Ich bin der festen Überzeugung: Wenn man jemandem sagt: »Ich segne dich«, dann macht das etwas mit ihm. Irgendwie haben wir verlernt, andere einfach mal kurzerhand zu segnen. Schade. Dabei spricht da gar nichts dagegen. Sie können das ja heimlich mal ausprobieren: »Ich segne dich!«

Adams Äpfel

Was passiert, wenn ein unterbelichteter Neonazi mit Hakenkreuz-Tattoo und Glatze auf einen sanftmütigen Pfarrer trifft, der für alle menschlichen Schwächen immer und pausenlos Verständnis hat? Na? Genau: Es kommt zur Katastrophe.

So jedenfalls erzählt es der bissige, urkomische und hintersinnige Film »Adams Äpfel«, der vor einiger Zeit in den Kinos lief. Der Neonazi Adam kommt direkt aus dem Knast zur Resozialisierung bei Pfarrer Ivan, einem Vorbild an Güte und Freundlichkeit. Nur: Dessen Barmherzigkeit ist so dermaßen penetrant, dass sie eigentlich schon wieder unbarmherzig ist. Außerdem schleppt Pfarrer Ivan selbst einige Lebenslügen mit sich herum, sodass bald immer unklarer wird: Wer ist hier eigentlich gut und wer böse?

Adam jedenfalls beschließt, den Pfarrer vom Glauben abzubringen. Und dann fliegen die Fetzen. Denn: Er schafft es! Ivan kann irgendwann an gar nichts mehr glauben. Allerdings: Als der Seelenhirte ganz am Boden ist, empfindet selbst ein Neonazi wie Adam nur noch Mitleid und wird ungewollt zu einem rettenden Engel.

»Adams Äpfel« ist ein zu Recht mehrfach preisgekrönter Film, der glücklich macht, weil er zeigt, dass unsere Maßstäbe von Gut und Böse meist viel zu oberflächlich sind. Ist doch klar: Jeder hält sich selbst für den Guten – und weiß ganz genau, warum die anderen die Schlechten sind. Und wenn man das einmal geklärt hat, dann kann man auch herrlich über andere urteilen.

»Vorsicht!«, sagt Thomas Anders Jensen, der Regisseur des charmanten dänischen Meisterwerks. »Manchmal weiß man erst am Ende, wie es sich mit Gut und Böse wirklich verhält.« »Adams Äpfel« – ein Film zum Weiterdenken.

Weltbildungstag

So, so, »Weltbildungstag«. Der ist heute. Oder ganz offiziell »Weltalphabetisierungstag«. Das ist der Tag, an dem die UNESCO daran erinnert, dass noch immer ein Fünftel aller Menschen nicht lesen und schreiben kann. Ein Fünftel. Erschreckend. Oder?

Natürlich kann man auch ohne Lesen und Schreiben glücklich sein, aber mal ehrlich: Ohne diese Kenntnisse ist man doch von vielen wesentlichen Dingen ausgeschlossen. Literatur, Zeitung, Internet, Briefe, Beschriftungen auf Verpackungen und Medikamenten, ja, man kann nicht mal eine Bahnfahrkarte am Automaten kaufen. Gut, das fällt auch Akademikern inzwischen schwer, aber es ist doch ein eingeschränktes Dasein. Wenn ich mir vorstelle, ich hätte all die Romane und Bücher, die meinen Horizont erweitert haben, nicht lesen können – ich wäre heute ein anderer Mensch. Ein ärmerer. Finde ich.

Wer mitbekommt, wie Kinder das Reich der Buchstaben erobern und sich dann begeistert in die neuen Welten stürzen, die sich ihnen offenbaren, der weiß, dass es sich lohnt, lesen und schreiben zu lernen. Was für eine Offenbarung! Auch wenn manche ABC-Schützen über die vielen Buchstaben ganz schön stöhnen.

Ich weiß nicht, ob man Glauben mit Lesen und Schreiben vergleichen kann. Obwohl, eigentlich schon. Glauben ist am Anfang nämlich auch total herausfordernd. So viele Fragen, Zeichen und Symbole. Aber wenn man die Zusammenhänge nach und nach versteht, dann eröffnen sich auf einmal unfassbare neue Perspektiven für das Leben. Wer das noch nicht gewagt hat, mag erstaunt den Kopf schütteln – wie ein Analphabet vor einem Buch. Doch wer Glauben »lernt«, der blüht auf. Unglaublich.

Tag des alkoholgeschädigten Kindes

Allein in Deutschland werden jedes Jahr schätzungsweise 10000 Kinder geboren, die nur aus einem Grund schwere Behinderungen haben: weil ihre Mütter während der Schwangerschaft zu viel Alkohol getrunken haben. Man spricht da von FAS, dem »Fetalen Alkoholsyndrom«. Und die Internationale FAS-Gesellschaft hat den 9. September zum Gedenktag für diese Kinder ausgerufen. Weil sie zu Recht sagt: »Das ist eine Katastrophe! Diese Behinderungen sind zu hundert Prozent vermeidbar.«

Ich habe das gelesen und war sofort stinksauer: Wie kann eine Mutter nur so verantwortungslos sein und saufen, wenn sie schwanger ist? Das ist doch …

Und dann bin ich nachdenklich geworden. Also, was ist mit den Rauchern, die andere Menschen schädigen? Was ist mit den Rasern auf der Autobahn, die Unfälle verursachen? Was ist mit all den schönen Billigprodukten, die ich kaufe, obwohl ich weiß, dass die irgendwo in Asien von Menschen zusammengeschraubt werden, die dafür nur einen Hungerlohn kriegen? Oder die mit Pestiziden verseucht werden?

Dass und wie ich lebe, hat immer seinen Preis. Und ich … ich würde gerne alles dafür tun, dass nicht irgendwelche Unschuldigen ihn zahlen müssen. Vielleicht ist der Gedenktag des alkoholgeschädigten Kindes ein Tag, um sich mal bewusst zu machen, wer eigentlich für unsere Süchte und Begierden bezahlt.

Jesus hat mal den klugen Satz gesagt: »Liebe deinen Nächsten wie dich selbst.« Das klingt banal. Aber es ist die größte Herausforderung des Menschseins.

Welt-Suizid-Präventionstag

2003 wurde der 10. September zum »Welt-Suizid-Präventionstag« ernannt. Und zwar von der Weltgesundheitsorganisation. Ja, weil Suizid eines der größten Gesundheitsprobleme der Welt darstellt. Jährlich nehmen sich rund 1 Million Menschen das Leben. Sprich: Durch Selbstmord sterben mehr Menschen als durch alle Kriege der Welt zusammen. Gerade bei Jugendlichen sind Suizide die zweithäufigste Todesursache.

Und das Verrückte ist, ganz oft sitzen nachher Freunde oder Angehörige da und denken: »Hätte ich doch nur mal was gesagt. Vielleicht wäre dann alles anders gekommen.«

Vielleicht. Vielleicht auch nicht. Aber tatsächlich soll der heutige Tag Mut machen, lieber ein bisschen zu ehrlich als zu lange zu diskret zu sein. Prävention heißt: Offen ansprechen, was einen am Verhalten oder der Stimmung des anderen misstrauisch werden lässt. Und rechtzeitig über professionelle Hilfe nachdenken.

Kein Wunder, dass die Bibel immer wieder sagt: »Achtet aufeinander. Helft einander. Ermahnt einander.« Dabei geht es nicht um besserwisserische Zurechtweisungen, sondern um das liebevolle Wahrnehmen möglicher Abgründe im Leben des anderen. Abgründe, in die man stürzen kann. Und bisweilen sieht man die von außen sogar besser. Und dann braucht es viel Mut zu sagen: »Du trinkst zu viel!«, »Du bist depressiv!« oder »Du verrennst dich da!« Es braucht viel Mut. Aber vielleicht lohnt es sich.

Terror

11. September 2001. Zwei von Terroristen entführte Verkehrsflugzeuge rasen ins World Trade Center, eines ins Pentagon. Der erste Angriff einer fremden Macht auf amerikanischem Festland seit 1814 – und die ganze Welt ist geschockt. Mehr als 3000 Menschen sterben, und seitdem tobt, erstmals in der Menschheitsgeschichte, ein globaler Krieg, der Krieg gegen den Terror.

Ein Krieg, der aus vielen Gründen eklig ist. Vor allem, weil sich zu viele Beteiligte dabei auf religiöse Motive berufen und im Namen von Frieden und Gerechtigkeit töten, unterdrücken, verachten und hassen. Irgendetwas läuft da schrecklich schief. Denn eines ist klar: Wer behauptet, man dürfe aus Liebe zu Gott andere verletzen, der hat nichts verstanden. Überhaupt nichts. Der weiß nicht einmal, was Liebe ist. Armer Mensch.

Jesus ist für seinen Satz »Liebt eure Feinde« oft belächelt worden. Auch von Christen. Doch in diesen drei Worten steckt ein großes Geheimnis. Wer seinem Gegner mit Hass begegnet, der sucht nicht wirklich nach Lösungen; wer es dagegen ernsthaft wagt, einen Kontrahenten als zwar andersdenkenden, aber dennoch liebenswerten Menschen zu sehen, der überwindet Grenzen.

Die ersten Christen hatten selbst bei ihren Feinden einen interessanten Spitznamen: »Das sind die, die so liebevoll mit anderen umgehen.« Diesen Spitznamen, den gilt es sich wieder zu verdienen.

Tag der Wohnungslosen

Es gibt keine offiziellen Zahlen. Die wären wahrscheinlich auch zu unangenehm. Hilfswerke schätzen vorsichtig, dass in Deutschland knapp 250 000 Menschen keine eigene Wohnung haben. Gut, ein Großteil davon kommt irgendwie in Notunterkünften und Nachtasylen unter, aber mehr als 20 000 Personen leben Tag und Nacht auf der Straße. Bei Wind und Wetter. Ein Fünftel davon sind ehemalige Strafgefangene.

Und gestern war der »Tag der Wohnungslosen«. Nur: Was machen wir damit? Sollen wir so einem Typen mal ein warmes Süppchen vorbeibringen? Oder die Reste vom Mittagessen? Wäre sicher gar nicht so falsch. Noch besser wäre es aber, wir würden verstehen, was da passiert. Warum Menschen in Deutschland menschenunwürdig leben müssen. Und warum jede Gesellschaft Gruppen hat, die sozusagen zu den Ausgestoßenen gehören. Na klar. Das ist doch ein bisschen wie früher bei den Pestkranken. Man meidet den Kontakt. Diese Leute gehören nicht mehr zum System. Das sind Außenseiter.

Ich habe auf die Frage nach der Wohnungslosigkeit in Deutschland keine Antwort. Ich weiß nur eines: Als Jesus damals durch Israel zog, hat er viele Menschen zutiefst schockiert. Warum? Weil er andauernd mit Gruppen zusammenhing, die in jener Zeit als Ausgestoßene galten. Das konnten die vielen »anständigen« Bürger nicht begreifen. Und das Verrückte ist: Käme Jesus heute wieder auf die Welt, dann würde er möglicherweise auch viel Zeit mit Obdachlosen verbringen.

Mond

Am 13. September 1959 gab es einen Riesenknall. Nee, doch nicht. Obwohl das Ding 12 000 Kilometer pro Stunde draufhatte, als es einschlug, und 390 Kilo schwer war. Also: Es gab einen Riesenaufprall, aber keinen Knall. Denn das Ganze passierte auf dem Mond. Ja, zum ersten Mal in der Geschichte der Menschheit erreichte etwas Menschliches den Erdtrabanten. Und zwar die russische Raumsonde »Lunar 2«. Die schlug ein wie eine Bombe – und zwar zwischen den Kratern Autolycus und Archimedes. Sie schleuderte allerdings vorher noch einige Wimpel mit Sowjetsternen aus, um den Anspruch Russlands auf den Mond deutlich zu machen.

Mit diesem Meilenstein der Weltgeschichte begann zugleich der Wettstreit der Großmächte um die Frage, wer zuerst einen Menschen auf den Mond bekommt. Und seit einiger Zeit wird erneut darüber nachgedacht, ob wir ihn nicht mal wieder besuchen sollten. Aus Forschungsgründen. Spannend. Auch wenn ein kluger Mensch zu Recht gesagt hat: »Wir landen auf dem Mond, aber das Verhalten des Menschen und seine Einstellungen haben mit den Naturwissenschaften nicht Schritt gehalten.« Sprich: Wir erreichen ferne Ziele, doch der Charakter der Menschen hinkt hinterher.

Keine Ahnung, ob das stimmt. Aber eines wünsche ich mir: dass der Mond bei aller wissenschaftlichen Erforschung seinen Zauber nicht verliert. Seine Schönheit. Seine Verklärtheit. Dass Verliebte noch in Jahrtausenden beseelt auf den leuchtenden Mond gucken, auch wenn sie wissen, dass das nur ein staubiger, lebloser Felsbrocken ist. Ich bleibe lieber verzaubert. Und stelle mich hin und sage mit der Bibel: »Gott, du breitest den Himmel aus wie einen Teppich. Und du hast den Mond gemacht, damit wir das Jahr danach teilen können.« Das feiere ich heute.

Tag der Liebe

71146. So viele Einwohner hat Lüneburg. Und so viele rote Rosen haben Stephan Hinrichs und Daniel Habenicht vor einigen Jahren in Form eines gigantischen Herzens auf dem Lüneburger Marktplatz ausgelegt. Als Symbol der »alles umfassenden Liebe«.

Nette Idee. Vor allem, weil das Ganze ein Startschuss sein sollte, der Startschuss für einen neuen »Internationalen Tag«, den »International Day of Love«, den »Tag der Liebe«. Die beiden Verleger fanden, es sei höchste Zeit, die Liebe mal weltweit an einem eigenen Festtag in den Mittelpunkt zu stellen. Und sie hoffen, dass sich ihr Projekt tatsächlich zu einer großen Bewegung entwickelt. Na, wir werden sehen. Bislang duften die Rosen erst einmal in Lüneburg.

Ein bisschen unklar bleibt beim Lesen der zum Projekt gehörigen Homepage allerdings, was denn nun die »alles umfassende Liebe« genau ist. Was ist damit gemeint? Geht es um Gefühle, um Sex, um Freundschaft, um Vertrauen? Oder um das Einssein mit sich und der Welt? Schön wäre es zum Beispiel, wenn irgendwann an diesem Tag weltweit alle Waffen schweigen. Sagen die Veranstalter. Ja, aber was ist nun die Liebe? Die alles umfassende Liebe?

Für Christinnen und Christen ist die Antwort klar. Gott ist die alles umfassende Liebe. In der Bibel heißt es schön: »Gott ist die Liebe – und wer in der Liebe bleibt, der bleibt in Gott und Gott lebt in ihm.« Wer wirklich liebt, der ist Gott nah. Ein starker Satz. Den möchte ich heute feiern.

World Trade Center

»Ich war immer an Menschen und ihren Geschichten interessiert.« Sagt Oliver Stone, der Regisseur. Und brachte seinen Film »World Trade Center« in die Kinos, die Geschichte der Anschläge vom 11. September, die tatsächlich die Welt verändert haben.

Oliver Stone hält sich natürlich an das, was jeder Regisseur schon in der Grundausbildung lernt: »Wenn du den Schrecken verdeutlichen willst, dann musst du ihm die Anonymität nehmen.« Dass viele Tausend unbekannte Menschen gestorben sind, berührt uns niemals so stark wie die Schicksale einzelner Betroffener.

Und so erzählt Stone die Geschichte zweier Polizisten, die beim Einsturz des World Trade Centers verschüttet werden – und denen es am Ende knapp gelingt, der Katastrophe zu entkommen. Nicolas Cage und Michael Pena spielen die mutigen Männer, die ihr Leben riskieren, um andere zu retten; Helden des Augenblicks, die zur rechten Zeit am rechten Ort sind und sich als rechte Patrioten erweisen.

Ganz ehrlich: Wahrscheinlich ist es besser, dass wir die vielen Opfer des 11. Septembers nicht alle kennen. Wir würden den Schmerz gar nicht aushalten. Wenn aber das stimmt, was in der Bibel steht, dass Gott jeden Menschen kennt und liebt, dann hat niemand mehr über die Opfer im World Trade Center geweint als Gott – und nicht nur über sie, sondern auch über die Menschen aller Glaubensrichtungen, die seither im Krieg gegen den Terror ums Leben gekommen sind.

Die Erkenntnis, dass jedes Leben kostbar ist, ist wahrscheinlich die einzige, aus der Frieden erwachsen kann.

Rosenkirche

6 000 Rosen. 2006 wurde die gotische Markuskirche in Butzbach mit 6 000 Rosen in eine Rosenkirche verwandelt, ein sakrales Gesamtkunstwerk. Und die Schönheit dieser Installation war für Zehntausende von Besuchern, die hindurchgegangen sind, eine unglaubliche Erfahrung: eine Kirche für die Sinne, eine Kirche zum Träumen, ein echtes Highlight.

Eine Frau sagte mit leuchtenden Augen: »Heute hat diese Kirche neu angefangen, zu mir zu sprechen. Sie hat mir vom Leben erzählt. Wie wunderbar es eigentlich ist. In dieser Kirche fühlt man sich ein bisschen wie im Paradies. Ruhig, getröstet, ermutigt und in ein warmes Licht eingetaucht.«

»Warum denn?«, habe ich sie gefragt. Und da fing sie an zu schwärmen: »Die Rose ist eine wunderbare Blume – aber es gibt sie nicht ohne Dornen. So ähnlich ist es wohl mit dem Leben. Was Zuversicht und Hoffnung sind, lernt man erst, wenn man Enttäuschungen und Niederlagen kennengelernt hat. Da muss man durch. Aber wenn man dann einen Menschen oder einen Ort findet, an dem man Trost und Kraft tanken kann, dann beginnt man aufzublühen. Das habe ich schon oft erlebt – aber heute, in dieser Kirche, ist es mir erstmals richtig bewusst geworden.«

Erstaunlich: Mit allen, die in die Rosenkirche eingetaucht sind, ist etwas geschehen, und sei es nur, dass sie von der unendlichen Schönheit des Blütenmeeres fasziniert waren. Für viele öffnete sich aber eine ganz neue Perspektive auf Gottes Gegenwart. Mehr kann und muss man von einer Kirche eigentlich gar nicht erwarten.

Segelfliegen

Heute gibt's mal einen Ausflugs-Tipp von der Kirche. Ich empfehle Ihnen einen Ausflug zum Abheben – auf die Wasserkuppe in der Rhön. Die hat nämlich nicht nur jetzt ordentlich was zu bieten, sondern auch eine starke Geschichte: Hier wurde das Segelfliegen erfunden.

Nach dem Ersten Weltkrieg hatten die Siegermächte den Deutschen verboten, weiterhin motorisierte Flugzeuge zu bauen. »Na gut«, dachten sich einige clevere, passionierte Flieger. »Es geht doch bestimmt auch ohne Motor.« Und siehe da, es ging tatsächlich. 1920 fand auf der Wasserkuppe der erste Gleitflugwettbewerb statt. Und plötzlich entdeckten immer mehr Menschen, wie faszinierend es ist, mithilfe der Thermik die Luft zu erobern und in aller Ruhe die himmlischen Aussichten zu genießen.

Ob diese Segelflugpioniere Christen waren, weiß ich nicht. Aber eines weiß ich: Ihre Einstellung gefällt mir. Wenn einem von außen Grenzen gesetzt werden, dann sollte man nicht resignieren, sondern darauf vertrauen, dass es einen anderen Weg gibt. Die Bibel ist voller Geschichten von Menschen, die genau so gelebt haben und deren Gottvertrauen tatsächlich zu neuen Höhenflügen geführt hat.

Also: Entdecken Sie doch mal die Wasserkuppe. Da gibt es ein hochinteressantes Segelflug-Museum, und wenn man Glück hat, kann man sogar einen Gastflug machen. Und dabei nachempfinden, wie sich die ersten »Gleitflieger« gefühlt haben. Damals, als sie die Flugverbote mit Leidenschaft und Kreativität überwinden wollten und dabei einen tollen Sport erfanden. Guten Flug!

Schweizer Minarette

Die Schweiz hat vor einiger Zeit abgestimmt. Und siehe da: Die sonst so toleranten, weltoffenen und urdemokratischen Eidgenossen haben sich gegen den Bau weiterer Minarette in ihrem Land ausgesprochen. Mit hoher Wahlbeteiligung und einer klaren Mehrheit. Da schauten alle verblüfft auf dieses Referendum: »Was ist denn hier passiert?«

Tja, was ist passiert? Wird die Schweiz wirklich von Minaretten überflutet? Nein, natürlich nicht. Oder ist die Islamisierung des Bergstaates schon so weit vorgeschritten, dass die Notbremse gezogen werden musste? Auch nicht. Um ehrlich zu sein: Dieses Votum sagt ganz wenig über die reale Situation in der Schweiz aus, aber viel über die Ängste der Schweizer. Oder genauer gesagt: über die Ängste, die dort von bestimmten Leuten geschürt werden. Offensichtlich fühlt sich die Mehrheit in der Schweiz existenziell bedroht. Und bei der Minarett-Frage ist diese Angst jetzt ans Licht gekommen. Wirklich: Ich finde es unglaublich, wie viel Furcht aus dieser Abstimmung spricht!

Leider gilt zu allen Zeiten: Angst ist ein schlechter Ratgeber. Ein ganz schlechter. Vielleicht hat Jesus in seiner Bergpredigt deshalb auch so deutlich gesagt: »Fürchtet euch nicht vor morgen. Kümmert euch um das, was heute anliegt.«

Natürlich müssen dringende Sachfragen im interkulturellen Dialog geklärt werden: die Ganzkörperverschleierung von Frauen, die Ausübung des islamischen Rechts, die Zwangsehen, die Zwangsbeschneidungen und, und, und. Da müssen weise Entscheidungen gefällt werden. Und zwar schnell. Das Minarett-Verbot dagegen erzählt nur von einer diffusen Angst, die hoffentlich bald überwunden wird. »Fürchtet euch nicht.«

Glücksmomente

»Leben – was sonst!« Vor einiger Zeit wurde eine Woche lang in den Medien unter diesem Motto bundesweit sehr offen und engagiert über Krebs gesprochen. Und bei hr3 ging es speziell darum, krebskranken Kindern echte Glücksmomente zu verschaffen: Zoe ist am Strand entlanggeritten, Niklas erlebte die Fußball-Nationalmannschaft live, Stefanie besuchte einen Freizeitpark – und Philipp traf seinen Lieblingsspieler von Borussia Dortmund. Glücksmomente eben.

Und wie das so ist, habe ich mich natürlich ziemlich schnell gefragt: »Was würde ich mir eigentlich wünschen? Was zaubert mir ein Glitzern in die Augen? Was wäre für mich ein echter Glücksmoment?« Da sind mir tolle Sachen eingefallen. Richtig tolle Sachen. Die habe ich gleich mal aufgeschrieben.

Und dann habe ich auf meine kleine, feine Liste geguckt und gedacht: »Mmh, vieles davon kann ich doch in die Realität umsetzen. Was hält mich denn davon ab?« Wie kommt es, dass man so oft erst mal mit der eigenen Vergänglichkeit konfrontiert werden muss, bevor man lernt, die Glücksmomente des Lebens auszukosten?

In der Bibel gibt es einen ziemlich melancholischen Autor, den Prediger Salomo. Der hat viel über die Vergänglichkeit nachgedacht. Und deshalb sagt er: Wir müssen die Glücksmomente, die Gott uns schenkt, richtig feiern.

Hören Sie sich das mal im Original an: »Hey, verschwende keine Zeit. Freu dich über gutes Essen, trink fröhlich deinen Wein, zieh dir schicke Kleider an, lass dir die Haare schön machen und genieß das kostbare Leben mit deiner Frau.« Halleluja.

Weltkindertag

Es gibt einen richtig klugen Satz: »Aus Kindern, die man liebt, werden Erwachsene, die lieben.« Insofern ist die komplizierte Frage, wie man etwas Nachhaltiges für die Gesellschaft der Zukunft tun kann, eigentlich relativ leicht zu beantworten: Lasst uns liebevoll zu den Kindern sein.

Psychologen verkünden seit Langem, dass die entscheidenden Weichen eines Lebens am Anfang gestellt werden. Ein Kind, das lernt, dass es bedingungslos geliebt wird, entwickelt ein Urvertrauen zum Dasein, von dem es dauerhaft zehren kann: »Es ist gut, dass es mich gibt.«

Offensichtlich scheint das mit der Liebe zu den Kindern aber immer wieder herauszufordern. Tja, und darum feiert Deutschland jedes Jahr am 20. September den »Weltkindertag«. Heute findet es wieder statt, das große Kinder- und Familienfest, bei dem verschiedene Organisationen in mehr als 400 Städten für die Rechte der Kinder eintreten und das Bewusstsein der Erwachsenen sensibilisieren wollen: »Bedenkt, welch ein Schatz die Kinder sind. Wenn ihr die liebt, dann gebt ihr ihnen das Wichtigste, was sie brauchen. Ihr macht sie stark.«

Irgendwie ist es da gar nicht verwunderlich, dass die Bibel Gott so oft mit einem liebevollen Vater oder einer fürsorglichen Mutter vergleicht. Das, was Kinder brauchen, brauchen Erwachsene doch ganz genauso. Jemanden, der ihnen sagt, dass sie bedingungslos geliebt sind: »Es ist gut, dass es dich gibt.«

Also, wenn Sie Kinder haben oder wollen oder kennen oder ihnen begegnen, dann seien Sie liebevoll zu ihnen, sodass sie stark werden. Und wenn Sie sich manchmal selbst wie ein Kind fühlen: Dann lassen Sie sich stark lieben. Das tut gut.

Gospel Award

Regelmäßig im Frühherbst findet in Berlin die PopKomm statt. Die Messe fürs Musik-Business. Der Treffpunkt für Künstler, Produzenten, Manager, Verleger, Agenten und Fans – alle, die genau wissen wollen, wie man einen Song ins Radio und in möglichst viele CD-Regale bekommt.

Und vor einigen Jahren haben sich die Veranstalter dafür etwas ganz Besonderes einfallen lassen: Sie haben den deutschen »Gospel Award« verliehen, also einen Preis für religiöse Lieder, wie sie ursprünglich von den Sklaven Nordamerikas gesungen wurden.

Dabei betonte der Geschäftsführer der Messe: »Gospel ist sowohl kulturell als auch wirtschaftlich eines der weltweit am besten vernetzten Musikgenres und erfreut sich auch in Deutschland eines ständig steigenden Interesses.« Zu Deutsch: Damit kann man Geschäfte machen.

Interessant! Ganz offensichtlich gibt es immer mehr Menschen, denen die Kurzzeit-Stars aus der Casting-Retorte, die endlosen Eiapopeia-Liedchen um Liebe und Triebe und die alle ähnlich klingenden Fließband-Pop-Produktionen unglaublich auf den Nerv gehen. Menschen, die sich auf einmal nach einer Musik sehnen, die geerdet ist, die auch die dunklen Seiten des Lebens kennt und trotzdem eine ungeheure Hoffnung und Lebenslust ausstrahlt. Musik, die die Seele berührt.

Und genau das scheinen viele in der Gospel-Musik zu finden, die von nichts anderem erzählt, als dass es einen herrlichen Gott gibt, dessen Liebe größer und mächtiger ist als alles Unrecht. Mitreißende Songs wie »Oh happy day«, in der sich die Musiker nicht präsentieren, sondern mit Leidenschaft Gottesdienst feiern.

Klar, die PopKomm hofft auf gute Geschäfte in der gebeutelten Tonträger-Industrie. Wenn sie dabei auf den Gott hinweist, der in der tiefsten Not Hoffnung schenkt: Mir soll es recht sein.

Welttag des Meeres

Es gibt Leute, die stehen total auf Berge. Also auf Alpen, Almen, Wanderwege und Hüttenromantik. Und es gibt Leute, denen geht erst dann so richtig das Herz auf, wenn sie am Meer sind. Wenn die Wellen rauschen, die Möwen schreien und der Horizont die Gedanken mit sich nimmt. Ich gestehe: Ich bin ein Meer-Fan. Ich brauche einmal im Jahr ein paar Tage Strand, um wieder zu mir selbst zu kommen.

Insofern ist der heutige »Welttag des Meeres« genau das Richtige für mich. Der klingt nämlich nach Sehnsucht, Weite und Salz. Allerdings: Dieser Tag will vor allem eines deutlich machen – nämlich wie bedroht die Meere sind. Durch Überfischung, durch Verunreinigung, durch Schadstoffeinträge und natürlich auch durch die Erwärmung. »Wenn wir nicht aufpassen«, sagen Experten, »dann sind diese riesigen komplexen Ökosysteme bald tot.«

Klar, in den Ozeanen landet irgendwann fast alles, was wir an Schmutz und Abwässern produzieren. Endstation Meer. Nun: Das mag auch daran liegen, dass die Meere für die meisten Menschen ein Gebrauchsgegenstand geworden sind. Ein entseeltes Etwas, das man wissenschaftlich recht genau beschreiben kann.

Also, ich habe da so einen Verdacht. Vielleicht geht ein Mensch mit den Ozeanen eben doch anders um, wenn er der Überzeugung ist: »Das Meer gehört Gott, denn er hat es gemacht.« So steht's jedenfalls in der Bibel. Und in diesem Sinne kann Glauben ganz praktischer Umweltschutz sein.

Romy Schneider

Rosemarie Magdalena Albach war 15, als sie in ihr Tagebuch schrieb: »Ich muss unbedingt Schauspielerin werden.« Das wurde sie. Und schon mit 17 weltberühmt. Als Sissi, die junge Kaiserin. Da trug sie jedoch längst ihren schicken Künstlernamen: Romy Schneider.

Wegen ihrer Beziehung zu Alain Delon zog die talentierte Romy mit 20 Jahren nach Frankreich und machte dort als Charakterdarstellerin eine große Karriere. Film, Theater, Hörspiel. Grandios. Allerdings: Während sie künstlerisch einen Erfolg nach dem anderen feiern konnte, blieb ihr Privatleben kompliziert. Mehrere Ehen zerbrachen. Und dann verunglückte auch noch ihr 14-jähriger Sohn tödlich, als er über einen Gartenzaun mit scharfen Spitzen kletterte und abrutschte.

Als Romy Schneider mit 43 Jahren unter nie ganz geklärten Umständen starb, waren sich viele ihrer Freunde einig, das habe mit ihrem »gebrochenen Herzen« zu tun. Weil sie irgendwie die verschiedenen Rollen – als Künstlerin, Ehefrau und vor allem als trauernde Mutter – nicht zusammenbekam. Das bricht einem das Herz.

Entscheidend dabei ist: Gebrochene Herzen brauchen einen Ort, an dem sie wieder geheilt werden können. In den 3 000 Jahre alten Psalmen der Bibel steht: »Gott will die heilen, die gebrochenen Herzens sind.« Vielleicht, weil Gott durch alle Rollen hindurch das Innerste eines Menschen sieht.

Auf dem Grab von Romy Schneider steht nur ihr bürgerlicher Name: Rosemarie Albach. Heute hätte die große, verzweifelte Schauspielerin ihren Geburtstag gefeiert.

Wunderheilungen

»Im Tempel vom Jerusalem kamen viele Blinde und Lahme zu Jesus, und er heilte sie. Als die Priester und Gelehrten die Wunder sahen, die er tat, und die Kinder hörten, die vor Freude schrien, da entrüsteten sie sich« (Matthäus 21, 14-17).

Die Kinder toben vor Begeisterung, und die Kranken werden gesund. Darüber kann man sich richtig freuen. Oder aufregen. In dieser biblischen Geschichte ärgern sich so einige über Jesus – und über den Wirbel, den er verursacht: »Muss das sein?«

Ich frage mich immer: Was läuft in Menschen ab, die sich aufregen, wenn es anderen gut geht? Da stimmt doch irgendwas nicht. Klar: Lärm stört manchmal, und dass Jesus da so unbeschwert rumheilt, ist gewöhnungsbedürftig. Aber: Wenn Blinde wieder sehen und Lahme wieder gehen können, dann ist das doch einfach nur herrlich. Oder? Egal, ob mir der Stil gefällt oder nicht.

Wovor haben die Entrüsteten wohl Angst? Vor dem Eingeständnis des eigenen Heilungsbedarfs? Dass sie selbst geheilt werden? Oder davor, dass sie, wenn sie die Heilungswunder akzeptieren, auch die Botschaft dieses Jesus anerkennen müssten? Ich weiß es nicht.

Ich weiß aber, dass es seit 2000 Jahren Leute gibt, die sich lieber aufregen, als sich zu freuen. Wahrscheinlich, weil das die schlichteste Art ist, sich vor der ernsthaften Auseinandersetzung mit diesem verblüffenden Jesus zu drücken: »Was fällt dem eigentlich ein, Kranke gesund zu machen?«

Schön, dass die Kinder in der Geschichte nicht lange nachdenken, sondern einfach das tun, was naheliegt, wenn jemand Heil erfährt: Sie feiern.

Will Smith

Manchmal spielt einem das Schicksal oder der Herrgott so richtig schön die Bälle zu. Plötzlich merkt man: »Hey, das ist sie – meine große Chance.« Oder man merkt es eben nicht. Was ziemlich blöd sein kann.

Zum Beispiel bekam der Schauspieler Will Smith das verlockende Angebot, die Hauptrolle in der schon jetzt zum Klassiker gewordenen Matrix-Trilogie zu spielen. Aber der Schauspieler entschied sich, lieber bei einer Western-Parodie mitzumachen: »Wild Wild West«. Matrix wurde im wahrsten Sinne des Wortes ein Welterfolg, während »Wild Wild West« … Nun, Will Smith sagt heute selbst, das sei der schlechteste Film, in dem er je mitgespielt habe. Pech gehabt. Chance verpasst.

Angeblich ärgert sich Will wegen seiner Fehlentscheidung noch immer. Trotzdem ist er einer der reichsten Schauspieler Hollywoods. So ganz schlecht wird es ihm also nicht gehen.

Aber dieses Gefühl »Chance verpasst« kenne ich. Und möchte mir dann am liebsten in den Hintern beißen. Mann! Bis mir klar wird: Wenn das Glück meines Lebens tatsächlich an einer einzigen Chance hängen würde, dann wäre irgendetwas falsch. Vielleicht finde ich es daher so spannend, dass es beim Glauben immer darum geht, ein Lebensfundament zu finden, das nicht mehr vom Nutzen einer bestimmten Chance abhängig ist. Außerdem: Gott hat immer noch was in petto.

Insofern sollte Will Smith sich nicht grämen, sondern heute ganz entspannt feiern. Seinen Geburtstag nämlich. Wir gratulieren.

Westside Story

»I like to be in America.« Man nehme ein bisschen »Romeo und Julia«, New York in den 50er-Jahren, zwei zu Tode verfeindete Straßengangs, Musik von Leonard Bernstein und Texte von Stephen Sondheim. Heraus kommt eines der großartigsten Musiktheaterstücke der Welt: die »Westside Story«.

Sie erinnern sich? Maria und Tony lernen sich auf einem Ball kennen und verlieben sich bis über beide Ohren ineinander – aber leider: Sie gehören unterschiedlichen Jugendbanden an. Darum ist das mit ihrer Liebe gar nicht so einfach. Und darum – Gott, wie grausam – stirbt Tony am Schluss. In dem großen Straßenkampf zwischen den Gangs, den er so gerne verhindert hätte.

Warum hat dieses Musical zwei Tony Awards und der dazugehörige Film zehn Oscars gewonnen? Ganz klar: weil die »Westside Story« eine zeitlos gute Geschichte erzählt. Nämlich die von der Liebe, die wichtiger ist als alles andere und doch allzu oft an äußeren Umständen scheitert. Die Geschichte von der Liebe, die in der Lage wäre, Rassen-, Banden- und Standesgrenzen zu überwinden – wenn man sie nur ließe.

Wahrscheinlich ist der Kampf zwischen der Liebe und dem, was Liebe verhindert, ohnehin das Kernthema des Lebens. Wenn die Liebe gelingt, dann gelingt auch das Leben. Davon erzählen Maria und Tony genauso wie Jesus vor 2000 Jahren, der Menschen von einem Gott vorschwärmte, der nichts mehr möchte als Liebe in die Welt bringen. In diesem Sinne: Happy Birthday, »Westside Story«. Die hatte nämlich am 26. September 1957 Premiere. »I feel pretty ...«

Ihr sollt ein Segen sein

Kennen Sie dieses schöne Bibelwort: »Ihr sollt ein Segen sein«? Tja, wer gesegnet ist, der kann, wird und soll seinen Segen offensichtlich weitergeben. Und ich gestehe offen: Darüber habe ich mir bisher eher weniger Gedanken gemacht.

Ich dachte immer, Segen ist etwas, das ich bekomme, das einem zugesprochen wird. Oder ein bisschen spitzer: Segen war für mich so wie eine besondere Versicherungspolice, das göttliche Bereitstellen eines Schutzengels oder eine Extraportion Geborgenheit.

Dieses biblische Motto macht aber deutlich: Segen hat noch eine ganz andere Dimension. Er strahlt aus. Ja, möglicherweise wird das »Gesegnetsein« eines Menschen nicht in erster Linie daran deutlich, dass es ihm gut geht, sondern daran, dass er anderen guttut.

Ich merke, dass diese Vorstellung für mich wirklich eine Herausforderung ist. Obwohl Jesus immer wieder deutlich macht, dass ein Glaubender bereit sein sollte, das, was ihm geschenkt wird, auch zu teilen. Segen heißt also: Ich bekomme etwas von Gott, das ich für andere einsetze.

Wenn ich dieses Motto: »Ihr sollt ein Segen sein« ernst nehme, dann muss ich ganz neu prüfen, ob ich eigentlich ein gesegneter Mensch bin. Dann gucke ich nicht nur, ob mein eigener Umgang mit dem Leben gelingt, ich frage auch, ob andere Menschen durch mich Segen erfahren – und wie. Ich finde das spannend.

Tag des deutschen Butterbrots

Es gibt ihn tatsächlich: den »Tag des deutschen Butterbrots«. Immer am letzten Freitag im September wird des liebsten Snacks der Deutschen gedacht – kein Wunder, schließlich ist Deutschland das Land auf der Welt, in dem es die meisten Brotsorten gibt, angeblich mehr als 300.

Und seien wir mal ehrlich: Wenn man Hunger hat, ich meine, so richtig Hunger, dann gibt es nichts Besseres, als in ein ordentliches Butterbrot zu beißen. Brot ist zu Recht ein Symbol für Lebenskraft.

Lassen Sie uns kurz mal das Thema wechseln. Pfarrer machen das ja ganz gerne. Also: Wie kann man das Wesen von Jesus Christus verstehen? Schöne Frage, finden Sie nicht? Und wissen Sie, welches Bild Jesus selbst verwendet, um sich verständlich zu machen? Nun, er sagt: »Ich bin das Brot des Lebens.« Häh? Wieso ist der Sohn Gottes ein Brot? »Ganz einfach«, ergänzt Jesus, »wer zu mir kommt, der wird nicht mehr hungern. Dessen Lebenshunger wird gestillt.« Starke Worte. Aber vielleicht machen sie deutlich, worum es im Glauben geht. Nämlich ums Sattwerden.

Und wenn Christen beim Abendmahl Brot und Wein zu sich nehmen, dann auch in diesem Sinn: Hier wird ein tiefer Hunger gestillt. Vielleicht ist es an der Zeit, am Tag des deutschen Butterbrots auch über ein bisschen Butter auf dem Abendmahlsbrot nachzudenken. Lassen Sie es sich schmecken.

Michaelistag

Nach einer Forsa-Umfrage glaubt jeder zweite Deutsche, dass er einen persönlichen Schutzengel hat. Na, das ist doch mal was. Engel kommen langsam wieder in Mode, und heute ist der Gedenktag des Oberengels. Ja, dieser »Erste unter den Engelfürsten« heißt Michael. Und sein Tag »Michaelistag«.

Das Michaelisfest wurde über Jahrhunderte in der Zeit gefeiert, in der die Nächte länger werden als die Tage, die Finsternis vorrückt, man wieder bei künstlichem Licht arbeiten muss – und jemanden braucht, der einen vor den dunklen Mächten und der Not des Winters beschützt. Da kam der biblische Erzengel gerade recht, denn er gilt als großer Kämpfer vor dem Herrn und erinnert an die Macht Gottes über Kälte, Unbarmherzigkeit und Tod.

Die streitbare Figur dieses Engels hatte gerade im winterkalten Europa so große Bedeutung, dass Michael nicht nur zum Schutzpatron der Kirche, sondern auch zum Patron des deutschen Volkes ernannt wurde. Darum spricht man vom »Deutschen Michel«. Ja, das ist der Engel, der auf uns aufpassen soll, wenn es in unserer Gesellschaft mal wieder ziemlich düster wird.

Nun kann man über Engel denken, was man will. Ich behaupte aber, Menschen leben anders, wenn sie wissen: »Da ist einer, der sich um mich kümmert. Ich bin nicht allein. Gott ist mir nah.« Das Symbol des Engels verändert etwas.

Früher wurde am Michaelistag nicht gearbeitet. Damit man darüber nachdenken konnte, was einem Trost und Halt im Leben gibt. Vielleicht haben Sie heute in der Mittagspause ja mal fünf Minuten Zeit dafür.

Kohlendioxid

Jeder Einwohner Deutschlands produziert im Jahr umgerechnet 10 Tonnen Kohlendioxid. Im Jahr 2050 – und das ist gar nicht mehr so lang hin, wie man denkt – dürfen es nur noch 2 Tonnen sein. Wenn … wenn … ja, wenn die globale Erwärmung auf 2 Grad begrenzt werden soll. Das heißt konkret: Jede und jeder Deutsche darf dann nur noch ein Fünftel so viel Kohlendioxid verursachen wie jetzt. Andernfalls verspielen wir die Zukunft der Erde.

Darum lautet die große Frage an uns: Haben wir Mut zur Nachhaltigkeit? Wie werden wir zukunftsfähig? Entscheidend dabei ist, dass man nicht einfach auf die Großindustrie schimpft, sondern sich konkret fragt, was man selbst tun kann. Wie komme ich persönlich von meinen 10 Tonnen Kohlendioxid runter? Welchen Fußabdruck hinterlasse ich auf dieser Welt? Ist hinter mir verbrannte Erde oder blühendes Land?

Wenn alle rechtzeitig anfangen umzudenken, könnte es nämlich gelingen, das Ruder noch mal herumzureißen. Wenn jeder auf den anderen wartet, ist es wahrscheinlich irgendwann zu spät. Komisch.

In der Bibel heißt es schon ganz am Anfang: »Der Mensch soll die Erde bewahren!« Als das vor langer Zeit aufgeschrieben wurde, haben sich die Menschen darüber wahrscheinlich nur gewundert. Damals war ja noch genügend gesunde Erde für alle da. Jetzt – einige Tausend Jahre später – wird dieser Gedanke brandaktuell. Also: Wie viel Tonnen Kohlendioxid bringen Sie auf die Waage?

Lesen

Wenn das nur so einfach wäre mit dem Lesen! Im Neuen Testament steht die spannende Geschichte von einem Mann, dem das Lesen richtig große Probleme bereitet – weil er den Text partout nicht versteht. Und was liest er gerade? Tja, eine Geschichte aus dem Alten Testament.

Dabei ist der Kerl keineswegs ungebildet, im Gegenteil, er arbeitet als Finanzminister bei der äthiopischen Königin. Trotzdem bleiben ihm die biblischen Worte unverständlich. Zum Glück schickt Gott ihm den Jünger Philippus vorbei, der ganz offen fragt: »Verstehst du eigentlich, was du da liest?«

»Nee«, sagt der Minister, »es ist ja keiner da, der es mir erklärt. Aber wenn du Ahnung hast, dann setz dich zu mir.« Sie gucken sich den Text gemeinsam an, der Minister fragt nach – und Philippus erklärt ihm die Hintergründe, wie er den Text versteht und was das mit Jesus zu tun hat. Und dann passiert etwas Ungewöhnliches. Der Minister sagt: »Ja, wenn das mit Jesus alles wahr ist, dann könnte ich mich doch jetzt sofort von dir taufen lassen.« Und so passiert es.

Ich finde die Geschichte traumhaft, weil sie etwas über das Geheimnis des Lesens verrät: Es kann passieren, dass uns eine Geschichte nicht loslässt. Dann fangen wir an, mit anderen darüber zu diskutieren, und manchmal verändert sie auch noch was in unserem Leben.

Der äthiopische Finanzminister ist nach seinem Leseerlebnis nicht mehr derselbe, der er vorher war. Es heißt in der Bibel: »Er zog seine Straße fröhlich!« Möglicherweise ist die Bibel deshalb so ein erfolgreiches Buch – weil es vielen Leuten mit ihr so geht.

Schutzengel

Es gibt einen Satz, den sagt Gott ganz besonders gern. Er lautet: »Ich werde dir einen Engel schicken, der dir vorausgeht. Er soll dich beschützen auf deinen Wegen und dich an den Ort bringen, den ich bestimmt habe.«

Schön, oder? Tja, und weil diese Verheißung in der Bibel immer wieder vorkommt, vertrauen viele Menschen seit Jahrtausenden darauf, dass Gott ihnen auch so einen himmlischen Bodyguard zur Seite stellt. Und damit man das nicht vergisst, wird immer am 2. Oktober das »Schutzengelfest« gefeiert.

Ja, heute ist der Tag, an dem man sich mal Gedanken machen kann – über seinen Schutzengel. Man kann sich auch bei ihm bedanken. Oder ein bisschen mit ihm schimpfen, weil er neulich bei dem blöden Auffahrunfall nicht aufgepasst hat. Oder war ich das?

Egal. Mich würde viel mehr interessieren: Glauben Sie das? Glauben Sie, dass Gott Ihnen einen persönlichen Schutzengel zur Seite gestellt hat? Nun, es gibt Leute, die sind davon fest überzeugt. Die sagen: »Als das Regal umfiel und mich um Haaresbreite verfehlte, habe ich gespürt, da ist eine schützende Macht.« Andere halten das ganze Engelgerede für Aberglauben. »So ein Quatsch!«

Ich muss gestehen: Ich bin nicht sicher, ob ich einen persönlichen Schutzengel habe. Vielleicht ist das auch einfach ein wunderschönes Bild dafür, dass Gott den Menschen, sein Meisterwerk, liebt und beschützen möchte. Nur enthebt uns das nicht unserer Verantwortung. Darum sagt auch ein kluger Spruch: »Fahr nie schneller, als dein Schutzengel fliegen kann.«

Wählen gehen

Irgendwie ist unsere deutsche Sprache verdächtig. Ich meine: Wenn wir wählen gehen, dann gehen wir an eine ... na ... richtig: an eine Urne. »Stimmt«, rufen viele. »Und da begraben wir nicht nur unsere Hoffnung, sondern geben auch unsere Stimme ab. Und dann wundern wir uns, wenn wir sie nicht mehr erheben können.« Ja, es gibt inzwischen sogar Leute, die sagen: »Wir wählen zwar alle vier Jahre einen neuen Bundestag, aber das ist doch irgendwie so, als ob wir in einem Theaterstück die Besetzung wechseln; das Stück bleibt immer das Gleiche.«

Kann man so sehen. Kann man aber auch ganz anders sehen. Natürlich gibt es viele Gründe, sich über Politiker zu ärgern. Sehr viele sogar. Aber das Absurdeste wäre, dann nicht wählen zu gehen. Wer nicht wählen geht, klinkt sich schmollend aus dem demokratischen Prozess aus – und tut überhaupt nichts mehr dafür, dass sich seine Überzeugungen durchsetzen.

Immer wieder, wenn Jesus mit Leuten heiß diskutiert hat, über das Leben, den Glauben und die Welt, hat er am Ende einen wirklich klugen Satz gesagt: »So, und jetzt mach das auch.« Also: Rede nicht nur. Handle. Setz dich ein für das, was dir wichtig ist. Denn sonst sind alle deine Worte sinnlos.

Das gilt natürlich nicht nur für Bundestagswahlen, das gilt überall da, wo gerne viel gemotzt und oft zu wenig getan wird: in der Gesellschaft, in der Kirche, in der Firma und, und, und. Die Welt verändern, das kann man nur mit Taten. Zum Beispiel, indem man wählen geht.

Herbstfarben

Meine Frau wollte unbedingt, dass ich da hingehe: Farb- und Stilberatung. Ich habe gesagt: »Männer haben ohnehin Stil!« Das hat sie aber irgendwie anders gesehen. Also wurde ich mitgeschleppt und von einer ziemlich schicken Beraterin stundenlang mit bunten Tüchern beworfen. »Toll«, habe ich gedacht, »dafür gebe ich jetzt mein sauer verdientes Geld aus.«

Und dann hat diese Tücherwerferin plötzlich aufgejuchzt: »Da! Ich hab's!« Männlich-herb habe ich gefragt: »Was bitte?« Da hielt sie zwei verschiedene Tücher neben mein Gesicht, und ich dachte: »Das darf doch nicht wahr sein.« Es gibt tatsächlich Farben, mit denen sehe ich blass, kränklich und dünnhäutig aus – und es gibt Farben, die mich gesund, rosig und elegant wirken lassen. Wahnsinn. Jetzt weiß ich also: »Ich bin ein Herbsttyp.« Herbstfarben bringen mich zum Strahlen.

Das Verrückte ist: Ich hatte mir vorher immer Klamotten in Farben gekauft, die ich selbst richtig gut finde, die mir aber, wie ich nun schockiert entdecken musste, überhaupt nicht stehen. Ich dachte, ich wüsste, was für mich gut ist. Dem war aber gar nicht so!

Mich hat dieses farbenfrohe Erlebnis sehr nachdenklich gestimmt. Nicht nur, weil ich mich so ganz anders eingeschätzt habe. Auch weil mir als Pfarrer immer wieder Menschen begegnen, die mir sagen: »Ach, ich brauche Gott eigentlich nicht. Ich weiß selbst, was mir guttut.« Da kann ich nur sagen: »Ich weiß es oft nicht.« Ich meine: Es ist doch eine urmenschliche Sehnsucht, das Beste aus sich machen zu können. Wir wollen unsere Möglichkeiten ausleben und unsere Chancen nutzen. Nur: Vielleicht wissen wir manchmal gar nicht, was das Beste für uns ist.

Zum Glück bin ich mir bei einem ziemlich sicher: Gott weiß es. Vielleicht könnte man ihn frech als Farb- und Stilberater für die Seele bezeichnen, einen, der alles dafür tun will, dass wir das Beste aus uns und aus dem machen, was uns mitgegeben wurde. Und dann kommt wirklich Farbe ins Leben.

Buchmesse

Bald ist wieder Buchmesse in Frankfurt. Und jedes Jahr gibt es Zehntausende von Neuerscheinungen. Wo man hinschaut, Bücher, Bücher, Bücher: Romane, Sachbücher, Schulbücher, Atlanten, Hörbücher, Kinderbücher und Großdruckbücher. Na klar: Ein schöner Rücken kann entzücken, und ich liebe es zu lesen – aber ein bisschen schwindlig wird einem beim Entlangschlendern an den Büchermassen auf der Buchmesse schon.

Dabei immer wieder die bohrende Frage: Welche dieser vielen Bücher sollte man lesen? Wobei man wahrscheinlich noch etwas grundsätzlicher fragen muss: Was macht ein Buch eigentlich zu einem guten Buch? Die Geschichte, die Figuren, der Stil, die Unterhaltung, die Identifikationsmöglichkeiten oder die Spannung? Gar nicht so leicht zu sagen.

Aber weil ich Pfarrer bin, fällt mir natürlich sofort eine biblische Geschichte dazu ein. Passen Sie auf: Eines Tages erlebt Jesus, dass sich viele seiner Anhänger enttäuscht zurückziehen. Die hatten sich das Heil irgendwie anders vorgestellt. Frustriert fragt Jesus seine Jünger: »Na, wollt ihr auch gehen?« Und Petrus gibt eine zeitlos gute Antwort: »Wohin sollten wir gehen? Du hast Worte des ewigen Lebens.« Stark, oder? Worte des ewigen Lebens. Worte, in denen etwas vom Geheimnis des Lebens und der Ewigkeit offenbart wird.

Ich habe einige Bücher gelesen, bei denen es mir so ging. Plötzlich verstand ich etwas vom Leben und von der Ewigkeit. Dann lohnt sich die Lektüre.

Germantown

»Es ist unmöglich, der Nachwelt zu beschreiben, unter welchen Entbehrungen und in welcher Armut diese deutsche Gemeinde gegründet wurde.« Das schreibt Franz Daniel Pastorius, ein Frankfurter. Und zwar der Frankfurter, der am 6. Oktober 1683 die erste deutsche Kolonie in Amerika gründete. In Pennsylvania. Eine Kolonie, die natürlich den schönen Namen »Germantown« bekam.

Doch der Anfang war wirklich alles andere als leicht. Der Winter brach herein, und die Siedler hatten noch nichts außer einigen selbst gebauten Erdhäusern. Um ehrlich zu sein: Die Verhältnisse erwiesen sich insgesamt als ziemlich schrecklich. In einem aber hatte der charismatische Rechtsanwalt Pastorius den Kolonisten trotzdem nicht zu viel versprochen. Hier in Pennsylvania gab es zwar wenig Wohlstand, dafür aber einen ganz besonderen Luxus – und zwar den der Glaubensfreiheit.

Ja, die 13 Familien, die ihre Heimat verlassen hatten, waren nämlich allesamt Quäker und Mennoniten, gehörten also zu christlichen Gruppen, die damals in Deutschland verfolgt wurden. Und die hatten begriffen, dass die Freiheit, seinen Glauben leben zu können, wichtiger ist als die materielle Versorgung. Viel wichtiger. Denn wenn die Seele verhungert, nutzt der fetteste Braten nichts. Daher waren die Siedler bereit, für ihren Glauben den Schritt ins absolut Ungewisse zu wagen. Ich meine: Wir reden hier vom Jahr 1683. Und von sehr viel Verzweiflung und Mut.

Heute ist Germantown ein Vorort der Millionen-Metropole Philadelphia. Eher ein sozialer Brennpunkt. Doch die Statue des Frankfurters Pastorius erinnert noch immer an die Pioniere, die hier mit ihrem Glauben Geschichte schrieben.

Internationaler Tag des Sehens

Weltweit gibt es 37 Millionen Blinde. Weitere 160 Millionen Menschen sind stark sehbehindert. Und es gibt Regionen in Afrika, in denen jeder Fünfte nichts sehen kann und im Dunkeln tappt. »Das ist unerträglich«, finden viele Organisationen und versuchen deshalb übermorgen, am »Internationalen Tag des Sehens«, diese Katastrophe neu ins Bewusstsein zu rufen.

Dabei ist die eigentliche Katastrophe die, dass die meisten dieser Erblindungen vermeidbar oder gar heilbar wären. Und zwar ziemlich schnell. Denn jeder zweite Sehbehinderte leidet einfach nur am grauen Star, den man gut operieren kann. Für schlappe 30 Euro. Ja, für 30 Euro kann man einem blinden Menschen in der Dritten Welt das Augenlicht wiedergeben. Was ich unglaublich finde. Und darum rufen übermorgen natürlich auch viele Hilfswerke wie etwa die Christoffel Blindenmission zu Spenden auf. »Hilf, dass anderen die Augen aufgehen.«

Wer sich mal ohne Augen zurechtfinden musste, der weiß, was es bedeutet, sehen zu können. Die Schönheit dieser Welt wahrzunehmen. Und der versteht auch, warum von Jesus immer wieder erzählt wird, dass er Blinde heilte. Natürlich weil diese Menschen gesund werden wollten, aber auch, weil das Ganze zugleich ein Symbol ist: Wer mit Gott in Kontakt kommt, dem gehen die Augen auf, der nimmt die Welt anders wahr als vorher, der wird sehend. Und den ärgert es, dass so viele Menschen auf der Welt nicht sehen können.

Herzschrittmacher

Kennen Sie Arne Larsson? Den Schweden? Nun, der ging 1958 zum Arzt, weil er andauernd in Ohnmacht fiel. Einfach so. Das war irgendwie komisch.

»Tja«, sagte der Arzt. »Ihr Herz setzt manchmal aus. Und dann galoppiert es wieder zu schnell. Sie haben massive Herzrhythmusstörungen. Das kann schon beim nächsten Mal tödlich sein. Aber wissen Sie, ich experimentiere da gerade … hätten Sie vielleicht den Mut?«

Arne Larsson hatte den Mut. Und wenig später (am 8. Oktober) den ersten Herzschrittmacher der Weltgeschichte in der Brust. Einen Impulsgeber, der mit kleinen Stromstößen das Herz stimuliert, wenn die körpereigene »Zündkerze« nicht mehr richtig funktioniert.

Heute, mehr als 50 Jahre später, bekommen allein in Deutschland jedes Jahr rund 35 000 Menschen einen Herzschrittmacher eingesetzt. Inzwischen ein Routineeingriff. Ambulant. Ja, ein 20 Gramm leichter Mikrochip sorgt dafür, dass die Pumpe im Takt bleibt. Unglaublich.

Der kluge Kirchenvater Augustinus hat sich mit der Unruhe des Herzens übrigens schon im 5. Jahrhundert auseinandergesetzt. Von ihm stammt der Satz: »Unser Herz ist so lange unruhig, bis es in dir Ruhe findet.« Allerdings ging es dem Theologen dabei weniger um den regelmäßigen Herzschlag als um die Dinge, bei denen wir Herzklopfen bekommen. Bei denen wir nervös werden. Und seine Antwort ist ganz einfach: »Diese Unruhe im Herzen wird man erst los, wenn man im Glauben bei Gott Ruhe findet.« Das hat mit innerem Frieden und Gelassenheit zu tun.

Trotzdem sind 50 Jahre Herzschrittmacher ein Grund zum Feiern. Herzlichen Glückwunsch an Arne Larsson und seine Rhythmusgruppe.

Weltposttag

Jeden Tag werden weltweit mehr als 1 Milliarde Briefe und 10 Millionen Pakete verschickt – und von 6 Millionen Angestellten mit rund 500 000 Fahrzeugen bearbeitet und ausgeliefert. Irre, oder? Übrigens, wenn wir schon bei Zahlen sind: Die meisten Briefkästen hat Indien, fast 600 000. Die Mongolei dagegen hat angeblich nur zwei. Und was schätzen Sie, wie viele Briefe jeder Deutsche im Jahr erhält? Na? 265.

Postämter sind eben echte Umschlagplätze für Kommunikation. Und darum feiert der Weltpostverein jedes Jahr am 9. Oktober den »Weltposttag«. Mit Sondermarken, Aktionen und vielen Festlichkeiten. Das sind doch mal gute Nachrichten.

Ich meine: Briefe waren jahrtausendelang das Kommunikationsmittel schlechthin. Sie haben Menschen verbunden und bisweilen über Krieg und Frieden entschieden. Und manchmal tun sie das bis heute.

Klar ist: Briefe können Leben verändern. So wie zum Beispiel die berühmten Briefe von Paulus, die sogar in der Bibel gelandet sind und zu heiligen Schriften erklärt wurden. Kleines Zitat gefällig? »Letztlich geht es immer um Glaube, Liebe und Hoffnung. Die Liebe aber ist das Entscheidende.«

Da schreibt einer persönliche Worte an kleine Gemeinden, und Millionen von Menschen entdecken bei der Lektüre: »So wie der von Gott schwärmt, da muss etwas dran sein, das will ich auch probieren. Nach dem Lesen des Briefes bin ich nicht mehr der, der ich vorher war.« Es gibt also viele Gründe, den Weltposttag zu feiern. Ab die Post!

Internationaler Tag gegen die Todesstrafe

»Haben Sie noch einen letzten Wunsch?«, fragt der Vollstreckungsbeamte den Mann auf dem elektrischen Stuhl. »Ja«, sagt der, »halten Sie bitte meine Hand!«

Fieser Gag. Zum Glück ist heute der »Internationale Tag gegen die Todesstrafe.« Ein heikles Thema. Soll, darf oder muss ein Staat Menschen hinrichten, die beispielsweise Kinder schänden und ermorden? Ja oder nein?

»Nein«, sagen Amnesty International und viele andere Menschenrechtsorganisationen mit Nachdruck. Die Todesstrafe ist absurd. Sie widerspricht dem Grundrecht auf Leben, sie ist grausam, sie ist trotz zahlreicher nachgewiesener Justizirrtümer unwiderruflich – und vor allem: Sie funktioniert nicht. Die Zahl der Gewalttaten und Schwerverbrechen geht dadurch keineswegs zurück, im Gegenteil. Wenn ein Staat hinrichtet, sinkt dort insgesamt die Hemmschwelle zu töten.

Für Christen kommt noch ein anderer Aspekt dazu. Gott macht den Wert eines Menschen gerade nicht von dessen Handlungen abhängig, so schrecklich sie auch sein mögen. Das wäre absurd. Ein Leben ist nicht dadurch wertvoll, dass man alles richtig macht. Denn: Wer könnte das schon von sich sagen?

Jesus hat einmal Leuten, die eine Frau steinigen wollten, zugerufen: »Hey, derjenige unter euch, der noch nie etwas falsch gemacht hat, soll den ersten Stein werfen.« Und wie zu erwarten: Es hat keiner geworfen. Weil unsere Einstellung zur Todesstrafe auch etwas über uns sagt.

So wie ich Jesus einschätze, hätte er den Tag gegen die Todesstrafe leidenschaftlich unterstützt.

Coming Out Day

Neulich saß eine Freundin von mir mit einem Mann zusammen im Café. Also, um ehrlich zu sein: Sie ist gerade intensiv auf der Suche nach dem Richtigen – und fand: Der könnte es möglicherweise sein.

Was passierte? Nun: Die beiden unterhielten sich fröhlich. Und wie das so bei einem ersten Rendezvous ist: Man tastet sich vorsichtig an den anderen ran. Man versucht rauszufinden, was das für einer ist. Man wird langsam entspannter und offener. Und als die Stimmung gerade so richtig interessant wurde, sagte meine Freundin: »Übrigens, ich glaube an Gott.« Da stand der Mann auf, nahm seine Jacke und ging. Und meine Freundin saß bedröppelt da.

Heute ist der sogenannte »Coming Out Day«. Und natürlich geht es dabei eigentlich um Menschen, die den Tag feiern, an dem sie ihr »Coming-out« hatten, an dem sie sich also erstmals öffentlich zu ihrer Homosexualität bekannt haben. Und die dann auch sehr oft erleben, dass sie abgelehnt oder gar von ihrer Familie verstoßen werden.

Ein »Coming-out« ist der Moment, in dem ein Mensch sagt: »So. Ab heute stehe ich zu mir. Ich will mich nicht mehr verstecken und nicht mehr lügen.« Dazu gehört Kraft. Sehr viel Kraft. Weil es eben gar nicht so leicht ist, sich zu sich selbst zu bekennen. Ganz gleich, ob es dabei um eine sexuelle Ausrichtung oder wie bei meiner Freundin um den Glauben geht.

Später sagte sie zu mir: »Dieser seltsame Abend hat mir eigentlich Mut gemacht. Mut, öfter laut und deutlich zu sagen, wer ich bin und was ich glaube.«

Internationaler Schrei-mal-deinen-ganzen-Frust-raus-Tag

Aaaahhhhhhhh! Nee, Moment. Zu früh. Dauert noch. Jedenfalls dann, wenn Sie diesen Text am Vormittag lesen. Denn: Heute um 12 Uhr Greenwich Mean Time, also um 14 Uhr deutscher Sommerzeit, sind alle frustrierten Menschen eingeladen, kurz auf die Straße zu gehen und einmal ihren ganzen Frust in einem gigantischen Schrei rauszulassen. Denn heute ist – kein Scherz – »International Moment of Frustration Scream Day«, der »Internationale Schrei-mal-deinen-ganzen-Frust-raus«-Tag.

Eigentlich kein schlechter Brauch. Und Gründe für Frust gibt es ja wohl genug: Unsicherheit, Hilflosigkeit, Beziehungsstress, Angst vor zu viel oder zu wenig Arbeit, Krankheiten, Traurigkeit, Verzweiflung über all das Leid in der Welt oder ganz einfach die Sehnsucht nach etwas mehr Glück. Wahrscheinlich fallen jeder und jedem sofort zehn Sachen ein, die echte Frustgaranten sind. Und dann tut es einfach gut, all dem Frust mal so richtig Ausdruck zu verleihen: »International Moment of Frustration Scream Day«.

Andererseits: So ein schriller Frustschrei mag kurzzeitig Entlastung bringen, ist aber doch ziemlich blöd, wenn er folgenlos verhallt. Oder? Sinnvoll wird das Ganze erst, wenn man glauben kann, dass der Schrei auch gehört wird. Wie gut Hilferufe tun, wussten die Menschen der Bibel schon vor 3000 Jahren. In den Psalmen heißt es: »Aus der Tiefe rufe ich zu dir, Gott. Hör mein Schreien.« Und die Leute, die das aufschrieben, waren sich ganz sicher: »Gott hört uns!«

Mein Vorschlag: Lassen Sie heute um zwei ruhig mal Ihren Frust raus. Ob Sie das laut und öffentlich oder leise und intim machen, ist dabei gar nicht so wichtig. Wichtig ist, dass sie das für möglich halten: »Gott hört mich und reagiert!« Ich übe schon mal: Aaaahhhh!

Neuland

»12. Oktober. Mehr als 40 Sturmvögel ließen sich auf Deck nieder, ebenso einige Pelikane. Nach Sonnenuntergang kehrte ich wieder zur Westrichtung zurück, und bis 2 Uhr morgens hatten wir 90 Seemeilen durchlaufen. Da erspähte ein Matrose, der Rodrigo de Triana hieß, als Erster das Land.« Schreibt Christoph Kolumbus in seinem Bordbuch über die berühmte Nacht des 12. Oktober im Jahr 1492, in der der tollkühne Kapitän nach vielen Wochen auf See vermeintlich zum ersten Mal die Ostküste Indiens sah. In Wirklichkeit hatte er gerade Amerika entdeckt.

Ich mag Kolumbus, auch wenn ich natürlich weiß, dass seine Entdeckung für viele Menschen schreckliche Folgen hatte, vor allem für die Indianer, die als Ureinwohner des bald eroberten neuen Kontinents fast ausgerottet wurden. Ich mag Kolumbus, weil er für mich eine Symbolgestalt des Aufbruchs ist. Er bricht aus eingefahrenen Strukturen aus, trotzt zahllosen Bedenkenträgern und wagt etwas Neues, weil er daran glaubt, dass die alten Wege zu lang, zu umständlich oder schlichtweg schlecht sind.

Ich mag Kolumbus, weil er zumindest in diesem Sinne den Geist ganz vieler biblischer Gestalten verkörpert. Die Bibel ist voller Geschichten von Menschen, die in einer Notlage erkennen, dass es sinnvoll ist, etwas Neues zu wagen. Und die diesen Schritt nur aus einem einzigen Grund tun: weil sie darauf vertrauen, dass Gott stärker ist als alle ihre Ängste. Auch Kolumbus wäre nicht losgefahren, wenn er nicht überzeugt gewesen wäre, dass Gott mit an Deck steht: Jeden Morgen singt und betet er mit seiner Mannschaft geistliche Lieder.

Immer da, wo Menschen mutige Schritte wagen, weil sie trotz aller urmenschlichen Furcht vor Veränderungen auf die Begleitung Gottes vertrauen, wird etwas von der unfassbaren Kraft des Glaubens deutlich. Da wachsen ängstliche Menschen über sich hinaus, entdecken Neuland und sprengen ihre Grenzen. Wenn ich weiß: Nicht ich muss es schaffen, da ist einer, der mit mir geht, dann breche ich auf.

Vision

Irgendwie war sie eine echte Rebellin, unbequem, kantig und viel zu klug für die damals von Männern dominierte Kirche: Hildegard von Bingen. Eine Frau, die im 12. Jahrhundert auf ihre Weise den Status eines Popstars hatte. Ja, sie war eine Nonne, die Bücher schrieb, überall durchs Land reiste und faszinierende Vorträge hielt – und der es sogar gelang, ihre göttlichen Visionen von der Obrigkeit absegnen zu lassen.

Nun, welchen Einfluss Hildegard hatte, sieht man auch daran, dass ihre zahlreichen Kompositionen bis heute gespielt werden und ihre Lehrbücher zur Pflanzenkunde inzwischen die Grundlage homöopathischer Ansätze geworden sind. Wirklich eine faszinierende Person.

2009 kam dann sogar ein Film über sie in die Kinos. Ein Film, der direkt in das mittelalterliche Klosterleben eintaucht. Der uns Kreuzgänge, betende Nonnen, verunsicherte Mönche und eine Zeit präsentiert, in der man einfach nicht wusste, ob man so eine selbstbewusste Frau wie Hildegard als Ketzerin oder als Heilige ansehen soll. Margarethe von Trotta, die Regisseurin, macht sich in »Vision« mit ihrer Hauptdarstellerin Barbara Sukowa auf, um dem Leben der Klostergründerin auf die Spur zu kommen.

Ob sie das schafft? Na, das muss man sich selbst ansehen. Auf jeden Fall aber gelingt es von Trotta, mit Hildegard eine leidenschaftliche Kämpferin für eine veränderte Welt, eine veränderte Kirche und eine veränderte Frauenrolle ins Bewusstsein zu rufen. Eine Glaubende, die vor allem eines wollte: ihren Glauben in die Tat umsetzen.

Meiner ist größer als deiner

»Meiner ist größer als deiner. Also: mein Wagen. Mein ganzer Stolz. Mein metallic glitzernder Sportflitzer, mit dem ich bei 230 Sachen lächelnd über die Autobahn fliege. Oder über die Landstraße – mit offenem Verdeck. Haare im Wind und mein Arm lässig um die Schultern dieser unglaublich rassigen Lady neben mir gelegt. Und dann …«

»Hör auf zu träumen«, sagt meine Frau immer genau an dieser Stelle, »fahr endlich los.« Und dann sitze ich wieder in der Realität am Steuer unserer klobigen Familienkutsche und werde von hinten mit Spielsachen und Essensresten beworfen. Geht das allen Männern so? Dass wir uns irgendwie stark, frei und potent fühlen, wenn wir einen kräftigen Motor singen lassen können? Oder passiert das nur mir, dass ich jedes Mal, wenn ich nach einem James-Bond-Film aus dem Kino komme, in der Tiefgarage das Gaspedal durchdrücke und meinem Wagen mal so richtig den »Bond« gebe?

Ich meine: Seien wir doch ehrlich, es macht einen Unterschied, ob jemand in einer rostigen, alten Kiste oder in einem schnittigen Coupé daherkommt. Da können wir noch so oft sagen: »Auf so etwas achte ich nicht!« Doch! Tun wir! Selbst wenn wir dann gern unsere laienpsychologischen Gutachten zum Besten geben: »Wer ein dolles Auto braucht, um sich stark zu fühlen, der hat ganz eindeutig Minderwertigkeitskomplexe.« Ich hätte trotzdem gern eins.

Natürlich weiß ich genau, dass das alles nicht wirklich funktioniert. Wer ohne Auto schwach ist, der ist es auch mit Auto. Und ich freue mich, dass ich als Christ erlebe, dass die Bibel recht hat, wenn sie sagt: »Gott, du bist meine Kraft und Stärke.« Denn dann kann ich auch die Vernunft über die Allmachtsfantasien stellen und mit einem unspektakulären Wagen umherfahren. Meistens …

Demütigend

Es gibt schon wahrhaft ungemütliche Bibelverse. So wie den hier: »Demütigt euch nun.« Was für ein ekliges Wort: demütig, bäh. Demütig, das sind doch in der Regel die Kleingeister, die Schleimer, die Unterdrückten und Feiglinge. Ich meine: Wenn ich schon gedemütigt herumlaufen soll, muss ich das dann auch noch selbst machen? Also: Das moderne Verständnis von »demütig« klingt nicht besonders verlockend.

Die Frage ist nur: Hat der gute Petrus, der Gründervater der Kirche, das so gemeint? Beziehungsweise, was ist eigentlich dieser Hochmut, von dem er im Zusammenhang mit der Demut immer wieder warnend spricht? Nun, hochmütig ist für Petrus derjenige, der ernsthaft glaubt, er hätte sein Leben selbst in der Hand. Der sein Glück machen will und es als Schande empfindet, sich helfen zu lassen: »Ich krieg das schon hin!«

Petrus macht deutlich: So jemand ist nicht nur größenwahnsinnig, sondern vor allem dumm – denn dieses Verhalten macht krank. Wenn du ernsthaft glaubst, du allein könntest dafür »sorgen«, dass dein Leben gelingt, dann wirst du dir tatsächlich von morgens bis abends Sorgen machen. Du wirst andauernd kämpfen, um etwas hinzubekommen, was nicht in deiner Macht steht. Sein Tipp lautet daher: »Werft all eure Sorge auf Gott, denn der sorgt für euch.«

Demütig ist also nach biblischem Verständnis nicht ein Kleingeist, sondern einer, der den Mut hat, das Gelingen seines Lebens nicht krampfhaft selbst bewerkstelligen zu wollen. »Demütigt euch«, das meint das Gleiche wie: Vertraut Gott mehr als eurer eigenen Kraft. Und das ist wahrhaft kein Kinderspiel, sondern ein Zeichen echter Größe – und eine freundliche Einladung zu etwas mehr göttlicher Gelassenheit im Leben.

Auf den Busch klopfen

»Mose hütete die Schafe seines Schwiegervaters. Da erschien eine feurige Flamme in einem Dornbusch. Und als er hinging, rief Gott aus dem Busch: ›Mose!‹ Und er antwortete: ›Hier bin ich!‹ Und Gott sprach: ›Zieh die Schuhe von deinen Füßen, denn hier ist heiliges Land. Ich bin der Gott deines Vaters und will dich nach Ägypten senden, damit du mein Volk in die Freiheit führst‹« (2. Mose 3, 1-10).

Dieser Mose geht also hin, um mal ordentlich auf den Busch zu klopfen. Viehhirten mögen keine Brandstiftung. Und dann entpuppt sich das ganze Feuerwerk als Marketing-Gag Gottes. Doch irgendwie ist da wirklich was im Busch, denn ehe er sich versieht, wird der Flüchtling von Gott zum Helden berufen: »Du sollst mein Volk aus der Sklaverei führen.«

Nun kenne ich viele Leute, die würden Gott gern mal begegnen. Vielleicht können wir ja was vom 5-Punkte-Programm des Mose lernen.

Es passiert etwas Ungewöhnliches. Und Mose lässt das Ganze nicht auf sich beruhen, er bleibt dran und will wissen, was dahintersteckt.

Als Gott ihn anruft, reagiert er: »Hier bin ich!« Mose sieht Gott nicht und kennt ihn nicht, aber er ist ernsthaft bereit, ihn kennenzulernen.

Gott sagt: »Hier ist heiliges Land.« Irgendein ödes Stück Steppe. Aber wenn Gott präsent ist, bricht etwas Neues ein. Und das erkennt Mose.

Gott stellt sich vor, indem er sich auf die Vergangenheit beruft. »Schon dein Vater kannte mich.« Und Mose vertraut ihm.

Gott hat einen neuen Job für den Viehhirten, und nach längerem Zögern erklärt der sich bereit, sein ganzes Leben auf den Kopf zu stellen.

Verrückte Geschichte, oder? Aber irgendwie aufregend. Neugierig sollte man sein, gesprächsbereit für Gott, offen für Neues, voller Vertrauen und bereit, himmlische Herausforderungen anzunehmen. Denn dann könnte es passieren, dass man Gott viel schneller begegnet, als man denkt. Einen Versuch ist es wert.

Haustiere

Es gibt Leute, für die sind sie ihr Ein und Alles: Haustiere. Lassen Sie uns doch mal einen Augenblick eintauchen in die Geheimnisse all der heimeligen Biotope, die einen Haufen seelischer Entspannung liefern und manchmal auch dicke Haufen auf den Straßen hinterlassen.

Nun haben manche Leute nur ein Haustier, andere gleich mehrere. Wissen Sie, wer den absoluten Weltrekord hält? Ich verrate es Ihnen: Noah. Der steht zwar nicht im Guinnessbuch der Rekorde, dafür aber in der Bibel, und seine Geschichte ist wirklich tierisch gut.

Gott war der Unbelehrbarkeit der Menschen überdrüssig geworden und beschloss, die Erde mit einer großen Sintflut reinzuwaschen. Da nur Noah am Glauben festhielt, wurde er von Gott beauftragt, eine Arche, so eine Art schwimmfähigen Hauszoo, zu bauen und darin von jeder Tiergattung der Erde mindestens ein Pärchen zu sammeln und vor der verheerenden Flut zu retten. Was für ein Job. Das Ganze klappte jedenfalls, und die Hausboottiere überlebten das Chaos.

Es scheint, als lägen Gott Tiere am Herzen – und als fände er es grundsätzlich wichtig, sie in die Obhut der Menschen zu geben. Aber: Noah war auch sehr verantwortungsvoll, und er suchte nicht zuerst sein privates Kuschelvergnügen, sondern wollte Gottes Auftrag erfüllen: »Kümmere dich um die Tiere!«

Als Noah damals anfing, auf einem Berg ein Boot für Tiere zu bauen, wurde er ziemlich blöd angeguckt. Aber das war ihm egal: »Wenn Gott will, dass ich mich so um die Schöpfung kümmere, dann hat das schon seine Richtigkeit.« Gottes Auftrag, die Schöpfung zu bewahren, gilt übrigens immer noch: im Haus und darüber hinaus.

Berliner Volksentscheid

Vor einiger Zeit durften die Berliner entscheiden: Soll Ethik in der Schule Pflichtfach bleiben, oder dürfen die Schülerinnen und Schüler zukünftig zwischen Ethik und Religion wählen? Die Initiative »Pro Reli« wünschte sich Wahlfreiheit, während der rot-rote Stadtsenat Religion weiterhin nur als freiwilliges Zusatzfach wollte.

Tja, wie hätten Sie entschieden? Oder ist Ihnen das völlig wurscht? Ich denke: Man sollte sich darüber zumindest mal Gedanken machen. Schließlich gab es für beide Seiten gute Argumente. Die Stadt wollte religions- und kulturübergreifend allgemeine ethische Werte vermitteln. Weltanschaulich möglichst neutral. Völker verbindend. Die Kirchen dagegen plädierten für eine fundierte Vermittlung religiöser Grundlagen, die es einem Menschen ermöglichen, sich irgendwann einmal mit guten Gründen für oder gegen den Glauben zu entscheiden.

Tja, wofür hätte ich gestimmt? Nun, ich will Ihnen sagen, warum ich für den Religionsunterricht gestimmt hätte. Erstens halte ich Ethik ohne Fundament für kraftlos. Nur wenn ich an etwas glaube, entwickle ich Werte. Und nur wenn ich eine innere Bindung an Werte habe, halte ich mich auch daran. Das Wort »Religion« kommt ja von dem lateinischen Wort »religere«, sich an etwas binden.

Und zweitens hat die Geschichte nicht nur einmal, sondern unzählige Male bewiesen, dass die schönsten ethischen Werte zu Mord und Totschlag führen können, wenn sie nicht eingebettet sind in Liebe und Achtung. Beides habe ich vor allem durch den christlichen Glauben gelernt.

Welt-Osteoporose-Tag

Klingt wie eine bekannte Geschichte: Die alte Nachbarin von gegenüber hat einen Oberschenkelhalsbruch. Typisch. Nur liegt das nicht einfach an ihrer Dappigkeit, sondern vor allem daran, dass bei vielen Senioren die Knochen hart und damit auch brüchig werden. Offiziell heißt das Osteoporose – und weil diese Krankheit rund 30 Prozent aller Frauen nach der Menopause heimsucht, also richtig weit verbreitet ist, gibt es den »Welt-Osteoporose-Tag«. Und der ist heute, der Tag der harten Knochen.

Natürlich kann man Osteoporose inzwischen behandeln. Die Mediziner sind sich aber einig, dass Vorsorge das Allerwichtigste ist, wenn man diese Krankheit vermeiden will. Ja, ausreichende Bewegung zum Beispiel und gute Ernährung – mit viel Kalzium, Vitamin D und Proteinen. Sprich: Wer als junger Mensch seinen Körper bewusst pflegt, hat im Alter nicht so brüchige Knochen.

Das Dumme dabei ist: Wir neigen doch irgendwie alle dazu, uns erst mal um die Probleme von heute zu kümmern. Wer macht sich mit 35 schon Gedanken um einen Oberschenkelhalsbruch? Das ist nun mal so: Manche Dinge schieben wir immer vor uns her, die Knochenpflege genauso wie manche Lebensträume. »Darum kümmere ich mich, wenn es so weit ist.« Tja, nur kann es dann schon zu spät sein. Nebenbei: Mit dem Glauben und der Frage nach Gott ist das ähnlich. Die schiebt mancher auch immer wieder vor sich her. Und verpasst dadurch unglaublich viel.

Wie bin ich jetzt von Knochen auf Gott gekommen? Ach ja, die Vorsorge. Es lohnt sich, heute schon die wichtigen Dinge anzugehen.

Bolero

Dam dadada dam dadada dam dam … Jedes Mal, wenn Bo Derek in dem Film »Zehn – die Traumfrau« diesen Rhythmus hört, wird sie heiß. Sexuell erregt. Willig.

Und offensichtlich passierte das auch anderswo. Jedenfalls wurde der Bolero von Maurice Ravel, diese eingängige Komposition, zu einem der populärsten Orchesterwerke des 20. Jahrhunderts. Dabei gibt es in dem am 22. Oktober 1928 uraufgeführten Stück eigentlich nur zwei Melodien, die in 18 Variationen gespielt werden. Und untendrunter vibriert dieser immer gleiche Rhythmus: Dam dadada dam dadada dam dam.

Ravel selbst verstand überhaupt nicht, warum seine sinnliche Komposition so einschlug. Er sagte einmal: »Ich habe nur ein Erfolgsstück geschrieben, den Bolero. Leider enthält er keine Musik.« Sprich: Er ist nicht besonders anspruchsvoll.

Und da stellt sich natürlich eine spannende Frage, die gerade in Bezug auf das Fernsehen zurzeit wild diskutiert wird: Wann ist Kultur anspruchsvoll? Wenn sie besonders künstlerisch gestaltet wird, oder wenn sie die Menschen erreicht? Ravel fand seinen Bolero zu schlicht, aber seine Hörerschaft liebt ihn.

Natürlich sollte Kultur ihren Namen auch verdienen und nicht nur niedere Instinkte befriedigen, aber wenn Hochkultur die Menschen nicht mehr erreicht, verfehlt sie ihr Ziel auch. Am besten wäre beides: Niveau und Lebensnähe. Diese beiden Aspekte sind zu oft gegeneinander ausgespielt worden. Nicht nur im Kulturleben, sondern auch in den Kirchen. Da galt dann nur noch das Hochgeistige als wahre Theologie. Manchmal braucht man aber Glauben und Kultur, die wie der Bolero alle Sinne erreichen. Erregend. Leidenschaftlich. Mitreißend.

Internationaler Tag des Stotterns

Mr. Bean ist einer von ihnen, Bruce Willis übrigens auch. Und Marilyn Monroe, Winston Churchill, Isaac Newton und Charles Darwin gehörten ebenfalls dazu. Wozu? Na, zur exklusiven Gruppe der Stotterer. Also derjenigen, die etwas sagen wollen und es nicht fließend aussprechen können.

Und weil dieses Problem rund 1 Prozent aller Menschen betrifft, ist heute der »Internationale Tag des Stotterns«. Der Tag, an dem auch die rund 800 000 Stotterer in Deutschland auf sich und ihre Sprechbehinderung aufmerksam machen wollen. Zu Recht.

Allerdings zeigen schon die anfangs erwähnten Stotter-Promis, dass man auch als Stotterer große Dinge bewegen kann. Und viele bekommen das Stottern im Laufe der Jahre immer besser in den Griff. Also, kein Grund zu verzagen. Da fällt mir ein: Die älteste Stottergeschichte der Welt steht in der Bibel. Ja, als Gott Mose beauftragt, das Volk Israel aus Ägypten zu befreien, stottert der Alte: »Äh, nee, äh, du weißt doch, Gott, ich habe eine schwere Sprache und eine schwere Zunge.«

Und was passiert? Gott wird richtig sauer: »Klar weiß ich das. Ich habe dich trotzdem ausgewählt. Vertrau mir einfach. Ich werde dir schon die richtigen Worte in den Mund legen. Außerdem kommt dein Bruder mit, der ist ein klasse Redner.«

Na ja. Offensichtlich hat Mose so oft erlebt, dass man ihn auslacht, dass er richtig Angst hat. Doch Gott macht ihm Mut, nicht auf seine menschlichen Schwächen, sondern auf den himmlischen Beistand zu bauen. Und Mose wird als Stotterer zum Volkshelden. Ermutigend. Finde ich.

Schlümpfe

Im französischen Kindermagazin »Spirou« gab es in den 50er-Jahren die erfolgreiche Comicserie »Johann und Pfiffikus«. Und in der traten am 23. Oktober 1958 zum ersten Mal einige blaue Kobolde mit weißen Mützen auf. Mit dem komischen Namen »Die Schlümpfe«.

Ihr Erfinder, der Zeichner Peyo, hatte sich eigentlich nur einen kleinen Gag erlauben wollen, doch die 100 verrückten Kerlchen, die unter der Leitung ihres großen Schlumpfes in Schlumpfhausen die komischsten Abenteuer erleben, waren bald ein Riesenhit. Inzwischen gibt es 25 Alben, mehr als 400 Fernsehepisoden und Millionen begeisterter Schlumpf-Fans und Sammler.

Besonders kultig war von Anfang an, dass die Schlümpfe eine eigene Sprache sprechen, in der alle Wörter durch das Wort »Schlumpf« ersetzt werden können. »Kannst du mir mal deine Trompete schlumpfen?« Alles ist Schlumpf. Und das ist schlumpfig so. Dafür lieben wir die kleinen blauen Männchen.

Allerdings: Die Schlümpfe sind bis heute unter sich geblieben. Auch und gerade wegen dieser totalen Insidersprache. Und das, was im Schlumpf-Comic zum Lachen reizt, ist im Alltag meist ziemlich schlumpfig ... äh, schrecklich. Denn solche Insidersprachen erleben wir oft: bei Ärzten, Managern, Chemikern oder Theologen. Das sind alles Schlümpfe, die sich wundern, dass sie so selten verstanden werden.

Echte Kommunikation bedeutet immer, sich so auszudrücken, dass einen das Gegenüber versteht. Na, vielleicht lernen die Schlümpfe das ja noch. Jesus ist da übrigens ein ganz guter Lehrmeister. Hätte der die Schlümpfe besucht, dann hätte er ganz sicher gesagt: »Niemand schlumpft zum Vater denn durch mich.«

Die Lust am Spielen

Wer kleine Kinder hat, weiß, wodurch sie am meisten lernen. Na? Genau: durchs Spielen. Kinder probieren sich und das Leben übermütig aus, machen ständig neue Erfahrungen, erweitern spielerisch ihren Horizont, genießen es, etwas immer besser hinzubekommen, und entdecken dabei frech und zwanglos die eigenen Fähigkeiten. Und das Ganze funktioniert vor allem deshalb so gut, weil ihnen das Spielen einfach unglaublich viel Spaß macht.

Manchmal gucke ich meine Kinder an und denke: »Hey, so locker möchte ich mal wieder ans Leben rangehen. Spielen und mich dabei selbst entdecken.« Ich mache in der Regel erst einmal die Dinge, die nützlich sind, und frage nicht unbedingt nach meiner Lust. Dabei verkündet selbst Friedrich Schiller, dass Spielen in jedem Alter gesund, unterhaltsam und lehrreich sei: »Der Mensch ist nur da ganz Mensch, wo er spielt.«

Offensichtlich haben sich manche Leute den Spieltrieb bewahrt, denn jedes Jahr treffen sich Tausende von Spielfanatikern zu den »Internationalen Spieletagen«. Denen wird sofort einleuchten, dass die Bibel das Spielen als Geheimrezept für effektives Lernen und ein gutes Leben preist. Im Buch der Sprüche erzählt die Weisheit, wie sie es geschafft hat, so klug zu werden. Und sie nennt nur einen Grund: »Ich war schon bei der Schöpfung Gottes Liebling und spielte vor ihm. Darum kann ich euch nur raten: Macht es so wie ich. Spielt und werdet weise dabei!«

Spielen macht klug. Vielleicht, weil es erst einmal zweckfrei ist, entspannt, lebenslustig, begeisternd, fröhlich und … Ach, wissen Sie was: Ich höre jetzt auf und gehe erst einmal zu meinen Kindern, eine Runde spielen. Das ist … wie soll ich sagen … eine äh … Fortbildungsmaßnahme.

Schwarzer Freitag

Im Jahr 1929 war der 25. Oktober ein Freitag. Und der ging in die Weltgeschichte ein – als »Schwarzer Freitag«. Als der Tag, an dem eine gewaltige Aktien-Spekulationsblase platzte, die Börse zusammenbrach, mehr als 1 Million US-Amerikaner ihr gesamtes Hab und Gut verloren und die Weltwirtschaft ins Wanken geriet. Eine Finanzkatastrophe sondergleichen. Dabei hatten genügend Experten lautstark vor diesem drohenden Absturz gewarnt. Vergeblich.

Na, immerhin wurde 1929 nach dem Börsencrash verkündet, solche Spekulationsblasen würden sich nicht mehr wiederholen. Pustekuchen. Es hat zwar fast 80 Jahre gedauert, doch die aktuelle Finanzkrise basiert auf genau den gleichen Mustern wie damals: Gewinnorientierte Investoren hoffen aufs schnelle Geld. Und es scheint, als ob viele Banken schon wieder dabei sind, die Börse als Spielkasino zu betrachten. Klar: »Bescheidenheit ist eine Zier, doch weiter kommt man ohne ihr.«

Kein Wunder, dass Gier und Maßlosigkeit seit Jahrtausenden als sogenannte »Todsünden« gelten, als zwei Charaktereigenschaften, die vor allem eines machen: Unheil über die Menschen bringen. Im Mittelalter wurde den Sündern dafür die Hölle angedroht, heute erleben wir, dass die Todsünden selbst dazu beitragen, die Erde zur Hölle zu machen. Getreu dem perversen Motto: »Unterm Strich zähl ich.«

Na, vielleicht klappt es ja diesmal mit dem Lerneffekt. Aber nur dann, wenn Menschen sich nicht von der Gier beherrschen lassen. Und ob das funktioniert …

Organspenden

Die Pharaonen bekamen ihre Eingeweide in hübschen Steinkrügen als Grabbeigabe – damit ihnen im Totenreich auch ja nichts fehlt. Das ist gar nicht so absurd. Mancher denkt ja bis heute: »Nee, verbrennen lass ich mich nicht, wenn ich mal tot bin. Wer weiß, wozu man seine Knochen noch braucht.« Und wieder andere kämen nie auf die Idee, sich einen Organspendeausweis zu besorgen, weil die Vorstellung, nach einem Unfall direkt ausgeweidet zu werden, doch eher unangenehm ist.

Kein Wunder, dass unsichere Leute den klügsten Denker des frühen Christentums, Paulus, bald fragten: »Sag mal, wenn das stimmt, was du da von der Auferstehung der Toten erzählst, was passiert dann mit unseren Körpern?« Eine Frage, die im Zeitalter von Implantaten, Prothesen, Schönheits-OPs und Schwermetallablagerungen im Körper immer interessanter wird. Wie sehen wir eigentlich im Himmel aus?

Paulus blieb ziemlich gelassen. »Entspannt euch«, sagte er, »der Körper im Himmel hat mit dem auf Erden überhaupt nichts zu tun. Er wird ganz anders sein, herrlich, paradiesisch schön und kraftvoll. Gar nicht zu vergleichen mit dem verwesenden Etwas, das wir jetzt mit uns rumtragen. Ihr müsst euch das wie bei einem Weizenkorn vorstellen: Darin ist das ganze Wesen der Pflanze enthalten. Trotzdem muss es unter die Erde, damit die Pflanze wirklich aufblühen kann. Das Wesen bleibt erhalten, der Körper wird neu.«

Nun denn: Allen, die noch zögern, ihren Körper im Todesfall zur Verfügung zu stellen, würde Paulus sagen: »Hey, was kann eurem irdischen Körper den Besseres passieren, als dass er nach dem Tod noch Menschenleben rettet?«

Moschee in Duisburg

1200 Menschen haben unter der 23 Meter hohen Kuppel Platz. Das Minarett ragt 34 Meter hoch in den Himmel. Und kürzlich wurde sie eingeweiht: die bis dahin größte Moschee Deutschlands. Die Ditib-Merkez-Moschee in Duisburg-Marxloh.

Natürlich hat es auch in Marxloh viele Proteste gegen den Bau gegeben. Was ein wenig verwundert, da in Duisburg schon 52 islamische Gotteshäuser existieren und der im osmanischen Stil errichtete Neubau nur eine andere Moschee ersetzt. Doch die Angst vor einer möglichen Islamisierung Deutschlands ist nicht immer rational begründet: »Was passiert, wenn uns da eine fremde Religion überrollt? Was ist, wenn das christliche Abendland seine Prägung verliert?«

Ich kann dieses Unbehagen nachvollziehen. Und werde doch unruhig. Verliert nicht das christliche Abendland gerade dann seine Prägung, wenn es nicht mehr tolerant und gastfreundlich ist? Wenn Christen nicht mehr im Geist Jesu freundlich und herzlich auf Andersdenkende zugehen? Und: Muss sich eine christliche Kultur, die mit Überzeugung gelebt wird, wirklich vor anderen Glaubensvorstellungen fürchten?

Aber vielleicht ist genau das der Knackpunkt. Vielleicht hätte das christliche Abendland viel weniger Angst vor dem Islam, wenn es seine eigenen Überzeugungen leidenschaftlicher, fröhlicher und profilierter ausdrücken würde. Wer sich seiner eigenen Identität sicher ist, der kann auf Anhänger anderer Religionen auch mit offenen Armen zugehen. Insofern konnte, sollte und durfte bei der Eröffnung in Duisburg ordentlich miteinander gefeiert werden.

The next Uri Geller

Vor einiger Zeit gab es bei Uri Geller ordentlich was hinter die Löffel. Gesucht wurde in dessen Fernsehshow »The next Uri Geller« der beste deutsche »Mentalist« – also derjenige, der mit paranormalen, übersinnlichen Fähigkeiten die wundersamsten Dinge vollbringt. »Ich spüre die Kräfte in mir!« Uaahhh.

Tja, da wurden dann Gedanken gelesen, Dinge mit reiner Willenskraft bewegt und die Toten oder die Raben befragt. »Alles Quatsch.« Sagte die Gemeinschaft der Zauberkünstler in ihren Internetforen. Beziehungsweise: »Einfach gute Tricks! Zaubertricks eben. Es machte Spaß, das anzugucken. Aber wer glaubt, das hätte irgendwas mit übersinnlichen Fähigkeiten zu tun, der merkt nur nicht, wie er reingelegt wird.« Und bei YouTube kann man sogar sehen, wie einige der Tricks funktionieren.

Interessant finde ich dabei vor allem, dass so viele Menschen wieder nach Dingen fragen, die sich nicht sofort erklären lassen. Sie haben offensichtlich eine tiefe Ahnung davon, dass es mehr gibt als unsere Wirklichkeit. Und diese Sehnsucht ist ja richtig gut – nur schade, wenn sie sich in Taschenspielertricks à la Uri Geller verliert. Darum sagte Paulus, der erste christliche Theologe: »Prüft alles, und dann behaltet das Beste.« Er war wohl davon überzeugt, dass Gott jeder Prüfung standhält.

Nebenbei: Ich hatte den Eindruck, dass der Rabe in der Uri-Geller-Show die Zaubertricks dort durchschaute. Der guckte nämlich immer so gelangweilt …

Körperwelten

Ich war nicht drin. Ich will eigentlich auch gar nicht rein. Und dabei geht es mir weniger um ethische Fragen. Ich will das einfach nicht sehen. Ich brauche keine in Ausstellungsstücke umgewandelten Leichen, die mich doch irgendwie an Zombies erinnern. Ich werde mir die umstrittene Ausstellung »Körperwelten« ersparen.

Andererseits: Ich war mal mit einer Medizinstudentin befreundet, die hat mich mit in den Präparationssaal an der Uni genommen, und da durfte ich zusehen, wie der Arm einer Leiche seziert wird. Das war wirklich spannend. Ich habe als junger Theologiestudent damals viele Fragen gestellt: »Redet ihr über den Tod?« Und sie hat gesagt: »Das ist wie überall: Niemand redet über den Tod. Vielleicht, weil alle Angst davor haben.«

Daran hat sich bis heute nichts geändert. Seit das Konzept »Körperwelten« auf Tournee ist, wird oft über Leichen geredet, aber nur sehr wenig über den Tod. Kann es sein, dass eine solche Ausstellung auch ein Kokettieren mit der eigenen Unsicherheit ist? Ein schaurig-schönes Spiel mit der Angst vor dem eigenen Ende? Als Pfarrer frage ich bei Beerdigungsgesprächen oft: »Hat sich der Verstorbene irgendwie mit dem Tod auseinandergesetzt?« Und die Antwort lautet fast immer: »Nein, eigentlich nicht.« Komisch, oder?

In der Bibel steht ein richtig schlauer Satz. Er heißt: »Gott, mach uns bewusst, dass wir sterben müssen, damit wir klug werden!« Wer den Tod nicht verdrängt, ist klug. Wer dem eigenen Tod ins Auge sehen kann, der hat mehr vom Leben. Warum? Weil er die »Mutter aller Ängste« nicht verdrängt, sondern als einen Bestandteil des Lebens wahrnimmt. Und weil er anfängt, zu fragen, ob das Grab oder ein Platz bei »Körperwelten« wirklich das Ende sind.

Kinder sind arm

Kinder sind arm – und die Berichte über zunehmende Kinderarmut in Deutschland ziemlich erschreckend. Dabei sagen solche Zahlen noch gar nicht viel aus, weil man ja nicht nur arm dran ist, wenn man wenig zu essen hat. Viele Kinder sind arm an Zuwendung, Liebe, Trost oder Ermutigung. Kein Wunder, dass das Wort »arm« ursprünglich »verwaist« bedeutete.

Kinder sind vor allem aus einem Grund arm: weil sie abhängig sind. Ja, sie sind darauf angewiesen, dass sich jemand um sie kümmert und sie achtet. Kinder brauchen uns. Und es gibt zu viele Eltern, die leider nicht besonders liebevoll mit ihren Kindern umgehen.

Von Jesus wird eine berühmte Geschichte erzählt, in der eine Schar kleiner Kinder unbedingt zu ihm möchte. Und was machen seine Jünger? Sie reagieren wie die meisten Erwachsenen: »Hey, ihr da, stört uns nicht. Los, verschwindet. Jesus hat Wichtigeres zu tun, als sich mit euch abzugeben.« Nein, hat er nicht. Er sagt: »Lasst diese Kinder zu mir kommen, wehrt sie nicht ab. Ihnen gehört das Reich Gottes.«

Große Worte. Nicht nur, weil sie eine wunderbare Hochachtung vor den Kindern deutlich werden lassen, sondern weil Jesus zugleich sagt: »Gebt den Kindern Raum. Hindert sie nicht daran, zum Leben zu kommen.« Arm ist, wer am Leben gehindert wird.

In Deutschland sind Kinder zumeist dann arm, wenn die Großen ihnen den Reichtum des Lebens vorenthalten.

Alles in Luther?

Am 31. Oktober 1517 steigt ein junger Mönch die Stufen zur Schlosskirche in Wittenberg empor und nagelt an die Kirchentür einige kritische Thesen zum Ablasshandel. Thesen, die eine angeregte Diskussion hervorrufen sollen. Das tun sie auch. Und wie! Schon kurze Zeit später wird überall heiß diskutiert – und als die Dominikaner den aufmüpfigen Mann namens Martin Luther wegen Ketzerei anklagen, ist das Ganze nicht mehr aufzuhalten.

Denn Luther entdeckt immer mehr Dinge, die in der katholischen Kirche schieflaufen: Der lateinische Gottesdienst ist für das Volk unverständlich, die Bibel nur wenigen Gelehrten zugängig, die Politik des Papstes sehr weltlich und, und, und. Jedenfalls war das Luthers Eindruck. Vor allem ärgert den Querdenker, dass man sich angeblich von den Vorhöllenstrafen freikaufen kann.

Dass Luther so empfindlich auf dieses Thema reagiert, hat auch damit zu tun, dass er selbst lange Zeit voller Angst ist, für Gott nicht gut genug zu sein. Doch dann passiert etwas Unglaubliches. Er findet im Römerbrief in der Bibel eine Stelle, die sein ganzes Denken auf den Kopf stellt: »Der Mensch wird allein aus Glauben gerecht.«

Oh! Wenn das stimmt, dann braucht man gar keine Höllenangst und kein übereifriges Befolgen von Geboten mehr. Man muss Gott einfach nur lieb haben. Der Glaube allein macht es, nicht das Handeln. Diese Erkenntnis ist für Luther eine unfassbare Befreiung. Natürlich sollen wir ethisch verantwortlich handeln – aber daran hängt nicht unser Heil.

Diese »Freiheit eines Christenmenschen« will der Draufgänger nun allen Menschen zugänglich machen. Und so legt er – eigentlich ungewollt – den Grundstein für eine neue Kirche, nämlich die evangelische. Und weil die Evangelischen so oft für ihre Freiheit protestieren müssen, werden sie fortan auch Protestanten genannt.

Mich trifft's schon nicht!

»Mich trifft's schon nicht«, sagte meine Frau – und küsste mich. Und ich hatte noch röchelnd gesagt: »Du wirst dich an meiner Grippe anstecken!«

»Unsinn«, lachte sie: »Ich bin immun. Küss mich!« Tja! Da lag sie dann zwei Tage später – mit Husten, Schnupfen, Heiserkeit, eben allem, was man an Erkältungskrankheiten kriegen kann.

»Mich trifft's schon nicht«, sagte einer meiner Freunde, als ich ihn darauf hinwies, dass in diesem Wohnviertel nur Tempo 30 erlaubt ist. Er lachte: »Wir sind spät dran«, gab Gas – und jetzt muss ich ihn andauernd fahren, weil er seinen Führerschein erst nächstes Jahr wiederbekommt.

»Mich trifft's schon nicht« gehört zu den Sätzen, die mich in letzter Zeit ziemlich misstrauisch machen. Wahrscheinlich, weil ich mich selbst oft dabei ertappe. »Ja, ja, ich weiß, die Welt ist voller Gefahren, aber mich, mich wird es schon nicht treffen.« Und meistens tut es das auch nicht. Gott sei Dank. Allerdings treffe ich immer öfter Menschen, die solche Sätze früher auch gern gesagt haben: »Mich trifft's schon nicht. Ich bekomme keinen Krebs, meine Ehe wird nicht in die Brüche gehen, mein Kind hat sicher nie was mit Drogen zu tun, ich baue schon keinen Unfall«, und die dann genau das erleben mussten und überhaupt nicht vorbereitet waren.

Natürlich wäre es schrecklich, wenn wir uns andauernd ausmalen würden, was alles passieren kann. Aber: Wer die Risiken des Lebens verdrängt, macht sich auch keine Gedanken, wie er damit umgehen könnte – und was ihn im Ernstfall trägt. Die meisten Leute leben ja selbst beim Thema Tod nach dem Motto: »Mich trifft's schon nicht«. Und sind dann fast überrascht, dass ihnen so etwas passieren kann.

Jemand, der die Gefahren des Lebens im Blick hat, wird von ihnen nicht so leicht aus der Bahn geworfen. Und wenn ihn ein Unheil nicht trifft, dann hat er sogar einen guten Grund, dankbar zu sein.

Machs noch einmal, Piet

Kennen Sie diese verrückte Erfahrung: Sie machen etwas immer und immer wieder. Und vor allem immer gleich: »Das habe ich gestern schon so gemacht. Und das werde ich voraussichtlich auch morgen wieder so machen.« Doch dann passiert etwas, und die Handlung, die einem unendlich vertraut ist, verändert sich. Ich erzähle Ihnen dazu mal eine Geschichte:

Petrus, ein erfahrener Fischer, versucht die ganze Nacht vergeblich, etwas zu fangen. Nichts. Die Netze bleiben leer, und die Stimmung in der Mannschaft ist am Tiefpunkt. Als Petrus frustriert zurück ans Ufer kommt, steht da Jesus. Die Seeleute haben zwar schon gehört, dass er auferstanden ist, aber sie erkennen ihn nicht. Lässig sagt Jesus: »Gibt's hier was zu essen?«

»Nee!«, antworten die Fischer genervt. Und da bekommen sie eine völlig unerwartete Reaktion: »Ach, dann fahrt doch einfach noch mal raus!« Wie bitte? Jeder Fischer weiß, dass morgens die schlechteste Zeit zum Fischen ist. Da beißt ohnehin nichts. Da verstecken sich die Fische tief unten. Außerdem sind die Jungs total übermüdet und gereizt. Ich meine: Was hätten Sie denn gemacht? Wären Sie noch mal rausgefahren? Also: Ich nicht!

Petrus macht's. Gegen seine Erfahrung. Und das Unglaubliche passiert: Die Netze der Männer sind nach kurzer Zeit so voller Fische, dass sie zu reißen drohen. Und dann kapiert einer der Männer, was hier geschieht: »Wenn Unmögliches wahr wird, dann ist Gott im Spiel. Der Fremde am Strand, das muss Jesus sein.«

Genau das fasziniert mich: Petrus begegnet an diesem Morgen Jesus – und fährt noch einmal raus. Er macht also das, was er schon die ganze Nacht, was er schon so viele Jahre in seinem Leben gemacht hat, aber sein Tun bekommt eine neue Dimension, denn jetzt ist er »im Auftrag des Herrn« unterwegs.

Weltmännertag

Im Durchschnitt lebt ein Mann sieben Jahre kürzer als eine Frau. Da stimmt doch was nicht! Oder? Und unfair ist es auch. Fand jedenfalls Michail Gorbatschow und wurde zum offiziellen Schirmherrn des »Weltmännertages«. Und der ist heute. Ja. Heute sollen wir Herren der Schöpfung uns bitteschön mal fragen, warum die Frauen eigentlich so viel länger leben – und was wir tun können, um das aufzuholen.

Die Initiatoren des Weltmännertages wollen dabei vor allem Lust machen, das männliche Bewusstsein für die Gesundheit zu stärken. Und seien wir mal ehrlich: Die, die andauernd spazieren gehen wollen, das sind doch die Frauen. Wir Männer mögen die Natur zwar auch – aber uns reichen Bildbände und DVDs.

Also: Natürlich geht es beim Weltmännertag auch um Männerrollen, männliche Ideale und typisch männliche Eigenschaften. Und vielleicht ist das nach 100 Jahren Emanzipation der Frauen gar nicht mal so schlecht. Schließlich heißt es schon in der biblischen Schöpfungsgeschichte: »Gott sah alles an, was er gemacht hatte – und fand es sehr gut.« Also auch den Mann. Wirklich! Vor allem den! Sage ich als Mann.

Allerdings heißt es direkt danach: »Gott sah, dass es nicht gut ist, dass der Mann alleine ist.« Tja. Und was sagt uns das? Na: dass es am wichtigsten ist, über ein gutes Miteinander von Männern und Frauen nachzudenken. Jede Form von Emanzipation ist richtig und schön, aber sie sollte zwischen den Geschlechtern keine Gräben ausheben, sondern Brücken bauen. Gerade am Weltmännertag. Los geht's!

Gewissensbisse

Katastrophe, Debakel, Desaster: Das waren nur die harmlosen Kommentare zu dem, was 2009 in Hessen passiert ist. Vier Abweichler in der SPD verweigerten Andrea Ypsilanti die Stimme und verhinderten damit ihre angesetzte Wahl zur Ministerpräsidentin. »Das sind hinterlistige Schweine«, schimpfte ein linker Abgeordneter. Und der SPD-Mann Ralf Stegner fand das Verhalten der vier Unsozialdemokraten »charakterlos und niederträchtig«.

Nun kann man sicher zu Recht spekulieren, ob die Beweggründe der Abweichler ganz ohne politisches Kalkül waren und warum sie ihr viel beschworenes Gewissen erst so kurzfristig entdeckten. Und natürlich braucht eine Partei auch eine gewisse Fraktionsdisziplin, wenn sie vernünftig arbeiten will.

Trotzdem habe ich den vieren eines abgenommen: ihre Zerrissenheit. Ihr Hadern mit der Entscheidung. Mehrfach haben sie betont, wie sehr sie mit sich ringen mussten. Denn letztlich hatten sie – nach ihrem Gefühl – nur die Wahl zwischen zwei Übeln: Duldung durch die Linkspartei oder Widerstand. Da kann man wirklich verzweifeln.

Viele Leute wählen in so einer Situation den Weg des geringsten Widerstandes. Das haben die Abweichler nicht getan – was wahrscheinlich das Aus für ihre politische Karriere bedeutet. Und zumindest dieser Mut verdient Hochachtung.

Wünschen konnte man den vier Querdenkern angesichts der danach auf sie zugekommenen Querelen eigentlich nur eines, etwas, das im christlichen Glauben zu den Grundwerten gehört: dass ein Mensch, der aus reinem Gewissen handelt, Vergebung erfährt.

Herzkatheter

Am 5. November 1929 nahm der 25-jährige Assistenzarzt Werner Forßmann in Eberswalde zusammen mit einem Freund einen dünnen Gummischlauch mit einer Nadel, betäubte seine Ellbogeninnenseite und fing an, den Schlauch in seine Vene einzuführen. 10 Zentimeter. 20 Zentimeter. 30 Zentimeter. 35 Zentimeter. Da verlor sein Freund die Nerven und zog alles wieder raus.

Sehr zum Ärger von Werner Forßmann. Denn der wollte doch endlich einen Weg finden, um ins Herzinnere zu gelangen. Koste es, was es wolle. Ja, das, was der Herzchirurgie wirklich fehlte, war eine Möglichkeit, das Herz von innen betrachten zu können.

Also machte sich Werner Forßmann wenig später noch mal ans Werk. Diesmal allein. Wieder schob er sich einen Schlauch in die Vene – und als er den 65. Zentimeter versenkt hatte, rannte er zum Röntgengerät und machte eine Aufnahme. Da! Der Schlauch hatte das Herzinnere erreicht. Der Herzkatheter war erfunden.

Seine Chefs tobten, als sie von Forßmanns Experimenten hörten. »Was für eine an Frivolität grenzende Vermessenheit.« Forßmann verlor seine Stelle. Und erst als zehn Jahre später zwei amerikanische Forscher auf die Arbeiten des Mediziners stießen, verhalfen sie seiner Entdeckung zum Durchbruch. 1956 dann, 27 Jahre später, erhielt der geschmähte Werner Forßmann für seine Arbeiten den Nobelpreis.

Ich bin kein Mediziner, sondern Pfarrer, aber trotzdem fasziniert mich der Mut dieses Mannes. Der hat an seine Idee geglaubt. Trotz aller Widerstände. Das war einer, der sagte: »Ich muss das Gute tun, ganz gleich, ob ich dafür Anerkennung bekomme oder nicht.« Eine manchmal gefährliche, aber zugleich sehr notwendige Einstellung.

Konfliktfeld Umwelt

Eines der ekligsten Wörter, die ich kenne, heißt »Kollateralschaden«. Sprich: Zwei streiten sich und ein Dritter leidet darunter, der mit der Sache eigentlich gar nichts zu tun hat. Ein Kollateralschaden eben.

Und weil das nicht nur Menschen, sondern auch der Natur passieren kann, hat die UNO den 6. November vor einigen Jahren zu einem neuen Internationalen Tag ernannt. Und zwar zu dem mit dem längsten Namen. Ja, heute ist der »Internationale Tag für die Verhütung der Ausbeutung der Umwelt in Kriegen und bewaffneten Konflikten.« Das kann man sich richtig gut merken. Nicht?

Trotz seines Bandwurm-Namens ist der Tag aber wichtig. Weil er daran erinnert, dass kriegerische Einsätze oftmals massive Eingriffe in die Natur bedeuten. Man erinnere sich nur an die brennenden Ölquellen im Irak. »Militärökologische Begleiterscheinungen« heißt so etwas heute beschönigend. Gemeint sind aber verwüstete Landstriche, die sich von den Angriffen erst nach Jahrzehnten wieder erholen.

Kritiker dieses Tages haben eines zu Recht bemerkt: Es kann jetzt nicht darum gehen, so etwas wie einen »sauberen« Krieg zu entwickeln. Entscheidend ist, dass sich unser Denken verändert. Dass wir begreifen, dass jeder Konflikt Konsequenzen hat. Viel zu oft auch für völlig Unbeteiligte. Wie etwa die Natur.

Wer bei großen, aber auch bei kleinen Konflikten die Folgen seines Handelns für die Umwelt im Blick hat, der wird mehr Lust auf Frieden bekommen. Der übernimmt Verantwortung für die Welt. Und das hat etwas mit Weitsicht zu tun. Oder mit Glauben. Weil da einer über sich selbst und seine persönlichen Interessen hinausdenkt.

Weltputzfrauentag

Sauber. Morgen gilt es, all diejenigen zu bejubeln, die unsere Häuser, Büros und Werkstätten putzen, schrubben, bohnern und polieren – und dabei hoffentlich auch ordentlich abstauben. Allerdings: »Putzfrauen« heißen die schon lange nicht mehr. Politisch korrekt sind das Reinigungsfachkräfte.

Jede und jeder, der sich den Luxus einer Putzfrau leisten kann, weiß, wie gut das ist, wenn so eine Perle einmal die Woche (oder gar öfter) eine Grundreinigung durchführt. Weg der Dreck. Chaosbeseitigung pur. Endlich wieder eine ordentliche Wohnung, die vorzeigbar ist. Natürlich, man könnte das alles selbst machen, oder wie die meisten Menschen meinen: »Ich könnte das ohnehin viel besser.« Aber unter uns: Eine Reinigungsfachkraft zu haben ist doch etwas ganz anderes. Finde ich.

Auch die Bibel ist voller Geschichten übers Saubermachen. Gut, wenn es in der Bibel um Reinigung geht, dann ist meist das Herz oder die Seele gemeint. Aber bei unserer Seele denken wir ja auch, wir bekämen das selbst am besten hin – und weil man unser Innerstes nicht so leicht sehen kann, wundern wir uns irgendwann, warum unsere Gedanken nach und nach verstauben.

Menschen, die gerne beten, also mit Gott reden, wissen, dass das wie ein Großreinemachen der Seele ist. Und mit klaren Gedanken kann man auch schön in das Lob der Reinigungsfachkräfte einstimmen: »Danke, ihr bringt Glanz in unsere Hütten.« Morgen werden wir euch feiern.

Georg Elser

Wochenlang schlich sich der Schreiner fast jede Nacht heimlich in die Gaststätte. Er brach dort aus einer Säule vorsichtig Putz und Mauerstücke heraus, versteckte sie in seiner Aktentasche und schuf dadurch nach und nach einen großen Hohlraum. In diesen Hohlraum baute er dann eine Sprengladung ein. Mit Sprengstoff, den er aus einem Steinbruch entwendet hatte. Die Bombe war fertig.

Der Attentäter hieß Georg Elser – und sein Opfer sollte Adolf Hitler werden. Der Diktator, der gerade ohne erkennbaren Grund einen Weltkrieg vom Zaun brach. Am 8. November 1939 war es dann so weit. Adolf Hitler kam zu einer jährlichen Jubiläumsveranstaltung in das Gasthaus »Bürgerbräu« – und stellte sich dabei, wie immer, direkt an die Säule.

Aber er fing eine Viertelstunde früher als geplant mit seiner Rede an. Und so ging die Bombe hoch, als Hitler das Gebäude gerade wieder verlassen hatte. Georg Elser wurde noch am gleichen Abend geschnappt und starb 1945 im Konzentrationslager.

Um es deutlich zu sagen: Ich glaube nicht, dass eine Bombe der richtige Weg ist, um Frieden zu schaffen. Trotzdem muss man dem Einzelgänger Elser eines zugutehalten: Er hat nicht einfach zugeschaut, als das Unheil seinen Lauf nahm. Er hat nicht die Augen zugemacht und so getan, als wäre das alles nur halb so schlimm. Und vielleicht hätten Hunderte von Elsers auch keine Bombe mehr gebraucht, um das Unheil zu verhindern.

Über die Methoden Elsers kann man streiten, seine Gesinnung aber zeugt von echter Zivilcourage.

Gut und Böse

Komischer Tag heute. Einerseits ein Riesenfesttag. Klar: An diesem Tag ist die Berliner Mauer gefallen. Wow! Andererseits ein Trauertag. Heute denken wir auch an die Reichspogromnacht. Die Nacht, in der die Nationalsozialisten 191 Synagogen anzündeten, Hunderte Gotteshäuser plünderten und Zehntausende Juden in Konzentrationslager verschleppten. Widerlich!

Also, was soll man heute tun? Feiern oder trauern? Auf die Wiedervereinigung anstoßen oder die Grausamkeit verblendeter Ideologen beweinen? Schwierig. Und man kann sich auch nicht einfach für eines von beidem entscheiden.

Vielleicht zeigt der 9. November wie kein anderer Tag, dass das Gute und das Böse bisweilen ziemlich nah beieinanderliegen. Hass und Versöhnung. Gewalt und Frieden. Freude und Leid. Und für beides, den Fall der Mauer und die Reichspogromnacht, waren Menschen verantwortlich. Ja, der Mensch ist zu allem fähig. Zu den übelsten Grausamkeiten, aber auch zu Fortschritt und Freiheit.

Deshalb ist der 9. November für mich der Tag, an dem es neu zu fragen gilt, was denn eigentlich gut und was böse ist. Genau diese Fähigkeit zeichnet den Menschen aus. Angeblich. In der biblischen Paradiesgeschichte heißt es zumindest: Als die ersten Menschen vom Baum der Erkenntnis aßen, da wurden sie fähig, Gut und Böse zu unterscheiden. Nun: Wer Gut und Böse kennt, der lebt nicht mehr im Paradies – der muss täglich neu prüfen, wie er handelt. Manchem wird dabei schwindlig. Und andere besinnen sich darauf, dass es helfen kann, Gott um Rat zu fragen.

Tag der Erfinder

Wie war das noch: »Am Anfang erfand Gott Himmel und Erde.« Er dachte sich also etwas ganz Neues, nie Dagewesenes aus. Etwas, was noch keiner zuvor gedacht oder gemacht hatte. Und als sein eigener Patentanwalt war Gott dabei von Anfang an begeistert: »Das habe ich richtig gut hinbekommen.«

Dann erfand er auch noch Mann und Frau und sagte: »Mensch, ihr habt was von mir. Unter anderem meine ruhelose Neugier, die Lust am Erschaffen, Entdecken, Erforschen und eben – am Erfinden. Gut so.«

Insofern könnte man den gestrigen »Tag der Erfinder« eigentlich als kirchlichen Feiertag begehen. Warum? Weil es zum Wesen des christlichen Glaubens gehört, voranzugehen, sich zu entwickeln und voller Vertrauen Dinge zu wagen, die den bisherigen Horizont überschreiten.

»Augenblick mal«, sagt jetzt vielleicht die eine oder der andere. »Tag der Erfinder und Kirche? Wie bitte? Kirche, das sind doch die, die die Tradition bewahren. Die sich um die Überlieferung und Pflege alter Formen kümmern. Oder nicht?«

Nein! Viele kluge Leute in der Kirche haben erkannt, dass es in der Tradition unglaublich wertvolle Schätze gibt, die man kennen und pflegen muss. Die man als Nährboden für das Neue braucht. Daran gibt's auch gar nichts zu mäkeln.

Wollte man den Glauben aber auf Tradition reduzieren, dann würde man Gott und seine göttliche Freude am Erfinden einfach ausschalten – und das wäre nun ganz und gar unchristlich. Glaube kann niemals nur Bewahrung sein, er trägt immer etwas in sich, das sich erneuert und entwickelt.

»Siehe, ich mache alles neu«, heißt es in der Bibel. Das wäre auch ein starkes Motto für den Tag der Erfinder.

St. Martin 1

»Laterne, Laterne, Sonne, Mond und Sterne ...« Erinnern Sie sich noch? St.-Martins-Umzug mit Liedern und Laterne. Gehört für viele Menschen mit zu den schönsten Kindheitserinnerungen. War ja auch spannend. Mit einer Kerze um die Häuser ziehen – und das ganz vorsichtig, damit auch ja keine Laterne in Flammen aufgeht.

Und wenn es ein guter Umzug war, dann stand da irgendwann ein echtes Pferd mit einem Mann drauf, der sich nicht zu schade war, seinen Mantel mit einem Bettler zu teilen, um ihn vor dem Kältetod zu retten.

Komisch, oder? Da hat einer seinen Mantel in der Mitte durchgeschnitten, und Hunderttausende von Kindern feiern das noch nach 1 600 Jahren mit leuchtenden Augen. Klar, der Umzug ist ein Erlebnis an sich. Aber wenn man die Kinder fragt, worum es dabei geht, dann können sie fast alle die Geschichte von diesem St. Martin erzählen. Und irgendwie begreifen sie auch, dass die eine besondere Botschaft hat.

Warum? Na, weil die meisten von uns in der Kälte ihren Mantel eben nicht geteilt hätten. Oder? Ja, wir geben gerne etwas von dem ab, was wir zu viel haben. Aber selten auf Kosten der eigenen Bequemlichkeit. Oder gar mit dem Risiko, selbst unterkühlt zu werden. Äh, halt! Das soll hier wirklich kein moralischer Appell werden.

Der Clou der Martinsgeschichte ist nämlich ein ganz anderer. Der spätere Heilige kann seinen halben Mantel deshalb getrost abgeben, weil er sich als Christ bei Gott geborgen weiß und sein Glück eben nicht von der Mantelgröße abhängt. Das gilt es zu feiern. »Sankt Martin aber ritt in Eil hinweg mit seinem Mantelteil ...«

St. Martin 2

Eine kleine Nachbemerkung zu gestern: Als Kind fand ich die Geschichte von St. Martin ziemlich absurd. Mann, dachte ich, so ein halber Mantel, der fällt doch immer runter. Und das mitten im Winter. Am Ende erfrieren womöglich beide, der zitternde Bettler und der heldenhafte Heilige, der Anfang des 4. Jahrhunderts am Stadttor von Amiens sein Gewand teilte, um einem armen Mann das Leben zu retten. Gut, der spätere Heilige war damals gerade 18 Jahre alt. Wahrscheinlich jugendlicher Übermut.

In der Überlieferung heißt es: »Viele Leute standen dabei und schauten zu. Einige lachten, einige staunten über so viel Mildtätigkeit, und einige schämten sich, dass sie dem Leidenden nicht selbst geholfen hatten.« Stellen Sie sich doch bitte mal vor, Sie hätten da vor fast 1700 Jahren gestanden und das Ganze im Schneetreiben mit angesehen. Zu welcher Gruppe hätten sie wohl gehört? Zu den Lachenden, den Staunenden oder den Beschämten? Hm.

Ich kenne alle drei Gefühle. Manchmal lache ich innerlich über die – in meinen Augen – unfassbare Selbstaufopferung vieler Menschen, manchmal stehe ich hochachtungsvoll davor, und oftmals schäme ich mich, dass ich die Not der Welt so geschickt verdrängen kann.

Und dann, dann entdecke ich ein viertes Gefühl: Ärger! Ärger darüber, dass ich die eigentliche Botschaft von St. Martin noch gar nicht begriffen habe! Der kluge Offizier steht nämlich für ein ganz neues Denken. Die meisten Menschen glauben ja ständig, sie kämen zu kurz. St. Martin dagegen fühlte sich so von Gott beschenkt, dass es für ihn selbstverständlich war, von seinem Reichtum abzugeben.

Mich selbst ertappe ich leider oft genug dabei, dass ich Angst habe, mir würde etwas fehlen. Und dann ist es egal, ob ich lache, staune oder mich schäme: Das sind nur drei unterschiedliche Ausdrucksformen von Angst. Jemand, der sich beschenkt weiß, verliert diese Angst. Ich hoffe, dass gestern bei den Martinsumzügen ein Licht aufgegangen ist.

Mama hat Geburtstag

Was die Geburtstage meiner Lieben angeht, bin ich ziemlich schlecht. Also: Bei meiner Frau kriege ich das noch hin, aber bei meinen Eltern, na ja! Nicht, dass ich das Datum einfach vergesse, aber oftmals lege ich Wochen vorher im Übereifer irgendeinen Abendtermin da hin, und wenn dann die herzliche Einladung zum Essen kommt, wird es unangenehm: »Ja, sorry, tut mir leid, echt blöd gelaufen, aber ich kann da nicht …«

Und dann frage ich mich jedes Mal, was dieses biblische Gebot Gottes »Du sollst deine Mutter und deinen Vater ehren« eigentlich bedeutet. Viele meiner Bekannten sind mit ihren Eltern völlig verkracht, andere empfinden die Besuche als reine Pflicht, während die Dritten ohnehin so weit weg wohnen, dass sich die Frage nach der Ehrlichkeit des Kontakts nur selten stellt. Hat das was mit Achtung zu tun? Zugegeben: Manche Eltern machen es einem auch schwer, aber das kann keine Entschuldigung sein.

Warum gibt es so ein Gebot? Wahrscheinlich ist die Bibel viel klüger, als wir manchmal denken. Sie sagt: »So, wie du mit deinen Eltern umgehst, werden auch deine Kinder eines Tages mit dir umgehen. Die kriegen das nämlich genau mit. Und vergiss nicht: Du existierst nur, weil es deine Eltern gibt. Außerdem trägst du viel mehr von deinen Eltern in dir, als dir manchmal lieb ist.« Wahrscheinlich fällt uns gerade darum der Umgang mit ihnen bisweilen so schwer. Letztlich gilt: Wer seine Eltern ehrt, der ehrt auch sich selbst.

Nun weiß ich nicht, welche Ideen Sie spontan haben, um die Beziehung zu Ihren Eltern neu mit Leben zu füllen. Ich habe mir heute etwas ganz Pfiffiges ausgedacht: Ich gratuliere meiner Mutter im Radio zum Geburtstag. »Hallo Mutter, herzlichen Glückwunsch zum Geburtstag!« Ich gebe zu: So eine Chance hat nicht jeder, auch wenn es viele Sendungen gibt, bei denen man anrufen und grüßen kann. Ich bin mir aber sicher: Ihnen fällt was ein!

Masken

Helau! Jetzt laufen sie wieder an, die närrischen Tage. Jawohl. Und die Straßen sind dann voll: mit Cowboys, Indianern, Prinzessinnen, Rittern, Teufeln, Seeleuten und Spidermans – und mit ungeheuer wichtig aussehenden Geschäftsleuten. Aber die sind vielleicht gar nicht verkleidet.

Der Brauch des Verkleidens ist übrigens uralt. Die wilden Germanen waren nämlich der Überzeugung, dass bei ihren ausgelassenen Frühlingsfesten auch die Geister mitfeiern wollten. Und um diese üblen Wesen zu vertreiben, vermummten sie sich mit möglichst grauenhaften Masken. Sie wollten so widerwärtig aussehen, dass den Dämonen die Lust am Feiern verging. Aber das Verkleiden hatte noch einen anderen Sinn: Man konnte sich damit zugleich vor den Dämonen verbergen. Die sollten – wenn sie denn doch kamen – nicht wissen, wen sie vor sich hatten.

Nur jemand, der mich kennt, hat Macht über mich. Und das finden die wenigsten gut. Insofern haben Verkleidungen an Fasching noch heute einen ganz realen Nutzen: Man wird nicht sofort erkannt, sondern kann als Cowboy Jim oder Prinzessin Brutwinda mal befreit einen Abend durchtanzen.

Stutzig macht mich natürlich, dass ich auch außerhalb der Faschingszeit so gerne Masken trage, also aufgesetzte Rollen spiele, hinter denen ich mich geschickt verbergen kann. Wobei es mir dann allerdings vor allem darum geht, gut auszusehen. Erkannt zu werden ist noch immer unschön. Vielleicht tun sich auch deshalb viele Menschen mit Gott so schwer. Weil der Gedanke eben erst einmal gewöhnungsbedürftig ist, dass es einen gibt, der mich durch und durch kennt.

Irgendwann ist dann aber Aschermittwoch. Da kann man das Westernkleid getrost wieder in den Schrank hängen. Mal sehen: Vielleicht hänge ich die »In-meinem-Leben-ist-alles-klasse«-Maske einfach mal daneben. Helau!

Wir sind gekommen, um ihn anzubeten

»Wir sind gekommen, um ihn anzubeten.« Unter diesem Motto haben sich irgendwann im Herbst des Jahres 1 vor Christus einige Männer aufgemacht – vielleicht war es sogar der 15. November. Ja, der etwas rätselhafte Spruch stammt nämlich aus der Bibel, von den Weisen aus dem Morgenland, die als »Heilige Drei Könige« berühmt wurden und heute angeblich im Kölner Dom beerdigt sind.

Die Männer waren damals wegen eines auffällig strahlenden Sterns aus ihrer Heimat aufgebrochen, kamen nach Israel und fragten dort nach dem Weg: »Entschuldigung. Wo ist der neugeborene König? Wir sind gekommen, um ihn anzubeten.« Und irgendwann standen sie tatsächlich vor der Krippe Jesu, überreichten ihre Geschenke und fielen vor einem frischgeborenen Säugling auf die Knie. Weil sie tief in sich spürten, dass sie hier Gott so nah waren wie nie zuvor.

Wenn man den Satz: »Wir sind gekommen, um ihn anzubeten« so allein hört, klingt er fast ein bisschen dreist, weil man erst mal überlegen muss, worum es geht. Aber genau so haben sich die Weisen damals gefühlt. Die hatten keine Ahnung, wohin der Stern sie führt, sie wussten nur zwei Dinge. 1.: Da kommt ein Kind zur Welt, dass es wert ist, angebetet zu werden, weil in ihm Gott selbst Mensch wird. Und 2.: Dieser Jesus ist es wert, dass man sich zu ihm auf den Weg macht. Echter Glaube setzt in Bewegung.

Letztlich ist das eine Grundidee des Glaubens: dass es sich lohnt, aufzubrechen und Jesus anzubeten. Die Kirchen kommen oft wegen ihrer ethischen und sozialen Anliegen in die Medien – und die Faszination des Glaubens rückt schnell in den Hintergrund. Sie gilt es wiederzuentdecken.

Perspektivenwechsel

Vor einiger Zeit bin ich Vater geworden. Und natürlich habe ich mich mit allen erdenklichen Beratungsbüchern zum Thema »Vater und Kind« eingedeckt. Der beste Tipp in einem dieser Wälzer lautete: »Bevor Ihr Kind anfängt zu krabbeln, krabbeln Sie bitte selbst einmal auf allen vieren durch Ihre gesamte Wohnung.« Hab ich gemacht. Zugegeben: Es sah ein bisschen blöd aus, eigentlich sogar ziemlich blöd, war aber sehr effektiv. Ich habe mehrere potenziell gefährliche Ecken und Kanten entdeckt, die mir aus der Perspektive des Erwachsenen ganz sicher verborgen geblieben wären. Sehr spannend.

Plötzlich habe ich gemerkt, wie eingeschränkt meine Perspektive vorher war. Das alte Indianersprichwort stimmt ganz offensichtlich: »Wenn du einen anderen Menschen verstehen willst, dann musst du mindestens zwei Wochen in seinen Mokassins laufen.« Als ich bereit war, einen anderen Blickwinkel einzunehmen, konnte ich mein Kind wirklich vor manchem Schaden bewahren.

In meinem Alltag draußen sieht das oft anders aus: Wenn ich verzweifelt versuche, auf vollgeparkten Bürgersteigen voranzukommen, wenn ich den Kinderwagen fluchend endlose Treppen bei Unterführungen rauf- und runtertrage oder mir fieseste Pläne überlege, um die vielen Hunde davon abzuhalten, in unseren zum Krabbeln idealen Vorgarten zu scheißen, dann merke ich: Die Gesellschaft ist von einem solchen Perspektivenwechsel noch weit entfernt.

Ein Grund mehr, dem Deutschen Kinderschutzbund zu gratulieren, der heute Geburtstag hat und sich als »Lobby für Kinder« versteht. Seit rund 60 Jahren bemüht sich dieser Verband, die Rechte der Kinder zu stärken. Und er macht darauf aufmerksam, dass die Mehrzahl all derjenigen, die nach höheren Geburtenraten rufen, noch nie auf die Knie gegangen ist, um unsere Gesellschaft einmal aus den Augen der Kleinen wahrzunehmen. Produktives Krabbeln ist angesagt.

Internationaler Studententag

So, so, die Studenten haben auch einen Internationalen Tag. Wow. Erst dachte ich, da diskutiert man über mehr BAföG, längeres Ausschlafen, weniger Stress und edleres Mensa-Essen. Aber keineswegs. Das ist eine ganz ernsthafte Angelegenheit.

Der »Internationale Studententag« wurde nämlich schon 1941 ausgerufen – in Erinnerung an die Studenten, die 1939 in Prag gegen die Schließung ihrer Universitäten auf die Straße gegangen waren. Ja, die Nazis hatten damals beschlossen, die tschechischen Unis dichtzumachen. Und das führte zu massiven Protesten. Übrigens mit verheerendem Ausgang. Die Nazis richteten neun der Aktivisten sofort und ohne Gerichtsverhandlung hin und brachten mehr als 1200 Studenten in Konzentrationslager, wo sie im Schnitt drei Jahre festgehalten wurden. Grauenhaft.

Trotzdem sind seither immer wieder gesellschaftliche Veränderungen von Studenten ausgegangen. So wie auch heute regelmäßig an den Unis gestreikt wird – zum Beispiel gegen Studiengebühren, gegen die Verschulung durch Bachelor-Studiengänge und für bessere Lehrbedingungen. Und natürlich erklären die Studenten auch den heutigen Gedenktag meist zu einem bundesweiten Aktionstag.

Ich hoffe sehr, dass es dabei friedlich bleibt. Auch weil die Frage zu allen Zeiten lautete: Wie berechtigt sind solche Proteste? Der Reformator Martin Luther hat da schon im 16. Jahrhundert klug gesagt: »Erst einmal soll man die Gesellschaft achten, in der man lebt. Aber wenn einem der Staat das Denken und den Glauben verbietet, dann muss man sich wehren.« Das gilt bis heute.

Mickey Mouse

18. November 1928. Im New Yorker Colony Theatre wird zum ersten Mal in der Weltgeschichte ein Zeichentrickfilm mit Ton gezeigt. Und der Held dieses Abenteuerfilms wird über Nacht zum Star. Eine kleine Maus. Die Maus. Mickey Mouse.

Die kluge Comicfigur mit den großen Ohren war zwar vorher schon zweimal in Stummfilmen aufgetreten, doch für echte Cineasten ist und bleibt der 18. November 1928 ihr eigentlicher Geburtstag. Mickey Mouse was born. Frech, clever, fröhlich und immer auf Gerechtigkeit bedacht. Ein tierischer Held.

Allerdings: Mickey hatte von Anfang an ein kleines Problem. Er war zu gut für diese Welt. Er löste jeden Fall und ging immer als Sieger aus dem Rennen. Das war nicht nur unrealistisch, sondern auf die Dauer auch wenig abwechslungsreich.

Da erfand Walt Disney, der Schöpfer von Mickey Mouse, schnell eine zweite Figur hinzu: Donald Duck – den Pechvogel. Die Ente, die all die nervigen Probleme hat, die wir auch haben. Und schon bald besaß dieser lebensnahe Donald eine viel größere Fangemeinde als Mickey Mouse. Eben eine Ente wie du und ich.

Donald führt uns vor Augen, dass in unserem Leben nicht immer alles glatt und perfekt läuft. Er macht Mut, uns der eigenen Unvollkommenheit nicht zu schämen. Und sie auch zuzugeben. So wie schon Jesus sagt: »Vollkommen ist nur Gott im Himmel.« Je bewusster man sich dessen ist, desto entspannter lebt man.

Und dann kann man auch voller Genuss einen kleinen Helden wie Mickey Mouse bewundern. Herzlichen Glückwunsch!

Welttoilettentag

Was es nicht alles gibt! Heute ist doch tatsächlich der »Welttoilettentag«. Kein Scherz. Den gibt es. Er ist heute. Und er wurde ausgerufen von der Welttoilettenorganisation, die ich – ehrlich gesagt – bisher auch nicht kannte. Wozu, bitteschön, braucht es einen Welttoilettentag?

Na ja, das fragen wir sanitär verwöhnten Mitteleuropäer. Mit unseren wunderschönen wasserspartastenbestückten Keramik-Klos, die all das, was wir so von uns geben, unauffällig verschwinden lassen. Kurz den Spülknopf gedrückt – und weg. Gut, natürlich weiß man, dass es irgendwo auf der Welt noch unkultivierte Stämme gibt, die hinter dem Haus eine Grube ausheben müssen, wo sie sich über dem Donnerbalken erleichtern. Nur: Wie viele sind das wohl? Was meinen Sie? Wie viel Prozent der Weltbevölkerung haben keine richtigen sanitären Anlagen? Na? Ich verrate es Ihnen: über 42 Prozent.

Und genau darum geht es den Initiatoren des Welttoilettentags: Sie wollen dafür sorgen, dass bis 2015 diese 42 Prozent auf 21 Prozent gesenkt werden. Weil gute sanitäre Anlagen ein Grundrecht sind und weil nicht entsorgte Fäkalien auch immer wieder für Seuchen und Ähnliches sorgen.

Nun: Über Toiletten redet man insgesamt nicht so gerne. Sollte man aber. Jesus hat mal gesagt: »Was ihr einem meiner geringsten Brüder getan habt, das habt ihr mir getan.« Übersetzt: Auch wer dafür sorgt, dass jemand eine gute Toilette hat, tut damit ein geistliches Werk. Vielleicht sollte man das mal so sehen. Und wenn Sie das nächste Mal müssen, freuen sie sich über die europäische Klokultur. Das nennt man dann ein Schüssel-Erlebnis.

Geburtsstunde des Fernsehens

Am 20. November 1928 wagt der erste Radiosender Deutschlands in Königs Wusterhausen ein mutiges Experiment: Er startet den Probebetrieb eines neuartigen Bildfunkverfahrens und sendet fortan regelmäßig Bilder durch den Äther. Sodass beispielsweise im Ausland aufgenommene Fotos schon am nächsten Tag in deutschen Zeitungen erscheinen konnten. Oder eben auf Bildschirmen.

So richtiges Fernsehen war das noch nicht. Doch die richtige Technik – und damit irgendwie der Anfang der Fern-Seh-Übertragung. Und heute, rund 80 Jahre, nur ein Menschenleben später, ist das Fernsehen aus unserer Kultur nicht mehr wegzudenken. Das Fernsehen liefert die Welt frei Haus. Was für ein Luxus.

Aber natürlich auch nicht ganz ungefährlich. Mancher, der die Welt ins Haus bekommt, denkt bald, dass er sein Haus gar nicht mehr verlassen muss. Und übersieht, dass das Fernsehen nicht die Realität, sondern nur eine inszenierte Wirklichkeit liefert. Eine Welt ohne Fühlen, Riechen, Schmecken, Tasten oder Bewegen.

Insofern kann Fernsehen Segen oder Fluch sein. Je nachdem, ob es die Realität ersetzt oder anreichert. Und plötzlich verstehe ich auch diesen berühmten Satz besser, der immer beim Abendmahl in der Kirche gesagt wird: »Schmeckt und seht, wie freundlich Gott ist.« Es gibt eben Dinge, die darf man nicht nur sehen, die muss man selbst erlebt haben. Glauben gehört da allemal dazu.

In diesem Sinne: Herzlichen Glückwunsch zum Geburtstag, liebes Fernsehen.

Welttag des Fernsehens

Heute ist tatsächlich der »Welttag des Fernsehens«, in Erinnerung an das Weltfernsehforum von 1969. Lustig, oder? Ein eigener Festtag für die Mattscheibe. Also eine echte mediale Herausforderung für alle Bildschirmschoner, die sich schon immer gefragt haben: Warum kriegen eigentlich die meisten Fernbedienungen dieser Welt mehr körperliche Zuwendung als die Ehepartner?

Na ja, es ist ja auch so schön einfach. Man braucht nur einen Empfänger, und schon hat man die herrlichsten Bilder und Geschichten mitten im Wohnzimmer und kann an allen Dimensionen des Lebens teilhaben. Das hat was. Dumm ist nur, wenn der Empfänger mal kaputtgeht oder die Sender falsch eingestellt sind. Dann guckt man nämlich nur noch in die Röhre. Und dann rufen die Menschen verzweifelt beim Kundendienst an: »Ich kann nichts sehen!«

Manchmal frage ich mich, ob das nicht beim Glauben ganz ähnlich ist. Ich weiß, es ist ein gewagter Vergleich, aber viele Leute sagen: »Hey, ich kann Gott nicht sehen.« Könnte das auch an Empfangsschwierigkeiten liegen? Ich meine: Wenn ein Fernseher Probleme hat, heißt das doch nicht, dass der Sender nicht funktioniert. Der Sender strahlt die ganze Zeit weiter aus, nur ich kriege es dann eben nicht mehr mit. Schade.

Dabei ist die Sache gar nicht so kompliziert. Christen sorgen dafür, dass sie, was Gott angeht, auf Empfang bleiben. Sie machen – sozusagen – regelmäßig einen Sendersuchlauf, bis sie wieder im Bild sind. Das nennen sie dann »Beten«. Und manchmal sind sie selbst ganz überrascht, auf wie vielen Kanälen Gott sendet.

Vielleicht lohnt es sich ja, den »Tag des Fernsehens« eher zum »Tag der Weitsicht« zu machen und seine Antennen neu auszurichten. Guten Empfang!

Tag der Hausmusik

Früher hat man gefragt: Was für einen IQ hast du? Also welchen Intelligenzquotienten? Wie klug bist du? Und das wurde daran gemessen, wie gut jemand lesen, schreiben und rechnen kann.

Dann aber kamen einige gefühlsbetonte Forscher, die stellten fest: Ob ein Mensch mit seinem Leben zurechtkommt, ob er glücklich wird, das hat mit dem Intelligenzquotienten eigentlich kaum etwas zu tun. Dafür ganz viel mit dem EQ, also dem Emotionalen Quotienten. Je besser sich jemand emotional auf andere Menschen, auf Situationen und auf Veränderungen einstellen kann, desto besser geht es ihm.

Kein Wunder, dass verschiedenste Institutionen seit einiger Zeit verstärkt darauf hinweisen, dass wir mehr für die emotionale Bildung tun müssen. Und das geschieht zum Beispiel mit Musik. Oder, um es mit unserem Bundespräsidenten Horst Köhler zu sagen: »Musikalische Bildung fördert die Entwicklung von Kindern zu eigenständigen und gemeinschaftsfähigen Persönlichkeiten. Darum braucht sie breiteste gesellschaftliche Unterstützung.«

Der heutige »Tag der Hausmusik« ist so ein Versuch: Macht mal wieder zusammen zu Hause Musik. Und erlebt, wie gut das tut. Weil Musik unsere Gefühle anspricht. Nebenbei: Als Jesus gefragt wurde, wie eigentlich Glauben funktioniert, da hat er vom Verstand auch nichts gesagt. Seine Antwort war: »Du sollst Gott lieben von ganzem Herzen, mit ganzer Seele und all deiner Kraft.« Vielleicht macht der Tag der Hausmusik ja auch Lust, im Glauben die Gefühle zu entdecken.

Liebt eure Feinde

Ich bin immer froh, wenn wieder mal ein Wahlkampf vorbei ist. Endlich! Ich meine: Ich finde es wichtig, dass Steinmeier, Merkel, Stoiber, Fischer, Westerwelle und wie sie alle heißen für ihre Ideen werben – wenn sie's denn mal ordentlich täten. Auf das ewige Meckern über das jeweils andere Parteilager kann ich dagegen gut verzichten.

Jedes Mal wird da geschimpft, gewettert, verurteilt, verunglimpft, herumgehackt und scharf geschossen: »Ihr! Ihr macht alles falsch!« Stellen Sie sich bitte mal vor, die Vertreter der Parteien hätten die viele Zeit, die sie damit verbracht haben, den Gegner schlechtzumachen, genutzt, um ihre eigenen Ideen intensiv weiterzuentwickeln und gewinnend zu präsentieren. Ein Traum …

Aber leider schimpfen ja nicht nur Politiker so. In Vereinen, Organisationen, Betrieben, Gesellschaften, selbst bei den Kirchen kann man Ähnliches beobachten: Das Negative der anderen wird häufig so sehr betont, dass das – hoffentlich vorhandene – eigene Positive gar nicht mehr durchkommt. Manchmal habe ich den Eindruck, es wird kaum mehr gemeinsam darüber nachgedacht, was die Gemeinschaft voranbringt; es herrscht lieber eine ordentlich gepflegte Feindschaft.

Als Jesus davon sprach, dass man seine Feinde lieben soll, fügte er einen interessanten Nachsatz an: »Es ist keine Kunst, die zu lieben, die dich auch lieben. Das kann jeder Volltrottel. Diejenigen zu lieben, die dich nicht mögen, das hat Größe.« Das heißt nicht: Du sollst mit deinen Gegnern kuscheln. Nein. Du sollst sie hochachtungsvoll behandeln, so, dass ein konstruktives Miteinander möglich ist.

Und das funktioniert nur mit der Bereitschaft, den anderen trotz der Meinungsverschiedenheiten zu achten. Vielleicht kann man hier von Jesus auch etwas über politische Größe lernen.

Vertragsverhandlungen

»Mose stieg hinauf zu Gott. Und der Herr rief ihm vom Berge zu: Ihr habt gesehen, wie ich euch auf Adlerflügeln getragen habe. Werdet ihr nun meiner Stimme gehorchen und meinen Bund halten, so sollt ihr ein heiliges Volk sein.«

Was für eine tolle alte Geschichte. Da ist einem ganzen Volk die Flucht aus der Sklaverei geglückt – und Gott sagt: »Hey! Ich habe euch in die Freiheit geführt. Ihr habt gesehen, was ich draufhabe. Lasst uns jetzt einen Vertrag abschließen: Ihr vertraut mir, und ich bringe euch groß raus.«

Wissen Sie, was das ist? Der erste Managervertrag der Weltgeschichte! Gott bietet sich an, das Volk Israel zu managen, weil er weiß, dass die Menschen ohne ihn den Sprung nach oben ja doch nicht schaffen werden. »Ich kümmere mich um euch. Ich habe die Beziehungen und das Know-how. Und vergesst nicht: Ich habe euch auf Adlerflügeln getragen.«

»Ja«, denken sich die Israeliten, »stimmt! Gott hat uns befreit. Wir unterschreiben den Vertrag. Was könnte uns den Besseres passieren?« Dummerweise war das mit dem Vertrauen schon damals nicht so einfach – und als die Israeliten dann das Kleingedruckte im Vertrag lesen, nämlich die Zehn Gebote, wird ihnen endgültig mulmig. Sie unterschreiben zwar, aber von nun an streitet sich Gott mit den Menschen darüber, warum die sich nicht an die Abmachungen halten.

Irgendwann ist Gott das ganze Hickhack leid und schickt seinen Sohn. Und der sagt ganz schlicht: »Hier ist ein neuer Vertrag, ein neuer Bund. Ihr packt das mit den Geboten ja doch nicht, also sage ich euch die Liebe Gottes ohne Wenn und Aber zu. Gott liebt euch bedingungslos, und ich kläre das mit dem Kleingedruckten. Also, was ist? Seid ihr bereit, unter diesen neuen Voraussetzungen zu vertrauen?«

Zufrieden?

Eine spannende Frage: Sind Sie zufrieden? Oder denken Sie immer, dass dieses oder jenes noch anders sein müsste? Eine Umfrage ergab, dass die Mehrheit der deutschen Bevölkerung der festen Überzeugung ist, dass sie mit 10 Prozent mehr Gehalt endlich die finanzielle Unabhängigkeit hätte, nach der sie sich sehnt. Seltsamerweise sagten das auch diejenigen, die gerade eine zehnprozentige Gehaltserhöhung bekommen hatten.

Es gibt Menschen, die verlagern ihr Glück grundsätzlich in die Zukunft. Sie erhoffen sich, dass veränderte Rahmenbedingungen ihnen endlich Zufriedenheit schenken. Das Problem ist, dass ein solches Denken nur eines hervorbringt: Dauernörgler. Jemand, der sein Glück davon abhängig macht, dass sich die Welt verändert, mäkelt andauernd an der Gegenwart herum.

Im Augenblick wird in unserer Gesellschaft unendlich viel genörgelt, und es ist sicher kein Zufall, dass Deutschland im weltweiten Zufriedenheitsindex auf einem der letzten Plätze gelandet ist. Sprich: Weiterhin motzen die am meisten, denen es am besten geht. Dabei kennen wir eigentlich alle die Wahrheit: Wer mit 1500 Euro nicht glücklich werden kann, der wird es auch mit 1650 Euro nicht sein!

Als Jesus vor 2000 Jahren versuchte, den Menschen seiner Zeit diese Zusammenhänge zu verdeutlichen, sagte er einen klugen Satz: »Sorge dich nicht um morgen.« Die meisten Menschen machen sich so viele Sorgen, dass das Sorgenmachen schlimmer ist als manche Ursache selbst. Wer sein Leben aber als ein Geschenk begreift, der beginnt, sein Glück nicht mehr von Äußerlichkeiten abhängig zu machen. Und das kann man lernen.

Casablanca

Oh, ich liebe »Casablanca«. »Spiel's noch einmal, Sam!« – »Schau mir in die Augen, Kleines.« – »Ich glaube, das ist der Beginn einer wunderbaren Freundschaft.« Hey, das sind doch Sätze voller Dramatik und Leidenschaft.

Sagen Sie nur nicht, Sie erinnern sich nicht mehr genau. Also: Der Film »Casablanca«, der übrigens am 26. November 1942 uraufgeführt wurde, erzählt die Geschichte des Barbesitzers Rick Blaine, der seine große Liebe Ilsa wiedertrifft. Wahnsinn. Humphrey Bogart spielt diesen Rick sehr cool, und Ingrid Bergman zeigt, wie zerrissen Ilsa sich fühlt – denn sie ist verheiratet. Und ihr Mann, der Widerstandskämpfer Viktor Laszlo, braucht dringend Transit-Visa, um aus dem Ausland weiter gegen den Faschismus kämpfen zu können.

Am Ende kommt es zum großen Showdown. Eigentlich wollten sich Ilsa und Rick gemeinsam eine neue Zukunft aufbauen, aber Rick schickt seine Geliebte mit ihrem Mann weg – und verzichtet zugunsten der Weltpolitik auf sein privates Glück. Puh!

Tja, und die Frage ist natürlich: Wenn Sie die Wahl hätten zwischen der großen Liebe und der Rettung der Welt, wie würden Sie entscheiden? Und ich will ganz ehrlich sein: Ich wüsste es nicht. Vielleicht ist es deshalb ganz gut, dass Gott sagt: Diese Entscheidung hat schon mal einer fällen müssen, mein Sohn Jesus Christus. Der hat die Welt gerettet.

Vielleicht gefällt mir der Film »Casablanca« deshalb so gut. Weil es um eine der größten Entscheidungen überhaupt geht. Und heute Abend, da »spiel ich ihn noch einmal«.

Anvertraut

»Wem viel gegeben ist, bei dem wird man viel suchen; und wem viel anvertraut ist, von dem wird man umso mehr fordern.«

Ein seltsamer Bibeltext. Finden Sie nicht? Also, was meint Jesus mit: »Wem viel gegeben ist, bei dem wird man viel suchen«? Mir wird nichts geschenkt, oder? Irgendwie geht Jesus hier davon aus, dass Gott den Menschen Dinge anvertraut – und dann auch erwartet, dass sie etwas daraus machen: »Mensch, Gott hat dich reich mit Begabungen, Fähigkeiten und Talenten ausgestattet. Nutze sie!«

Also 1.: Lebe bitte nicht unter deinen Möglichkeiten. In dir steckt so viel, was noch darauf wartet, sich zu entfalten. Und es ist äußerst traurig, wenn jemand sein Potenzial nicht ausschöpft.

Und 2.: Überleg bitte ganz genau, für wen du deine Begabungen einsetzt. Geht es dir immer nur um dich, oder hast du im Blick, dass du aufgefordert bist, mit deinen Fähigkeiten etwas für andere zu tun?

Vielleicht sagen Sie jetzt: »Na und?« Dann unterschätzen Sie diesen Text aber gewaltig. In den Versen davor wird nämlich demjenigen, der sich als kluger Verwalter seiner Gaben erweist, größte Seligkeit versprochen. Wer aber sich und seine Talente vernachlässigt, wird laut biblischer Bildersprache viel erleiden müssen.

Dabei wird übrigens noch nett differenziert: Wer das mit dem Entfalten der anvertrauten Gaben nicht gewusst hat, der hat kaum was zu befürchten. Wer es aber weiß und trotzdem nichts tut, der kriegt ordentlich was auf den Buckel.

Nun: Sie wissen es ja jetzt!

Die Lust am Lästern

Zum Philosophen Sokrates kam eines Tages ein Bekannter und sagte: »Hey, ich muss dir über einen deiner Freunde eine irre Geschichte erzählen. Pass auf …«

»Halt«, sagt Sokrates, »hast du deine Geschichte schon durch die drei Siebe gefiltert?«

»Häh?«

»Also, das erste Sieb ist die Wahrheit: Ist die Geschichte, die du mir erzählen willst, wahr?«

»Äh ja, was heißt schon wahr. Ich habe sie von einem gehört, der kennt den Zwillingsbruder von der, die dabei gewesen sein will.«

Sokrates fuhr fort: »Du weißt es also nicht. Gut, testen wir das zweite Sieb, das der Güte. Kommt die Person, von der die Geschichte handelt, darin gut weg?«

»Nein, ganz im Gegenteil, das ist ja das Interessante …«

»Dann«, fragt der Philosoph weiter, »bleibt noch das dritte Sieb, nämlich das der Notwendigkeit. Gibt es einen Grund, warum du mir das alles erzählen willst?«

»Na ja, notwendig ist es nicht – aber lustig …«

»Weißt du«, sagt Sokrates, »wenn das, was du mir erzählen willst, weder wahr noch gut noch notwendig ist, dann erspare es mir.«

Unter uns: Sokrates ist schon ein bisschen bieder, oder? Irgendwie genießen wir es doch alle, wenn wir über andere herziehen können. Es gilt die alte Devise: Lieber einen Freund verloren als einen Witz verschenkt.

Andererseits: Lästern befreit zwar, aber leider verändert es nichts! Jesus vergleicht das Herziehen über andere mal mit dem Töten; vielleicht spricht man darum auch von Rufmord. Entscheidend ist: Ein Mensch, der in sich selbst ruht, wird gar nicht auf die Idee kommen, andere in den Dreck zu ziehen. Insofern sagt unser Hang zum Lästern manchmal mehr über uns als über unsere Opfer. Schade!

Krankenversicherung

Seit Jahren wird über die Krankenversicherung gestritten. Und darüber, wie man die Solidargemeinschaft im Gesundheitswesen am besten fördert. Nun, ich hätte da mal ein paar sehr unkonventionelle Vorschläge.

Warum werden nicht alle die belastet, die ihre Gesundheit freiwillig in Gefahr bringen: Kettenraucher, Vieltrinker oder Extremsportler? Ich meine: Die meisten professionellen Fußballspieler haben ohnehin in ihren Verträgen stehen, dass sie nicht Skifahren dürfen, weil die Verletzungsgefahr dabei zu groß ist. Die Risiken des Skifahrens sind also offensichtlich bekannt. Warum gibt es nicht eine eigene Versicherung für Sportunfälle, die die Krankenkassen von all den Folgen der winterlichen Stürze entlastet? Wer sich den Lift leisten kann, der kann auch für 20 Euro eine Zusatzversicherung abschließen.

Man könnte auch überlegen, ob jemand, der mehr als 30 Kilometer pro Stunde zu schnell gefahren ist, bei einem Unfall automatisch seinen Versicherungsschutz verliert. Warum soll denn die Solidargemeinschaft für die Idiotie einiger Raser aufkommen? Aber ich hör schon auf. So etwas darf man ja nicht offen ansprechen.

Einer der großen Werte, die Jesus vermittelt hat, war Ehrlichkeit. Sei ehrlich zu dir und zu anderen. Sag »ja« oder »nein« und rede nicht andauernd um den heißen Brei herum. Weil das der einzige Weg ist, sich den Herausforderungen des Lebens produktiv zu stellen. Und eine Solidargemeinschaft ist darauf angewiesen, dass alle etwas für sie tun.

Ich fahre selbst leidenschaftlich gerne Ski. Und ich wäre auch bereit, das Risiko meines Vergnügens in Form einer Sportversicherung selbst zu tragen. Dafür muss keiner sonst einstehen.

Dagegen

Mir reicht es jetzt: In Zukunft bin ich einfach auch mal grundsätzlich dagegen. Das wird uns von der Politik wunderbar vorgeführt: Es ist großartig, wenn man voller Überzeugung verkündet, dass man alles grundsätzlich schlecht findet – was der andere vorschlägt.

Heute ist es in, dagegen zu sein. Soll ich Ihnen etwas sagen: Ich bin dagegen! Denn die Leute, die dagegen sind, haben in dieser Welt noch nie etwas bewegt. Wer immer nur dagegen ist, der bleibt stumpf und negativ in seinem Sessel hocken und bildet sich dabei noch ein, er hätte etwas zur Entwicklung der Welt beigetragen.

Natürlich gibt es gute Gründe, Vorschläge einer anderen Seite kritisch zu betrachten, und vielleicht ist es manchmal ganz gut, wenn nicht jede Idee sofort umgesetzt wird, aber das, was in Deutschland passiert, geht weit über eine konstruktive Auseinandersetzung hinaus. Man ist aus Prinzip dagegen. Und das macht die Gesellschaft kaputt.

Tatsache ist: Man kann die Welt schlechtreden – und das finde ich ziemlich traurig. Denn ich kenne das ja von mir selbst. Wenn ich mir nur oft genug sage, dass ich etwas nicht schaffen werde, dann schaffe ich es auch nicht. Und wenn Millionen von Menschen beschwören, dass es der Wirtschaft schlecht geht, dann trägt diese Beschwörung zum Niedergang des Handels wahrscheinlich mehr bei als die Konjunkturdaten.

Wer sich entscheidet, aus Prinzip dagegen zu sein, der hat keine Perspektive. Und vielleicht ist genau die Perspektive das Geheimnis des christlichen Glaubens. Menschen, die Gott begegnen, erfahren, dass ihr Horizont viel zu klein war, dass das Leben noch viel mehr zu bieten hat, als sie dachten. Wer die Dimension des Himmels in seinem Leben hat, der wird nicht gegen, sondern für das Leben sein. Und genau das hat Menschen auch an Jesus fasziniert: Er ist für uns, für die Welt, für die Liebe und für das Leben.

Hiobs Botschaft

Ich denke beim Beobachten der Börsenverluste und der wachsenden Unsicherheit über den Markt viel über diesen komischen Kerl namens Hiob nach. Dessen Geschichte steht in der Bibel. Erinnern Sie sich? Gott wettet mit dem Teufel, dass nichts den Mann Hiob von seinem Glauben abbringen könne. »Ha«, lacht der Teufel, »wenn es den Menschen gut geht, brüsten sie sich mit dem Glauben, aber wenn es ihnen schlecht geht, verzweifeln sie.«

Eine seltsam diabolische Ansicht, schließlich behaupten ja manche, es sei genau andersherum: Wenn es den Menschen schlecht ginge, dann erinnerten sie sich an den lieben Gott. Wie dem auch sei: Gott geht auf die absurde Wette ein, und der Teufel lässt die Kinder Hiobs sterben, sein Haus zusammenstürzen und überschüttet ihn mit Pest und Aussatz. Am Ende sitzt der Arme mittellos in einem Aschehaufen.

Hiobs Frau ist über die Verluste so entsetzt, dass sie nur noch schimpft: »Was willst du mit deinem blöden Glauben? Verfluche Gott und dann stirb.« Doch Hiob lässt sich nicht kleinkriegen. Sehr tiefgründig sagt er: »Wenn ich das Gute aus Gottes Hand nehme, dann muss ich auch das Böse aus seiner Hand annehmen.« Unglaublich! Der Glaube Hiobs ist unabhängig von Äußerlichkeiten. Ob es Gott gibt, erweist sich für Hiob nicht daran, ob es den Menschen gut geht. Ihm reicht es zu wissen, dass er in Gottes Hand ruht. Natürlich ist er traurig, natürlich ist er wütend – aber bei aller Verzweiflung fühlt er, dass Gott da ist. Seine Verzweiflung führt nicht zum Zweifel.

Mir imponiert Hiob. Weil die Richtigkeit seines Lebens eben nicht davon abhängt, ob er Erfolg hat oder nicht. Ob einer reich oder arm ist, das sagt doch nichts darüber aus, ob er ein gelingendes Leben lebt. Und doch ertappe ich mich immer wieder dabei, dass ich auch in diese Denkmuster verfalle. Insofern ist Hiobs Botschaft eben keine Hiobsbotschaft.

Internationaler Tag zur Abschaffung der Sklaverei

»Niemand darf in Sklaverei oder Leibeigenschaft gehalten werden; Sklaverei und Sklavenhandel sind in allen ihren Formen verboten.« Sagt die Allgemeine Erklärung der Menschenrechte von 1948. Und darum ist heute der »Internationale Tag zur Abschaffung der Sklaverei«.

Dass das kaum mehr als 60 Jahre her ist, mag man eigentlich gar nicht glauben. Schließlich sind allein zwischen 1550 und 1850 schätzungsweise 50 Millionen Afrikaner dem Sklavenhandel zum Opfer gefallen. Die Menschheit brauchte bis 1948, um dieses widerliche Verbrechen offiziell zu ächten.

Jetzt kann man aber ordentlich feiern, oder?

»Nein, auf keinen Fall!«, sagen die Experten, »das Phänomen Sklaverei geht doch einfach weiter.« Denken Sie mal an Zwangsprostitution oder Kindersoldaten. Dass Menschen wie Waren behandelt werden, hat nie aufgehört. Im Bereich der organisierten Kriminalität ist der Handel mit Menschen inzwischen sogar die drittgrößte Profitquelle. Nach Waffen und Drogen. Weil es zu viele Leute gibt, die es nicht lassen können, anderen Menschen das Menschsein abzusprechen.

Höchste Zeit also, einen der wichtigsten christlichen Grundgedanken endlich in die Tat umzusetzen: »Vor Gott sind alle Menschen gleich.« Oder wie Paulus, der erste Theologe, formulierte: »Bei Jesus gibt es keinen Unterschied zwischen Sklaven und Freien.« Wer das verstanden hat, der ist frei. Und der raubt auch keinem anderen die Freiheit.

Internationaler Tag der Menschen mit Behinderung

Ich habe einen Freund, der sitzt im Rollstuhl. Das ist sozusagen mein persönlicher Alibi-Behinderter. Zudem ist er auch noch Musik-Kabarettist und singt so wunderschöne, freche Liebeslieder wie »Mit mir findst du immer einen Parkplatz, mein Schatz«. Oder: »Eines Tages, meine Liebe, sitzen Sie auch neben mir« (wenn Sie nämlich alt und gebrechlich sind). Oder: »Könnt ich doch nur einmal mit dir tanzen«.

Und dieser Freund möchte vor allem eines: dass man ihn nicht wie einen Behinderten behandelt. Deswegen ist er auch kein Freund des heutigen »Internationalen Tages der Menschen mit Behinderung«. Irgendwie ist das für ihn ein Tag, an dem den Behinderten noch mal extra auf die Nase gebunden wird, dass sie nicht normal sind.

»Mensch«, hab ich gesagt, »dieser Tag ist doch vor allem für all die Leute, die Behinderte so gerne aus ihrem Bewusstsein verdrängen.«

»Na toll«, sagt er. »Letztes Jahr hat mir am Tag der Menschen mit Behinderung jemand in der Fußgängerzone 5 Euro in die Hand gedrückt. Der wollte wahrscheinlich sein Gewissen beruhigen. Und ich habe mich noch nie behinderter gefühlt als in diesem Moment. Verstehst du? Ich will, dass die Leute mich als Menschen wahrnehmen. Meine Behinderung ist ärgerlich, aber sie bestimmt nicht meine Persönlichkeit. Nebenbei: Du als Pfarrer erzählst doch so gern von Jesus. Ich glaube, der war so. Der hat immer direkt den Menschen gesehen – und nicht die Behinderungen, Schwächen oder Unstimmigkeiten. Das wünsch ich mir.«

Tja. Könnte ein guter Ansatz sein.

Barbaratag

»Knospen an St. Barbara, sind zum Christfest Blüten da.« Alte Bauernregel. Dahinter verbirgt sich der schöne Brauch, am 4. Dezember sogenannte »Barbarazweige« in die warme Wohnung zu stellen. Warum? Weil die dann bis Weihnachten anfangen zu blühen und in die düstere Winterzeit ein bisschen Farbe bringen. Barbarazweige sind übrigens einfach Zweige von Obstbäumen; Kirsche, Pflaume, Holunder oder Apfel – da hat jede Region einen anderen Geschmack. Wichtig ist: Im Winter kommt auf einmal Leben in die Bude.

Die Namensgeberin dieses floralen Brauchs, die heilige Barbara, lebte Ende des 3. Jahrhunderts in Nikomedien, dem heutigen Izmir in der Türkei. Dort hatte ihr Vater sie in einen Turm gesperrt, damit sie nur ja nichts von dieser neuen Religion, dem Christentum, erführe. Pech für ihn: Sie hörte doch davon und war vom Gott der Liebe so überwältigt, dass sie auch unter Folter ihrem Glauben nicht abschwor. Der Legende nach soll ihr eigener Vater sie am Ende aus Frust enthauptet haben. Tja, und weil Liebe alles überwindet, erzählt die Überlieferung, dass auf dem Grab der heiligen Barbara auch im kältesten Winter Blumen blühten.

Also: Wenn Sie noch keine Barbarazweige haben, dann schnell raus und welche organisieren. Denn wenn die an Weihnachten aufblühen, dann erinnert das an die tapfere junge Frau, die der Überzeugung war, dass es nichts Kostbareres gibt als die Liebe Gottes.

Nikolaus 1

Achtung! Der folgende Beitrag ist für Kinder unter 18 Jahren nicht geeignet! Denn hier kommt die schonungslose Wahrheit, die aus naiven Kindern leider viel zu schnell ganz realistische Erwachsene macht. Achtung! Jetzt: Es gibt keinen Nikolaus.

Dieser Kerl im Coca-Cola-Bademantel, der immer wissen wollte, ob man artig war – weil man sonst angeblich nichts geschenkt bekam – das war gar nicht der echte Nikolaus, das war Onkel Rainer. Verkleidet! Schande! Damit wussten wir zwar, warum Mister »Hoh-Hoh-Hoh« nie mit seinem Rentier-Cabrio kam, zugleich war es aber äußerst frustrierend: Wir wurden hintergangen.

Für manche reichte das sogar, um gleich ihren ganzen Glauben über Bord zu werfen. Wenn unsere Eltern beim Nikolaus gelogen hatten, dann ja vielleicht auch bei allem anderen. Das Vertrauen war weg und leider auch das wundervolle Glitzern, das Kinder in den Augen haben, wenn sie sich beschenkt wissen.

Der Ur-Nikolaus von Myra, der zum Vorbild unseres Schokoladen-Kultes wurde, hätte angesichts erwartungsvoller Stiefel vor der Tür ohnehin nur geschmunzelt. Dem Bischof ging es im 4. Jahrhundert ganz konkret darum, Leben zu retten. Indem er Menschen in Not mit Geschenken half. Und das war für ihn vor allem ein Ausdruck seines Glaubens: Wer sich beschenkt fühlt, der kann und wird auch andere beschenken. Und dieser frühe Bischof fühlte sich von Gott tatsächlich reich beschenkt.

Insofern gilt: An den Nikolaus zu glauben mag kindlich sein, naiv ist das nicht. Denn seine Ideale können einem noch heute ein Glitzern in die Augen zaubern.

Nikolaus 2

Wie war das noch mal mit dem Nikolaus? Genau: Nikolaus von Myra. Ein griechischer Bischof, der in der ersten Hälfte des 4. Jahrhunderts für seine unglaubliche Freundlichkeit und Hilfsbereitschaft bekannt wurde. Vor allem, weil er gerne Notleidende dadurch unterstützte, dass er ihnen heimlich durch den Kamin, durchs Fenster oder versteckt in Stiefeln Lebensmittel und Geschenke zukommen ließ.

Irgendwie bewegten die ermutigenden Geschichten dieses Nikolaus so viele Menschen, dass ein reiches Brauchtum entstand und sich weltweit verbreitete. Auf allen Kontinenten haben heute Morgen Kinder mit leuchtenden Augen die Tür geöffnet und sich über ihre gefüllten Schuhe gefreut.

Übrigens: Weil Nikolaus von Myra auch der Schutzpatron der Schüler ist, verbreiteten sich seine Legenden vor allem über die christlichen Klosterschulen. Und die dortigen Pädagogen nutzten gleich die Gelegenheit, um mit den Geschenken so eine Art kritischen Rückblick über das Jahr zu verbinden: »Warst du denn auch anständig? Hast du andere geärgert? Warst du brav?« Sprich: Die Geschenke musste man sich verdient haben. Was dem echten Nikolaus gar nicht gefallen hätte. Der handelte nämlich aus christlicher Nächstenliebe.

Heute Morgen hat meine Frau für mich auch einen Stiefel aufgestellt. Super. Als ich ihn gerade plündern wollte, hielt sich mich zurück: »Moment. Warst du denn anständig im letzten Jahr? Warst du brav? Oder hast du andere geärgert?« Nun, da muss ich erst mal drüber nachdenken.

Internationaler Tag der Zivilluftfahrt

»Internationaler Tag der Zivilluftfahrt«. Das ist der Tag, an dem man an die Bedeutung des Luftverkehrs für die soziale Entwicklung der Weltgemeinschaft denken soll. Und daran, dass an der Sicherheit nicht genug gearbeitet werden kann, weil Fliegen zwar wunderschön ist, es aber doch immer wieder zu schrecklichen Katastrophen kommt.

Na, wie das bei Theologen bisweilen so ist, denke ich an so einem Tag erst mal an einen Bibelvers. Aus dem Alten Testament. Vom Propheten Jesaja. Der hat nämlich vor 3000 Jahren gemütlich an seinem Zedernholz-Schreibtisch gesessen und sich überlegt, wie wohl die Zukunft aussieht. Und was schreibt er da? »Dereinst werden die Völker fliegen wie die Wolken und wie die Tauben, die zu ihren Schlägen eilen.«

Wow. Ein echter Visionär. Nur frage ich mich natürlich: Hat Jesaja damals wirklich die Flugzeuge vorausgesehen? Gar die »Zivilluftfahrt«? Na, eher nicht. Ihm ging es um etwas ganz anderes. Darum, dass es eine Zeit geben wird, in der die Menschen Gottes Nähe und Liebe wieder so intensiv erfahren, dass die Völker von allen Seiten herbeiströmen, nur um diese traumhafte Erfahrung zu machen. Sprich: Wenn Gott sich den Menschen zeigt, dann ist das so schön, dass man den Eindruck hat, die Menschen eilen herbei wie die Wolken und die Tauben. Es sieht aus, als ob sie fliegen.

Hätte man Jesaja gefragt, was ihm zum Internationalen Tag der Zivilluftfahrt einfällt, dann hätte er wahrscheinlich gesagt: »Toll, dass die Menschen jetzt die Möglichkeit haben, schnell dorthin zu kommen, wo sie Gott erfahren können.« Vielleicht überlegen Sie heute auch mal, wo das ist.

Rainer Maria Rilke

»Herr: Es ist Zeit. Der Sommer war sehr groß. Leg deinen Schatten auf die Sonnenuhren und auf den Fluren lass die Winde los.«

So geht es los, das nach repräsentativen Umfragen beliebteste Gedicht von Rainer Maria Rilke, dem wortgewaltigen und einfühlsamen Lyriker, der am 4. Dezember 1875 in Prag geboren wurde. Und der irgendwie ein besonderes Faible dafür hatte, melancholische Herbststimmungen einzufangen. Etwa wenn er schreibt: »Wer jetzt kein Haus hat, baut sich keines mehr. Wer jetzt allein ist, wird es lange bleiben.«

Eigentlich ist Rilke genau der richtige Poet für Schmuddelwetter. Und wenn er in seinem Gedicht von den Menschen erzählt, die in der dunklen Jahreszeit wach liegen, lesen, lange Briefe schreiben und unruhig durch das herbstliche Blättertreiben wandern, dann drückt er genau das aus, was viele gerade empfinden. Das nennt man große Kunst.

»Herr: Es ist Zeit.« Am spannendsten finde ich, dass dieser bekannte Text eigentlich ein Gebet ist. »Herr: Es ist Zeit.« Und zwar ein sehr inniges. Schließlich legt der Autor sich selbst, seine melancholischen Gefühle und die Angst vor dem Dunkel in Gottes Hand. Und nicht nur das: Er fordert Gott sogar auf, den Sommer zu beenden und die unabänderliche Unruhe des Herbstes einzuleiten. Weil er sich bei alledem geborgen weiß. Mehr kann man sich für den Winter gar nicht wünschen.

»Herr: Es ist Zeit. Der Sommer war sehr groß. Leg deinen Schatten auf die Sonnenuhren und auf den Fluren lass die Winde los.«

Das Ziel ist der Weg

Ich höre oft diesen ultraklugen Satz: »Der Weg ist das Ziel.« Halte ich für ziemlichen Quatsch! Ja, ich weiß, es gibt Wegstrecken, auf denen man unglaublich viel lernt, und manchmal ist es auch sinnvoll, loszulaufen, wenn man nicht weiß, ob man je ankommen wird. Aber das ist doch die Ausnahme.

Meistens ist der Weg anstrengend und nervig. Als ich über mehrere Monate eine Wochenend-Ehe führen musste, fand ich es nicht toll, zweimal pro Woche stundenlang in überfüllten Zügen zu sitzen, ich fand es toll, bei meiner Frau anzukommen. Bei keiner Prüfung war es ein Genuss, büffeln zu müssen. Es war klasse, als ich es geschafft hatte. Ich kenne Leute, die haben wirklich schreckliche Wege auf sich genommen. Warum? Weil sich das Ziel lohnte. Also: »Das Ziel ist der Weg.«

Genau so haben sich irgendwann in dieser Jahreszeit die Weisen aus dem Morgenland gefühlt, die den König der Juden suchten und Jesus fanden. Und ich sage Ihnen eins: Diese Gelehrten sind damals bestimmt nicht losgezogen, weil sie Sandstürme, Kameldung und einen schwieligen Hintern vom vielen Reiten so herrlich fanden, sondern weil sie wussten: Am Ende wartet ein lohnendes Ziel. Da gibt es etwas von Gott zu entdecken. Der Weg selbst war nur ein notwendiges Übel, bestimmt nicht das Ziel.

Ohne Ziel wird jeder Weg willkürlich. Wenn ich aber ein gutes Ziel habe, dann prägt dieses Ziel jeden Schritt, den ich auf meinem Weg gehe, macht ihn vielleicht sogar erträglich und interessant. Erst wenn ich ein Ziel habe, weiß ich überhaupt, welchen Weg ich gehen soll.

Vielleicht haben wir durch populäre Leitsätze wie »Der Weg ist das Ziel« aus den Augen verloren, dass der christliche Glaube seine Kraft unter anderem dadurch entfaltet, dass er Menschen ein Ziel gibt: »Christus zu suchen und ihn zu finden.« Wer kein Ziel hat, verirrt sich; wer weiß, wohin er will, der ist auf gutem Weg.

Thomas Mann

Als Thomas Mann am 10. Dezember 1929 den Literaturnobelpreis erhielt, traf ihn diese Entscheidung nicht ganz unvorbereitet. Ja, er schrieb: »Die sensationelle Auszeichnung hatte schon mehr als einmal dicht über mir geschwebt. Sie lag wohl auf meinem Wege«, da »zu meiner Rolle auf Erden nun einmal der zweideutige Glanz des Erfolgs gehört«.

Nun, so ganz unbescheiden klingt das nicht. Aber für einen, der so gerne seine heimlichen Sehnsüchte und Neigungen in seinen Büchern auslebte, brach hier tatsächlich etwas Großartiges in sein sonst recht bürgerliches Leben ein. Endlich konnte der Autor, der mit den »Buddenbrooks«, einem Roman über den Niedergang seiner eigenen Familie, berühmt geworden war, den Abwärtsbewegungen selbst etwas entgegensetzen.

Thomas Mann war sprachlich brillant – aber immer auch ein großer Sucher. Da ist es sicher kein Zufall, dass er sein umfangreichstes Werk der Figur des biblischen Josef widmete. Er wollte auf literarische Weise das Gottvertrauen dieses jungen Lebemannes aus dem Alten Testament ergründen. Und das tat er auf meisterhafte Weise. Viele, die die Josefsromane gelesen haben, sind dadurch auch Gott ein Stück nähergekommen.

Dabei stellte Thomas Mann in den Josefsromanen eine Frage immer wieder: »Was ist mein produktiver Beitrag an das Leben?« Eine kluge Frage. Und inspirierende Bücher sind auch keine schlechte Antwort.

Immanuel Kant

Kant? Immanuel Kant? Genau! Das ist doch der Philosoph, der wollte, dass die Menschen endlich anfangen, mündig zu werden. Selbstbewusst. Eigenständig. Ja, und dadurch hat er die Aufklärung unglaublich vorangetrieben. Ende des 18. Jahrhunderts war das.

Am berühmtesten ist aber sicher Kants »Kategorischer Imperativ«. Erinnern Sie sich? Da ging es um die Frage, wie man richtig handelt. Und Kant glaubte, dass dafür ein einziger Satz reicht: »Handle nur nach derjenigen Maxime, durch die du zugleich wollen kannst, dass sie ein allgemeines Gesetz werde.«

Klingt kompliziert, meint aber einfach: Überlege bei allem, was du tust, ob es o.k. wäre, wenn jeder so handelt. Ziemlich klug, oder? Überlege bei allem, was du tust, ob es o.k. wäre, wenn jeder so handelt. Schließlich neigen wir doch alle dazu, uns unsere eigene Ethik zu basteln. Und Kant macht klar: Nee, immer da, wo einer sich seine Privatmoral zusammenstellt, wird es gefährlich.

Nebenbei, so ganz neu war das im Jahr 1785 nicht. Schließlich hat Jesus schon vor 2000 Jahren gesagt: »Liebe deinen Nächsten wie dich selbst.« Da steckt letztlich die gleiche Idee dahinter. Das, was du für dich machst, soll auch für die anderen gelten. Und ich muss sagen: Eigentlich ist mir der Satz Jesu noch viel näher als der von Kant. Denn Jesus spricht von Liebe – und nicht nur von einem moralischen Prinzip.

Maria

Wenn Sie eine Frau sind, dann stellen Sie sich doch bitte mal Folgendes vor. Plötzlich steht bei Ihnen im Wohnzimmer ein Engel und sagt entspannt: »Meine Liebe. Du wirst bald schwanger werden – und zwar ohne Sex. Und dein Kind wird der Sohn Gottes sein. Denn bei Gott ist nichts unmöglich. Na, wie findest du das?«

Mal ganz ehrlich: Was würden Sie dem Engel antworten? So ganz spontan! Frisch von der Leber weg. Gar nicht so leicht, oder? Nun, man mag von der ganzen Marientradition und der Frage, ob die Mutter Jesu nun jungfräulich war oder nicht, denken, was man will, aber die Antwort der biblischen Maria in diesem Moment ist großartig. Sie sagt nämlich sehr ruhig: »Gut, lieber Engel, so soll es sein.«

Irgendwie spürt Maria, dass hier wirklich Gott im Spiel ist und dass der sich bei all dem schon was gedacht hat. Und als Maria wenig später ihre Freundin Elisabeth besucht, da fängt sie vor Freude richtiggehend an zu jubeln: »Gott hat große Dinge an mir getan. Er ist mächtig und sein Name ist heilig.«

Über die Bedeutung Marias als Mutter Gottes wird seit 2000 Jahren diskutiert, aber ihre Reaktion finde ich zeitlos gut: Die junge Frau nimmt die ihr von Gott zugedachte Aufgabe an und freut sich darüber. Sie vertraut und glaubt. Auch wenn sie sicher nicht alles versteht. Sie ahnt, dass Gott es gut mit ihr meint. Ich bin sicher, dass nicht alle Menschen so reagiert hätten.

Marias Reaktion hat Größe. Und die sieht man manch kitschiger Krippenfigur leider nicht an.

Geschenke

Geschenke, Geschenke, Geschenke. Haben Sie schon alle? Oder müssen Sie auch noch mal los? Wenn man nur wüsste, was man schenken soll!

Als kleine Hilfe erzähle ich Ihnen schnell noch mal die schönste aller Geschenke-Geschichten. Von O. Henry, einem amerikanischen Schriftsteller. Kennen Sie die? Falls ja: Macht nichts, die kann man immer wieder hören.

Della und Jim, ein junges Paar, haben kein Geld. Wollen sich aber unbedingt etwas schenken. Also besorgt Jim für Dellas wunderschöne lange Haare einen Satz Kämme, den seine Liebste sich schon lange gewünscht hat. Und Della kauft für Jims Taschenuhr eine feine Kette, damit er das Prachtstück endlich überall präsentieren kann. Dann sitzt sie zu Hause und wartet auf ihn.

Als Jim durch die Tür tritt, bleibt er schockiert stehen. Warum? Weil Della ihre herrlichen Haare abgeschnitten und verkauft hat, um ihm die Uhrenkette schenken zu können. Doch Jim kann damit leider auch nichts mehr anfangen. Er hat nämlich seine kostbare Uhr verkauft, um ihr die Kämme schenken zu können.

Beide können ihre Geschenke nicht benutzen – und haben sich doch unendlich reich beschenkt. Weil sie aus Liebe etwas von sich hingegeben haben. Darin steckt etwas vom Geheimnis von Weihnachten: Es geht um die Hingabe, die im Sohn Gottes in der Krippe erfahrbar wird, aber auch zwischen Menschen. Was das Schenken angeht, so hat Joachim Ringelnatz das einmal so zusammengefasst: »Schenke mit Geist ohne List. Sei eingedenk, dass dein Geschenk du selber bist.«

Adventszeit

Ich behaupte mal: Maria und Josef wussten schon zwei Wochen vor ihrer Reise nach Bethlehem, dass es bald losgehen würde. Schließlich war der Aufruf der Besatzungsmacht nicht neu, sich zur Volkszählung in den Geburtsort des Familienoberhauptes zu begeben. Außerdem war Maria hochschwanger und sicher etwas nervös: »Eine solche beschwerliche Reise direkt am Geburtstermin, muss das sein?«

Also haben die beiden ihre Sachen gepackt, den Esel noch mal durchchecken lassen, den Proviant besorgt und die Vertretung Josefs in der Schreinerei geregelt. Vielleicht hat Maria sogar gesagt: »Du, Josef, sollten wir nicht lieber ein Zimmer in Bethlehem reservieren?« Und ihr Gatte hat in typisch männlicher Manier entgegnet: »Ach, kein Problem. Wir kommen schon irgendwo unter.« Er konnte ja nicht ahnen, dass nur noch ein Stall frei sein würde.

Tja, nicht wirklich gut vorbereitet. War ich übrigens in den letzten Jahren auch nicht. Also: auf Weihnachten vorbereitet. Irgendwie stolpere ich jedes Jahr in die Feiertage, lasse sie über mich hereinbrechen und frage mich dann im Nachhinein missmutig, warum mir so wenig festlich zumute war.

Dieses Jahr mache ich es anders. Jawohl: Ich fange heute schon an, mich innerlich auf Weihnachten einzustellen. Dafür gibt es ja den Advent, um sich auf die Ankunft Jesu vorzubereiten. Und ich behaupte mal: Wer den Advent verpennt, der hat auch nichts von Weihnachten. Eigentlich reicht mir heute schon die einfache Frage: Was wäre in meinem Leben anders, wenn es kein Weihnachten gäbe?

Esperanto

Der jüdische Arzt Ludwig Zamenhof hatte eine ziemlich verrückte Vision: Er wollte die vielen kulturellen, religiösen und politischen Grenzen zwischen den Menschen endlich überwinden. Und zwar mit einer einheitlichen Sprache. Also erfand er einfach eine. 1887 erschien sein bahnbrechendes Buch »Internationale Sprache«. Und weil Zamenhof sich nicht sicher war, wie man sein Experiment aufnehmen würde, veröffentlichte er das Ganze unter einem Pseudonym: »Dr. Esperanto«. Der Hoffende.

Heute heißt Zamenhofs Sprache selbst so wie dieser verrückte Deckname: »Esperanto«. Sie wird weltweit gesprochen, es gibt über 100 Esperanto-Zeitungen, zwölf Radiosendungen, mehr als 2000 Lehrbücher, Esperanto-Romane und sogar Esperanto-Hardrock-Bands. So wächst tatsächlich eine internationale Sprachgemeinschaft heran. Und die feiert ihre Ideale immer am 15. Dezember, dem Geburtstag von Ludwig Zamenhof.

Nun gibt es natürlich auch Esperanto-Kritiker, die sagen: »Wozu brauchen wir denn Esperanto? Heute spricht doch jeder Englisch.« Gute Frage. Nur wollte Zamenhof viel mehr als eine einheitliche Sprache. Er wollte eine Plattform für Völkerverständigung. Und da sind gemeinsame Worte schon viel wert. Andererseits: Sie reichen wohl nicht. Letztlich geht es nämlich nicht um gemeinsame Worte, sondern um gemeinsame Werte. Oder, um es mit einem Bild Jesu auszudrücken, eine »Sprache der Liebe«. Trotzdem bleibt die Vision von Zamenhof wegweisend. Weltweit.

Boston Tea Party

Boston Tea Party? Was war das noch? Aha! Da haben sich etwa hundert junge Männer als Indianer verkleidet, im Hafen von Boston drei Schiffe geentert und 45 Tonnen Tee ins Meer geworfen. Am 16. Dezember 1773.

Klingt wie ein starkes Event. War aber viel mehr. Nämlich ein Aufschrei der Einwanderer im Norden Amerikas, die eines nicht mehr ertragen konnten: dass England als Kolonialherr die Bewohner Nordamerikas zwar für sich schuften ließ, ihnen aber nicht einmal Mitspracherecht im englischen Parlament gab. Und dass gerade bei den Steuern auf Tee, dem absoluten Lieblingsgetränk in den Kolonien, unglaublich gemauschelt wurde, ging den Siedlern dann doch zu weit. Also feierten sie auf ihre Weise eine rauschende Tea Party.

Und irgendwie wurde diese ungewöhnliche Protestaktion zu einer Initialzündung. Denn schon drei Jahre später gab es eine weitere Party: als sich 13 Kolonien von ihren Kolonialherren lösten und die Vereinigten Staaten von Amerika gründeten. Irgendwie hatte die Boston Tea Party den Menschen gezeigt, dass man sich nicht jede Ungerechtigkeit gefallen lassen muss. Sie wollten frei sein – und sie wurden frei.

Ob Tee ins Meer werfen der ideale Weg zur Freiheit ist, weiß ich nicht, aber schon Jesus sagt sehr deutlich: »Selig sind die, die nach Gerechtigkeit streben.« Und dass Menschen befreit leben können, ist auf jeden Fall ein Ideal Gottes. Ich persönlich finde: Partys gegen Ungerechtigkeit kann man nicht genug feiern.

Der Traum vom Fliegen

Am 17. Dezember 1903 war es so weit. Die beiden Brüder Wilbur und Orville warfen den Motor an, gaben Vollgas und … flogen. Als erste Menschen mit Motorkraft und von Hand gesteuert. Der erste Motorflug der Weltgeschichte. Ein Weltereignis in den Sanddünen von Kitty Hawk an der amerikanischen Ostküste.

Allerdings ein Ereignis, das keiner so richtig mitbekam. Erst als die Brüder Wright in Europa auftauchten und 1909, also vor rund hundert Jahren, in Berlin ihre Flugmaschine vorführten, wurden sie wirklich ernst genommen. Und von 300 000 Berlinern frenetisch bejubelt.

Tja, wenn man sieht, wie manche Menschen heute zwischen den Kontinenten hin- und herjetten, dann versteht man auch, warum diese ersten Motor-Hopser am Strand so bedeutend waren. Der Flugverkehr hat die Welt verändert. Ganz gleich, ob es um Geschäftsreisen oder um Urlaub geht: Wir können heute verhältnismäßig schnell die entferntesten Orte der Welt erreichen. Da mag man manchmal gar nicht glauben, dass der Besuch der Wrights in Europa gerade mal 100 Jahre her ist.

Es gibt immer Leute, die machen etwas zum ersten Mal. Wie die Wrights. Die sind zum ersten Mal mit Motor geflogen. Weil sie einfach daran glaubten, dass es geht. Nun muss nicht alles, was man zum ersten Mal macht, gleich die ganze Welt verändern – manchmal reicht es schon, wenn es die eigene kleine Welt verändert. Die Bibel ist voller Geschichten, in denen Menschen etwas zum ersten Mal machen, zum Beispiel die Worte dieses Jesus ernst nehmen. Und die erleben das alle so, als wüchsen ihrer Seele Flügel.

Internationaler Tag der Migranten

Im Dezember 2000 haben die Vereinten Nationen zum ersten Mal den »Internationalen Tag der Migranten« ausgerufen. Einen Tag, an dem der vielen Menschen gedacht werden soll, die nicht in ihrer Heimat leben, sondern in einem fremden Land wohnen und arbeiten. Das kann angesichts von Fremdenfeindlichkeit und oftmals misslingender Integration auf keinen Fall schaden.

Ein bisschen ist dieser Tag allerdings auch ein Hilfeschrei der UNO. Denn schon 1990 wurde eine »Internationale Konvention zum Schutz der Rechte aller Gastarbeiter und ihrer Familienangehörigen« beschlossen – nur ist sie bis heute nicht in Kraft getreten. Weil sich viele Länder weigern, beim Umgang mit Gastarbeitern die internationalen Standards einzuhalten.

Verrückt, oder? Das, was schon in der Nachbarschaft vielen Menschen Schwierigkeiten bereitet, ist auch in der Politik ein Problem: Wie geht man angemessen mit Fremden in einem Land um? Was darf, soll, muss man von ihnen einfordern? Welche Rechte haben sie? Und wie gelingt es, mit ihnen in Gemeinschaft zu leben? Lauter Fragen, über die man heute mal nachdenken kann. Am besten mit dem netten Türken oder der freundlichen Spanierin von nebenan.

Die Menschen im Alten Testament gehören übrigens zu den Ersten, die sich ganz klar für Migranten eingesetzt haben. Schon am Anfang der Bibel heißt es: »Fremdlinge darf man nicht bedrücken oder bedrängen.« Sprich: Sie sollen genau so frei leben können wie alle anderen. Ein gutes Ziel.

Weihnachtsmärchen

Es war einmal an einem 19. Dezember 1843. Da wurde das »Weihnachtsmärchen« von Charles Dickens veröffentlicht. Kennen Sie, oder?

Die Geschichte des skrupellosen Geschäftemachers Ebenezer Scrooge, dem in der Weihnachtsnacht drei ganz merkwürdige Geister erscheinen: zuerst der Geist der vergangenen Weihnacht, der dem Alten klarmacht, warum er eigentlich so hartherzig geworden ist, dann der Geist der gegenwärtigen Weihnacht, der ihm zeigt, wie viel Leid sein Handeln anderen zufügt, und zuletzt der Geist der zukünftigen Weihnacht, der ihm vor Augen führt, dass er auf dem Sterbebett einsam und verlassen sein wird und nichts von all dem mitnehmen kann, was er an Reichtümern angehäuft hat.

Ist das bloß ein Märchen? Nein, sondern die biblische Weihnachtsgeschichte mit anderen Worten. Denn Dickens zeigt: Wenn wir es mit der Liebe Gottes zu tun bekommen, dann begreifen wir plötzlich, woher wir kommen, wer wir sind und wo wir hingehen. Und nicht nur das: Wir erkennen auch, dass man Dinge verändern kann. Ebenezer Scrooge jedenfalls begreift: »Die Wege der Menschen deuten ein bestimmtes Ende voraus. Aber wenn man von den Wegen abweicht, ändert sich auch das Ende.« Und das macht der Alte.

Also: Ich liebe Geschenke, Familienfeste, gutes Essen und einen strahlenden Weihnachtsbaum. Aber: Weihnachten ist das alles nicht. Wenn mir die Augen über mich selbst geöffnet werden, weil Gott auf die Welt kommt – das ist Weihnachten!

Katharina von Bora

Die junge Katharina verliebt sich bis über beide Ohren in den Nürnberger Kaufmannssohn Hieronymus. Der erwidert die Gefühle wohl auch, doch seine Eltern sind gegen die Beziehung. Daraufhin bittet die sehnsüchtige Frau den umstrittenen Theologen Martin Luther, einen Brief an diese hartherzigen Eltern zu schreiben. Luther, der gerade ein Auge auf Katharinas Freundin Ave geworfen hat, tut es, und als das nicht hilft, versucht er sogar, Katharina mit einem Bekannten zu verkuppeln – vielleicht in der Hoffnung, dass sie dafür ein gutes Wort bei Ave einlegt.

Wie dem auch sei: Das Ganze klingt nach einem Roman von Rosamunde Pilcher und geht auch so ähnlich aus. Während Katharina und Martin verzweifelt versuchen, den jeweils anderen unter die Haube zu bringen, stellen sie fest, dass sie es eigentlich auch miteinander versuchen könnten. Hach, wie romantisch. An dieser Stelle hören schnulzige Romane allerdings immer auf. Katharinas Geschichte aber geht weiter. Denn wenn man den historischen Quellen trauen kann, dann wurde aus dem komplizierten Liebes-Hin-und-Her eine einzigartig gute Beziehung.

Katharina von Bora heiratete Martin Luther. Sie brachte sechs Kinder zur Welt, bewirtschaftete die Ländereien der Familie, betrieb eine eigene Bierbrauerei und hatte auf ihre Weise großen Einfluss auf die Reformation. Muss eine ziemlich patente Frau gewesen sein. Eine, die ahnte, dass Glauben etwas mit Freiheit zu tun hat. Sonst wäre sie wohl auch nicht aus dem Kloster abgehauen, in das ihre Stiefmutter sie gesteckt hatte. Und unter uns: Ob Luther das mit der Reformation ohne seine patente Frau so hinbekommen hätte? Wer weiß.

Am 20. Dezember 1552 ist Katharina gestorben.

Thomastag

Heute ist der kürzeste Tag des Jahres – und damit auch die längste Nacht. Wohl kein Zufall, dass dieser seit Jahrtausenden religiös befrachtete Tag von der Kirche zum Thomastag erklärt wurde.

Der sogenannte »ungläubige Thomas« war nämlich der Misstrauische, der große Zweifler unter den Jüngern Jesu. Als man dem sagte: »Hey, Jesus ist auferstanden!«, hat er erst mal gesagt: »Ja, ja, ihr könnt mir viel erzählen. Und die Erde ist auch keine Scheibe, oder was? Auferstanden. So ein Quatsch. Ich sag euch was: Das glaube ich erst, wenn ich Jesus persönlich gesehen und berührt habe. Kapiert?«

Und tatsächlich kommt Jesus zu ihm und lässt sich berühren und sagt dann die berühmt gewordenen Worte: »Du glaubst jetzt – weil du mich gesehen hast. Aber pass auf: Selig sind die, die nicht sehen und doch glauben.«

In drei Tagen ist Heiligabend. Und da gibt es zum Glück jedes Jahr eine ganze Menge zu sehen. Spannend ist aber auch an Weihnachten die Frage: Können wir das wirklich glauben – ein Kind in der Krippe soll Gottes Sohn sein? Gott wird Mensch, um den Menschen nahe zu sein? In dieser Nacht kommt Heil in die Welt?

Das mit Maria und Josef im Stall ist eine rührende Geschichte, aber jeden Tag kommen Tausende von Kindern unter schlechteren Bedingungen auf die Welt. Dass gerade dieses vor 2000 Jahren geborene Kind den Menschen Seelenfrieden geben kann, ist nichts zum Beweisen, sondern etwas zum Glauben.

Der »ungläubige Thomas« hätte jetzt wahrscheinlich gesagt: »Ja, wer's glaubt, wird selig!« Recht hat er.

Kreuzworträtsel

1913. Kurz vor Weihnachten. In der Wochenendbeilage der Zeitung »New York World« erscheint das erste Kreuzworträtsel der Weltgeschichte. Erfunden von einem Journalisten aus Liverpool: Arthur Wynne. Und das verrückte Spiel mit Wörtern und Buchstaben wird schon nach kurzer Zeit zu einem Welterfolg – und hat bis heute leidenschaftliche Anhänger, die davon gar nicht genug bekommen können.

Irgendwie ist und bleibt es spannend, zu kniffligen Umschreibungen und herausfordernden Andeutungen die passenden Begriffe zu finden. Hier zum Beispiel: »Zeit vor Weihnachten mit 6 Buchstaben.« Klar: Advent. Ich glaube aber, dass Kreuzworträtsel und Weihnachten noch viel mehr miteinander zu tun haben. Jedenfalls mehr, als man auf den ersten Blick denkt.

Ja. Ich behaupte mal ganz frech: Jesus ist so eine Art Umschreibung für Gott. Gott will, dass wir herausfinden, wie er ist – und wird dafür Mensch, in der Person Jesu. Und wie beim Kreuzworträtsel besteht die Herausforderung darin, in der Umschreibung »Jesus Christus« etwas von Gott zu erkennen. Insofern ist Glauben gerade etwas für Rätselfreunde: Was sagt uns Jesus, der Menschen heilte, die Liebe verkündete und am Ende am Kreuz starb, über Gott?

Vielleicht kann man am Geburtstag des Kreuzworträtsels sogar sagen: Das Wort vom Kreuz ist ein Rätsel – und zwar eines, das es immer wieder neu zu lösen gilt. Und wer beim Nachdenken über Jesus für sich einen neuen Begriff von Gott gefunden hat, erlebt Segen. Waagerecht und senkrecht. Genau das heißt Weihnachten feiern.

Weihnachtsphysik

Es ist die vierte Adventwoche im Jahr 1951. In einer Forschungseinrichtung in Idaho besprechen Wissenschaftler die letzten Details für einen Versuch, der die Welt verändern wird. Denn: Das Experiment gelingt. Kurz vor Weihnachten erzeugt zum ersten Mal ein Reaktor elektrischen Strom aus Kernenergie – und erleuchtet damit tatsächlich ... äh ... vier Glühbirnen. Nun, es war ja erst der Anfang.

Und weil seither viel über die Chancen und Risiken von Atomenergie aus Kernspaltungen diskutiert worden ist, setzen viele ihre Hoffnung nun auf die ungefährlichere, wenn auch noch schwierigere Kernfusion. Denn ganz gleich, ob man Atome spaltet oder verschmilzt, es entsteht Energie. Und die ist lebensnotwendig.

Ein befreundeter Physiker, der im Bereich Kernenergie arbeitet, bat mich kürzlich beim Rotwein, ihm Weihnachten doch bitte mal physikalisch zu erklären. »Kein Problem«, hab ich gesagt. »Weihnachten ist so eine Art Kernfusion: In Jesus Christus fusionieren Gott und Mensch. Das Göttliche und das Menschliche verschmelzen in diesem Kind in der Krippe, und es entsteht unglaublich viel Energie. Energie, die Menschen seit 2000 Jahren die Kraft gibt, ihr Leben mutiger, entspannter und fröhlicher zu leben. Vielleicht, weil diese Verbindung hochexplosiv und zugleich sicher ist.«

»Mensch«, hat er gesagt, »auf so etwas kann wirklich nur ein Pfarrer kommen.« »Stimmt«, habe ich erwidert, »aber ich bin ja auch einer. Ich darf das!«

Weihnachten

»Und es waren Hirten auf dem Felde bei den Hürden, die hüteten des Nachts ihre Herden …« Das heißt doch nichts anderes als: Die Jungs mussten hart arbeiten, in der Nacht, an Weihnachten. Nicht schön.

»Und der Engel des Herrn trat zu ihnen …« Stellen Sie sich das doch einfach mal vor: Sie sitzen gerade bei der Arbeit – und plötzlich kommt ein Engel zu Ihnen, ein Bote Gottes, ins Büro, in die Küche, in die Werkstatt, in die Kantine. Was glauben Sie, was passieren würde?

Was war bei den Hirten? Hatten sie Angst? Nein. Denn wenn man Angst hat, rennt man weg. In der Bibel heißt es: »Sie fürchteten sich sehr.« Und das ist etwas völlig anderes. Furcht hat mit Ehr-Furcht zu tun. Ehrfurcht vor dem ganz Anderen, der unendlichen Schönheit, Größe und Macht Gottes. Wenn in der Bibel Engel auftauchen, dann sind das keine Kuscheltiere mit Federn, sondern Repräsentanten des Himmels, durch die etwas von der Herrlichkeit Gottes in die Welt hereinbricht. Und wer das erlebt, zuckt erst einmal zusammen. »Und sie fürchteten sich sehr.«

Wissen Sie, was der Engel verkündet? »Fürchtet euch nicht!« Und eigentlich ist damit alles gesagt. Ihr braucht euch nicht mehr vor dem Göttlichen zu fürchten. Furcht, auch Ehrfurcht, ist ein Zeichen von Distanz. Und diese Distanz hebt Gott auf, indem er als Kind in die Welt kommt. Weg mit der Ehrfurcht, her mit der Liebe. Weil Liebe Distanz überwindet.

Vielleicht erschließt sich der Sinn von Weihnachten in seiner ganzen Tiefe erst dann, wenn man sich klar macht, wie sehr uns ein Engel erst einmal erschrecken würde. Und wie gut das tut, wenn er dann sagt: »Fürchte dich nicht!«

Von Liebe und Ohnmacht

Wer wirklich liebt, der übt keine Macht aus. Jedes Miteinander, in dem Macht eine Rolle spielt, hat mit Liebe wenig zu tun. Lieben heißt, den anderen so zu akzeptieren, wie er ist, ohne Druck einzusetzen. Für viele Menschen macht gerade das den größten Reiz der Liebe aus: dass sie ganz ehrlich sein können und nicht eine bestimmte Rolle spielen müssen. Und wer einmal einem Menschen ganz nahegekommen ist, der versteht, warum wir alle so nach Liebe dürsten.

Die Bibel erzählt in einfachen Worten von der Leidenschaft Gottes für die Menschen: Gott liebt jede und jeden Einzelnen. Und für diese Liebe gilt genau das Gleiche, was für jede menschliche Liebe gilt: Sie kann nur ohne Machtgefälle und mit unendlich viel Nähe wirklich gelebt werden. Die Liebe eines fernen Gottes im Himmel mag schön und gewaltig sein, sie bleibt aber immer unkonkret.

Das, was an Weihnachten passiert, ist der Wunsch Gottes, seine Liebe erfahrbar zu machen: indem er alle Grenzen zwischen sich und den Menschen sprengt, indem er seine Macht aufgibt und »ohn-mächtig« auf die Welt kommt, um uns ganz nahe sein zu können. Diese Nähe, die in der Geburt eines Kindes im Stall von Bethlehem menschliche Dimensionen bekommt, feiern wir jedes Jahr aufs Neue.

Das Verrückte an dieser Liebesgeschichte Gottes ist, dass die meisten Menschen sich damit unendlich schwertun. Aber wer nicht akzeptieren kann, dass Gott sich selbst entgöttlicht, um als Mensch bei den Menschen sein zu können, der hat Weihnachten nicht verstanden. Und der wird auch nicht in der Lage sein, diesen Gott an sich heranzulassen. Weihnachten heißt: »Gott kommt uns nah.« Wo er das nicht tut, findet auch kein Weihnachten statt.

Vielleicht passiert das ja bei Ihrem Weihnachtsfest: dass sie plötzlich spüren – Gott ist da! Das wäre schön, denn darum geht es an diesem Tag. Die Distanz ist aufgehoben, Gott ist in der Welt.

Ein gutes Jahr?

Nun, was würden Sie so auf der Zielgeraden sagen: War das letzte Jahr ein gutes Jahr? Haben die Glückwünsche der Freunde, Verwandten und Bekannten vor einem Jahr etwas genutzt?

Es ist gar nicht leicht, den Ertrag der letzten zwölf Monate in Worte zu fassen. Was zeichnet denn eigentlich ein gutes Jahr aus? Das gestiegene Einkommen, die Entwicklung der Familie, der berufliche Aufstieg, das gelungene Projekt oder vielleicht das Umsetzen eines lang ersehnten Traumes? Oder geht es vor allem darum, dass man sich gut gefühlt hat und sich einige unangenehme Dinge vom Hals schaffen konnte?

Wie sieht es bei Ihnen aus: Sind Sie froh, dass dieses Jahr vorüber ist, oder hätten Sie gerade davon noch ein bisschen mehr gebrauchen können? Nun: Wer einen nahen Menschen verloren hat, einen Lottogewinn einheimsen konnte, einen Einbruch erlebte, eine neue Liebe kennengelernt hat oder in eine tiefe Krise gestürzt ist, der kann ja schnell sagen, wie das Jahr für ihn war, aber meistens fällt es uns doch sehr schwer, eine Beurteilung auszusprechen. Vielleicht helfen ja einige Kriterien:

1. Haben Sie sich in diesem Jahr als Persönlichkeit entwickelt? Sind Sie ein wenig reifer, weiser, gelassener und unbeschwerter geworden?

2. Hat sich in diesem Jahr Ihr Horizont erweitert? Durchschauen Sie mehr Zusammenhänge, sind Sie neugieriger geworden?

3. Haben Sie eine Vision realisiert und eine neue entwickelt? Suchen Sie intensiver nach Zielen, die sie dann auch bewusst angehen?

4. Sind Sie Gott ein Stück nähergekommen?

»Ach«, werden Sie sagen, »das ist ja ein christlicher Beitrag, da muss jetzt noch das fromme Ende dran.« Mag sein, aber sehr viele Leute nehmen sich an Silvester vor, das nächste Jahr mal zu gucken, ob an der Sache mit Gott nicht doch etwas dran ist. Und gerade dafür bleibt dann oft am wenigsten Zeit. Ich bin der Überzeugung: Wer Gott näherkommt, der wird am Ende getrost sagen: »Das war ein wirklich gutes Jahr.«

Frischverliebt

Wann waren Sie eigentlich das letzte Mal frischverliebt? So, dass Sie Schmetterlinge im Bauch hatten und die ganze Welt umarmen wollten? Zum Glück geschieht es ja bisweilen auch in langjährigen Beziehungen, dass man sich neu ineinander verliebt. Das ist traumhaft.

Denn wenn wir verliebt sind, dann passiert etwas mit uns: Wir werden hellhörig und weitsichtig, lesen dem anderen die Wünsche von den Augen ab und setzen all unsere Kreativität und Zeit ein, diese Beziehung zu gestalten. Dabei sind wir unglaublich achtsam. Wir legen unser Leben, vor allem aber das Leben der angehimmelten Person auf die Goldwaage und sehen die kleinen feinen Zeichen, die der andere gibt. Aber: Je länger ein Paar zusammen ist, desto mehr geht in den – auch sehr wichtigen und schönen – Ritualen des Alltags das Feinfühlige verloren. Man ist sich des anderen sicher und verlernt dabei, die kleinen Zeichen zu lesen.

Soziologen haben festgestellt, dass Menschen heute auch ihren Glauben oft wie eine Liebesbeziehung leben. Während früher vor allem Ehrfurcht vorherrschte, sehnen sich immer mehr Menschen nach einer emotionalen Nähe zu diesem Gott, von dem es heißt, dass er die Liebe sei. Und natürlich durchläuft diese Beziehung wie jede andere ihre Phasen. Man kann auch in Gott frischverliebt sein – und das ist himmlisch. Es gibt viele Menschen, die in ihrer Kindheit und Jugend eine schwärmerische Glaubensphase hatten. Und 20 Jahre später führen sie mit Gott eine frustrierte »Ehe«, in der man den anderen mehr erduldet als begehrt.

Die Herausforderung ist in menschlichen Beziehungen die gleiche wie im Glauben: Was investieren wir, um uns immer neu zu verlieben? Wer spürt, dass ihm der Partner fremd wird, muss genauso Nähe suchen wie derjenige, der spürt, dass ihm Gott fremd wird. Denn: Verliebtsein ist herrlich. Ja, es ist auch anstrengend, aber wer eine frische Liebe erlebt, der merkt die Mühe gar nicht. Also: Leben Sie frischverliebt.

Neujahrsspringen

Bald ist wieder Neujahrsspringen. Und mal ehrlich: Hätten Sie den Mumm, so eine Schanze herunterzurasen? Also: Ich nicht! Ich bin nicht mal schwindelfrei. Mir würde schon oben auf dem Sitz so mulmig, dass ich mich zitternd an das Holzbrett klammern würde.

Andererseits: Ich nehme mal an, dass auch die Profis nicht gleich auf einer dieser Riesenschanzen starten, sondern klein anfangen. Dass sie sich langsam an das Fliegen gewöhnen, bis sie irgendwann reif für den Sprung von einer Wettbewerbsschanze sind. Könnte es sein, dass ein professioneller Springer keine Angst mehr verspürt, weil er weiß, was er zu tun hat, und sein Fußwerk beherrscht?

Mir fallen sofort mehrere Beispiele ein. Wie habe ich in der ersten Fahrstunde geflucht, weil ich bei jedem Abwürgen dachte: Ich kapiere das nie. Als ich Englisch lernen musste, hielt ich das für eine Geißel Gottes. Und als meine ersten Trompetenversuche an ein Nebelhorn im Hafen erinnerten, wollte ich das Unheilsding nur noch zu Coladosen verarbeiten. Heute lasse ich lässig am Hang die Kupplung kommen, freue mich auf jedes Gespräch im englischsprachigen Ausland und improvisiere in der Jazzband, was das Zeug hält.

Können Sie sich vorstellen, dass es mit anderen Dingen vielleicht genauso ist? Etwa mit unserer Unsicherheit, der Eifersucht, den Selbstzweifeln, der Wut, dem Egoismus oder dem Hang zum Workaholic? All diese Probleme hängen mit Ängsten zusammen. Doch während wir viel investieren, um ein Instrument, eine Fremdsprache oder eine Fertigkeit zu erlernen, kommen wir selten auf die Idee, für unser seelisches Wohl zu üben.

Dabei gilt dort genau das Gleiche: Man braucht eine Menge Übung. Wenn Sie schon ein paar gute Vorsätze für das neue Jahr haben, dann stellen Sie sich doch auch mal einen Übungsplan zusammen. Und wenn Sie sich etwas richtig Gutes tun wollen, dann trainieren Sie den Glauben. Denn da gilt auch: Wer den Absprung wagt, fängt an zu fliegen.

Zwischen den Jahren

»Es ist nicht so, dass ich schon alles begriffen hätte. Und ich bin auch bestimmt noch nicht vollkommen. Aber ich sage euch eines: Ich vergesse das, was hinter mir liegt, und strecke mich nach dem aus, was vor mir liegt.«

Na, wer hat's gesagt? Ich verrat's Ihnen: der Apostel Paulus. Vor knapp 2 000 Jahren. Und ich finde: Er trifft damit ziemlich genau das Lebensgefühl, das jetzt gerade aktuell ist. Klar. Wir sind zwischen den Jahren. Das alte Jahr ist noch nicht so richtig vorbei, und das neue hat noch nicht so richtig angefangen. Diese merkwürdige Zwischenzeit nach Weihnachten. Ein echtes Dazwischen. Warum auch nicht? Dazwischen kann ja ganz nett sein.

Obwohl: Es gibt Leute, die leben irgendwie immer »dazwischen«, zwischen den Stühlen zum Beispiel. Die wissen nie so genau, für welche Lebensoption sie sich entscheiden sollen. Und bleiben dann bisweilen in diesen Zwischenräumen hängen. Oder fangen nichts Neues an, weil irgendwas Altes sie festhält.

Und da finde ich das Lebensmotto von Paulus ziemlich überzeugend: »Ich vergesse das, was hinter mir liegt, und strecke mich nach dem aus, was vor mir liegt.« Nicht, weil die Vergangenheit schlecht wäre, sondern weil es wichtiger ist, konkret die nächsten Schritte in die Zukunft zu gehen. Ganz egal, ob es dabei um Beziehungen, berufliche Perspektiven oder andere Lebensentscheidungen geht.

Nebenbei: Für Paulus war klar, es gibt kein schöneres Ziel, als mit Gott in Kontakt zu kommen.

Jahresrückblick

Mann, was war das für ein Jahr. Also: Ich liebe Jahresrückblicke. Bunte Bilder, Eindrücke und Erinnerungen an die letzten zwölf Monate. Na gut, manchmal erschrecke ich auch ein bisschen. Etwa, wenn ich überrascht feststelle, dass bei diesen Rückblicken so selten nach den Konsequenzen gefragt wird. Ich meine: Unser Blick könnte doch bei aller Freude an den »Highlights« des vergangenen Jahres auch in die Zukunft gehen. Was lernen wir eigentlich aus den Erfahrungen des vergangenen Jahres?

Dass das Öl knapper wird, unser Umgang mit Geld bisweilen ziemlich pervers ist und die Taktik unserer Lieblingsfußballmannschaft nicht immer vollendet genannt werden darf, können wir rückblickend milde belächeln, wir können aber auch nach vorne schauen und uns überlegen, was das für die Zukunft bedeutet. Rückblicke sind nett, aber schön wäre es, sie würden helfen, das Leben zukünftig anders zu gestalten.

Jesus hat für die notwendige Konzentration auf die Zukunft mal ein ziemlich drastisches Bild benutzt: »Wer einen Pflug führt und dabei zurückschaut, ist für das Reich Gottes nicht geschaffen.« Sprich: Wer beim Pflügen andauernd nach hinten guckt, um zu sehen, ob seine Ackerfurche auch gerade ist, wird völlig aus der Spur geraten. Richtig pflügen kann nur der, der den Blick konzentriert nach vorne richtet.

So, und nachher halte ich mal meinen ganz persönlichen Jahresrückblick, äh, -ausblick. Mal sehen, was ich nächstes Jahr alles besser machen kann.

Silvester

Mann, bei mir liegt schon wieder die Steuererklärung auf dem Tisch. Am Silvestertag. So was Nerviges. Einnahmen, Ausgaben, Verlust. Einnahmen, Ausgaben, Gewinn. Umlagert von Belegen, Quittungen und Bescheinigungen mache ich … Jahresabschlussbilanz.

Moment mal: Es wäre doch lustig, wenn ich, anstatt all diese dämlichen Zahlen zu addieren, mal 'ne echte Jahresbilanz ziehen würde. Ein persönliches Resümee. Ich meine: Warum nicht? Wie war denn das das letzte Jahr so? Einnahmen? Ausgaben? Gewinn? Sprich: Was habe ich bekommen? Was habe ich investiert? Und was hat das alles gebracht? Spannend, oder? Vor allem: Welche Punkte würden Ihnen so einfallen?

Wenn man so eine persönliche Jahresbilanz zieht, dann kommt man ganz schnell zu der Frage: Was macht eigentlich ein Leben reich? Nun, wenn man den Umfragen trauen darf, dann antworten die meisten Deutschen auf diese Frage mit »meine Familie«. Gestehen aber anschließend sofort ein, dass sie in diesen Reichtum wieder mal viel zu wenig investiert haben.

Also: Was macht ein Leben reich? Oder um es im Bilanzierungsjargon zu sagen: Woran mache ich fest, ob das letzte Jahr ein Gewinn war – oder nicht? Es lohnt sich, darüber mal nachzudenken. Nebenbei: Die Bibel ist, was das angeht, ganz pragmatisch. Sie sagt nämlich: Allein der Segen Gottes macht reich. Wenn du erkennst, dass du geliebt bist, dann bist du reich. Guten Rutsch!